KB195329

혼자서 따라하기 쉬운 모든 업무 6

한권으로 끝장내자

급여수당 관리 휴일휴가 근태

인사노무 관리 실무 설명서

손원준 지음

개인사업자 중소기업의 내 손안의 노무관리지침서

- 근로자 채용과 올바른 근로계약서 작성방법
- 주 52시간 개정에 따른 적절한 근로시간 활용 방법
- 관공서 공휴일 민간 적용에 따른 대처 방법
- 연차휴가와 연차수당의 손쉬운 적용 방법
- 최저임금 적용 방법과 각종 수당계산 방법
- 퇴직자에 대한 원활한 업무처리와 불법 해고 방지방안
- 근로 형태에 따른 각종 4대 보험 적용 방법

K.G.B
지식만들기

이론과 실무가 만나 새로운 지식을 창조하는 곳

머리말

많은 노동환경 변화 속에서 이제 점차 노사문제는 복잡 다양해지고
있다.

근로자의 삶의 질 향성과 중소기업의 노동시간 부족으로 인한 경영
난으로 주52시간 근로제는 많은 논란을 낳기도 했지만, 법률개정으
로 2018년 7월 1일부터 단계적으로 시행되고 있다. 이에 우리도 착
실히 준비해서 대처해 나가야 하겠다.

기존 근로시간제도의 개정, 휴일근로수당의 개정 등 급속도로 변해
가는 근로환경으로 인해 현장에서 많은 혼란을 겪을 실무자를 위해
최근 변경된 노동법을 중심으로 규정과 실무사례를 서로 대사 식으
로 서술함으로써 실무자가 보다 편리하게 실무에 적용할 수 있도록
본서를 구성해 보았다.

제1장 채용과 근로계약

근로자를 채용할 때 발생하는 각종 문제와 처리방법 및 올바른 근로
계약서 작성방법을 설명해주고 있다.

제2장 근로시간 관리

최근 관심이 집중되고 있는 유연 근로시간과 관련된 여러 가지 문제
점과 적용 방법에 대해서 설명하고 있다.

제3장 휴일과 근태관리

관공서 공휴일의 민간 적용 시행과 관련해서 실무상 처리방법과 아르
바이트 주휴일 문제 등 문제없는 노무관리 방법을 제시해주고 있다.

제4장 휴가와 임금수당관리

최저임금 개정에 따른 계산 방법과 연차휴가, 주휴일, 시간외근로 등 임금 수당과 관련된 근로기준법의 내용을 각각 분리해서 설명하지 않고, 업무흐름에 맞게 상호 대사해서 설명함으로써 이해를 증진시키고 있다.

제5장 퇴직 및 해고관리

임직원 퇴직 시 원활한 업무처리 방법과 불법 해고에 따른 분쟁을 사전에 방지하고자 해고의 절차와 방법에 대해서 설명하는 장이다.

제6장 4대 보험관리

임직원 입·퇴사 및 사업장과 관련한 4대 보험 문제를 상용근로자와 일용근로자, 외국인근로자 등 고용형태 및 일반근로자와 고령자 등 근로자의 연령대별로 구분해서 설명해주고 있다.

또한, 상용근로자와 일용근로자, 외국인 근로자로 구분해서 급여와 상여금 지급 시 세금을 원천징수 방법을 가르쳐주고 있다.

본서는 초보자들도 쉽게 노동법에 접근할 수 있도록 법률용어를 최대한 풀어서 쉽게 설명하고자 하였고, 다양한 사례를 첨부해서 해당 내용의 이해를 증진시키고자 나름 노력하였으나 부족한 점이 많을 것으로 생각됩니다. 비록 부족하더라도 넓은 마음으로 이해바라며, 끝으로 사랑하는 아내와 예영, 예서와 본서 출간의 기쁨을 함께하고자 합니다.

손원준 올림

CONTENTS

제3장 휴일과 근태관리

제4장 휴가와 임금수당관리

→ 제5장 퇴직 및 해고관리

→ 제6장　4대 보험관리

제**1**장

채용과 근로계약

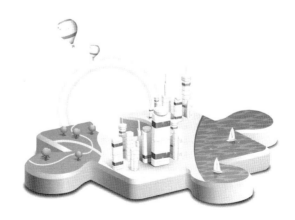

입사자 업무 요약

구 분	내 용
근로계약서 와 구비서류	⊚ 사진, 통장 사본 ⊚ 근로계약서 : 노동법규에 의한 계약서를 작성하여 근로조건과 급여를 결정하여 근로계약을 체결한다. ⊚ 서약서 : 회사의 취업규칙과 규정을 준수할 것을 서약한다. ⊚ 보안서약서 : 회사의 모든 정보나 문서와 기타 회사의 기밀을 지키며, 유지에 대한 각서이다. ⊚ 신원보증서 : 직원의 신원을 확보하고 회사의 불이익을 방지하고 신뢰감을 확보하기 위하여 받는 서류이다. ⊚ 이력서 : 직원 경력과 근무상태를 파악하며 업무 분담에 필요로 한다. ⊚ 인사기록카드 : 직원의 근무 시 상벌이나 진급 사항을 기록 보존하는 것이다. ⊚ 주민등록등본 : 직원의 세제 혜택과 가족 사항을 파악한다. ⊚ 거래 은행 계좌번호 : 급여를 은행거래로 대체하며 급여대장에 인장 날인을 하지 않아도 무통장입금증으로 대신한다.

구 분	내 용
	⊙ 재정보증 : 서울보증보험에서 발급받는다(업무역량에 따라 금액 설정). ⊙ 병역 확인 : 주민등록초본 및 병무청 확인 ⊙ 경력증명서 ⊙ 졸업증명서 ⊙ 영업사원의 경우 비과세처리를 위한 차량 등록증 ⊙ 출입카드 및 사원증 발급
급여명세서 작성/근로소득세 신고	⊙ 전직장 원천징수영수증 ⊙ 급여 관리 대장 작성(출근 카드 / 업무일지) ⊙ 개인별 급여명세서 작성 및 교부 ⊙ 간이지급명세서 및 지급명세서 제출 ⊙ 인센티브 지불내역(인사고과 내용) ⊙ 원천세 신고분 체크 ⊙ 매월 근로소득세 신고
4대 보험 취득 신고	⊙ 건강보험 : 취득, 상실, 업무 사항 확인 ⊙ 국민연금 : 취득, 상실, 업무 사항 확인 ⊙ 고용보험 : 취득, 상실, 개산 · 확정신고, 납부 사항 체크 ⊙ 산재보험 : 개산 · 확정신고, 납부 사항 체크 ⊙ 일용근로자 근로내용확인신고(고용보험과 산재보험)

5인 이상 사업장에 적용되는 근로기준법

5인 이상 사업장과 5인 미만 사업장에 따라 근로기준법이 적용되는 것이 있고 적용 안 되는 것이 있는데, 근로기준법이 어떻게 다르게 적용되는지 살펴보면 다음과 같다.

1 근로기준법에서 말하는 근로자

근로기준법상에서 말하는 근로자를 판단하는 일반적 기준은

❶ 직업의 종류를 불문하고

❷ 사용종속관계 아래서

❸ 임금을 목적으로 하는지? 여부이다.

🔒 직업의 종류를 불문하고

사무직, 육체노동, 정신노동을 구분하지 않으며 일용직, 상용직, 임시직 등 근무 형태나 직급 등으로 판단하지 않는다.

᪥ 사용종속관계 아래서

근로자가 사용자에게 고용되어 사용자의 지휘와 명령을 받고 그 아래서 일을 하는 것이다. 여기서 말하는 사용종속관계의 기준은 다음과 같다.

가. 근로자의 업무가 사용자에 의해 정해질 것
나. 업무규칙, 인사규정 등의 적용을 받고 업무수행 과정이 사용자의 지휘, 감독 아래 있을 것
다. 사용자에 의해 근무시간, 장소가 결정되고 이에 종속될 것
라. 근로자가 스스로 업무를 대행할 근로자를 고용하는 대체성이 없을 것
마. 업무에 사용되는 비품과 자재 등을 사용자가 제공할 것
바. 근로 자체에 대한 대상적 급여로서 기본급, 고정급 등이 정해져 있을 것
사. 근로소득세의 원천징수 등 보수에 관한 사항
아. 사회보장제도 등 다른 법령에 의해 근로자 지위를 인정할 것

᪥ 임금을 목적으로 하는지? 여부이다.

임금이란 근로 제공이 봉사활동이 아니고 소득을 얻기 위한 행위임을 판단하는 기준이다.

Tip **건강보험과 국민연금 공제 시 근로자의 개념은 다르다.**

국민건강보험법과 국민연금법에서 말하는 근로자는 근로기준법에서 말하는 근로자와 다르게 그 범위를 정하고 있다. 즉, 사용자의 지시를 받지 않고 포괄적으로 독립적인 권리와 책임을 위임받은 이사의 경우 근로기준법에서는 근로자로 보지 않으나 국민건강보험법과 국민연금법에서는 근로자로 보아 건강보험과 국민연금이 적용되고, 대표이사와 이사도 급여지급 시 건강보험료와 국민연금을 급여에서 공제한다(참고 : 고용보험은 공제하지 않음).

2 ｜ 상시근로자수 계산 방법과 사례

상시 사용하는 근로자 수는 근로기준법시행령 제7조의2에 따라 법 적용 사유 발생일 전 1개월 동안 사용한 근로자의 연인원을 같은 기간 중의 가동일수로 나누어 계산한다.

> 상시근로자 수 = 1개월 동안 사용한 근로자의 연인원 ÷ 1개월 동안의 가동일수

여기서 '사유발생일'은 근로기준법 적용 사유가 발생한 날을, '연인원'은 기간 내에 사용한 근로자 수의 합을, '가동일수'는 그 사업장 내에서 사람이나 기계가 실제로 일을 한날이 며칠인가를 의미한다. 예를 들어 어떤 기업에서 한 달 동안 다음과 같이 근로자를 사용했다고 가정해 보자.

？ Tip 상시근로자수 계산 사례

일	월	화	수	목	금	토
		1	2	3	4	5
		휴무	4명	4명	4명	휴무
6	7	8	9	10	11	12
휴무	5명	5명	5명	5명	5명	휴무
13	14	15	16	17	18	19
휴무	6명	6명	6명	6명	6명	휴무
20	21	22	23	24	25	26
휴무	7명	7명	1명	7명	5명	휴무
27	28	29	30	31		
휴무	5명	5명	7명	1명	사유발생일	

이 회사는 사유발생일 직전 1개월 중 사업장을 가동한 날이 총 22일이고, 매일 사용한 근로자 수를 합하면 112명이 된다. 따라서 이 사업장의 상시근로자 수는 112 ÷ 22 = 5.09명이고, 5명 이상이기 때문에 근로기준법을 준수해야 하는 사업장이 된다. 단, 상시근로자 수가 5명 이상으로 산정되더라도 1개월간 5명 미만을 사용한 가동일 수가 전체 가동일 수의 1/2 이상이거나 5명 이상 가동일 수가 1/2 미만이면 근로기준법 적용대상 사업장에서 제외된다.

앞에서 가동일 수가 22일이고 연인원도 112명이어서 상시근로자 수가 5.09명이지만, 만일 5명 미만을 사용한 날이 12일로 전체 가동 일수의 1/2 미만이 된다고 가정하면 근로기준법 적용대상에서 제외한다.

🔒 기간제근로자, 단시간근로자, 외국인 근로자

기간제근로자와 단시간근로자도 당연히 상시근로자 수에 포함된다. 이때 단시간근로자는 근무시간과 관계없이 인원수만 가지고 따진다. 예를 들어 상용근로자들은 통상 하루 8시간씩 일하는데, 단시간근로자가 하루에 4시간만 일해서 0.5명이 아니라 1명으로 인정된다. 이밖에 임시직, 일용직, 아르바이트 등도 모두 상시근로자 수에 포함되고, 외국인 근로자도 포함된다. 유의할 것은, 외국인 근로자가 불법체류자라 할지라도 상시근로자 수에는 포함된다는 점이다.

🔒 파견근로자

파견근로자는 해당 사업 또는 사업장과 직접 고용계약을 맺은 것이 아니므로 상시근로자 수 산정 시 포함되지 않는다.

🔒 동거하는 친족 근로자

근로기준법 제11조 제1항에서는 '동거하는 친족만을 사용하는 사업 또는 사업장'은 근로기준법의 적용대상이 아니라고 규정하고 있다. 그러나 이것은 오직 '동거친족만' 사용할 때, 즉 모든 근로자가 동거친족일 때 적용되는 규정이다.

따라서 사업장에 동거친족도 일하고 있고 동거친족이 아닌 근로자도 일하고 있다면, 상시근로자 수를 산정할 때는 동거친족도 포함된다.

3 | 5인 이상 사업장만 적용되는 근로기준법

구 분	5인 미만	5인 이상
〈근로기준법 제23조, 27조〉 해고의 제한, 해고의 서면통지 : 근로자에게 정당한 이유 없이 해고, 휴직, 정직, 감봉 그 밖의 징벌을 하지 못하며, 근로자를 해고하려면 해고 사유와 해고시기를 서면통지 해야 한다.	X (구두 통지 가능)	O
〈근로기준법 제28조〉 부당해고 등의 구제신청 : 부당해고 등을 하면 근로자는 노동위원회에 부당해고 등이 있었던 날로부터 3개월 이내에 구제신청을 할 수 있다.	X	O
〈근로기준법 제46조〉 휴업수당 사업주의 귀책사유로 휴업을 하는 경우 사용자는 휴업기간동안 근로자에게 평균임금의 70% 이상의 수당을 지급해야한다.	X	O
〈근로기준법 제56조〉 연장, 야간 및 휴일근로 연장근로와 야간근로 또는 휴일근로에 대하여 통상임금의 50%를 가산하여 지급해야 한다.	X	O

구 분	5인 미만	5인 이상
〈근로기준법 제60조〉 연차유급휴가 1년간 80% 이상 출근한 근로자에게 15일의 유급휴가를 주어야 한다.	X	O
〈근로기준법 제73조〉 생리휴가 사용자는 여성 근로자가 청구 시 월 1일의 무급생리휴가를 주어야 한다.	X	O

4. 5인 미만 사업장이라도 적용되는 근로기준법

다음의 규정은 5인 미만 사업장이라도 반드시 챙겨야 할 규정들이다.

〈근로기준법 제17조〉 근로조건의 명시

근로계약을 체결할 시 서면으로 근로계약서를 2부 작성하여, 1부는 근로자에게 발급해야 한다(미작성 시 벌금 500만 원).

〈근로기준법 제36조〉 해고의 예고

근로자를 해고하려면 30일 전에 예고해야 하고, 30일 전에 예고하지 않았을 때는 30일분의 통상임금을 지급해야 한다.

〈근로기준법 제54조〉 휴게

근로시간이 4시간인 경우 30분, 8시간인 경우 1시간 이상의 휴게시간을 주어야 한다.

〈근로기준법 제55조〉 휴일

사용자는 1주일 동안 소정의 근로일 수를 개근한 노동자에게 1주일에 평균 1회 이상의 유급휴일을 주어야 한다고 명시하고 있다. 이를 주휴일이라 하며, 대부분 일요일을 주휴일로 한다.

〈근로기준법 제74조〉 퇴직금
1년 이상 근무하는 경우 30일분 이상의 평균임금을 퇴직금으로 지급해야 한다.

 Tip 상시근로자 수에 따른 노동법 적용

상시근로자수	적용되는 법률 내용
1인~4인 (4인 이하 또는 5인 미만)	• 최저임금적용 및 임금명세서 교부(2021년 11월 19일부터) • 근로계약서 작성 • 해고예고 • 휴게, 주휴일, 근로자의 날 • 연소근로자와 임산부의 사용 및 근로시간 제한 • 출산휴가급여, 육아휴직 등, 배우자 출산휴가, 육아 돌봄 서비스 • 2010년 12월 1일부터 퇴직금 적용. 단 2012년 12월 31일까지는 50%만 지급 • 직장 내 성희롱 예방교육(게시, 배포 방법으로 가능) • 직장 내 장애인 인식개선 교육(게시, 배포 방법으로 가능) • 개인정보보호 교육 • 4대 보험 적용
5인~9인 (5인 이상 또는 10인 미만)	• 해고 등의 제한(경영상 이유에 의한 해고의 제한, 해고 사유 등의 서면통지, 부당해고 등의 구제신청) • 휴업수당 • 연차유급휴가. 따라서 5인 미만 연차유급휴가(연차수당도 지급 안 함)를 부여하지 않아도 됨 • 생리휴가(무급)

상시근로자수	적용되는 법률 내용
5인~9인 (5인 이상 또는 10인 미만)	• 연장근로수당, 야간근로수당, 휴일근로수당 지급. 따라서 5인 미만 사업장은 연장근로수당, 야간근로수당, 휴일근로수당을 지급하지 않아도 됨 • 기간제근로자 사용기간의 제한 • 주 52시간 근로시간의 제한(2021년 7월 1일부터) • 관공서 공휴일 민간 적용(2022년 1월 1일부터)
10인 이상	• 취업규칙 제정 취업규칙을 신고할 때는 작성된 취업규칙 전체, 변경된 취업규칙 전체, 신구조문 대비표, 근로자 의견청취서, 단체협약(있는 경우) 등을 제출한다. • 직장 내 성희롱 예방 교육
30인 이상	• 노사협의회 설치 및 고충처리 제도 운영 • 채용 절차의 공정화에 관한 법률 준수 • 주 52시간 근로시간의 제한(2021년 1월 1일부터)
50인 이상	• 장애인 의무 고용 • 주 52시간 근로시간의 제한(2020년 1월 1일부터) • 직장 내 장애인 인식개선 교육
100인 이상	• 장애인 미고용에 따른 부담금 납부 부담금 산정식 = {(상시근로자 수 × 의무고용율) − 장애인 근로자 수} × 부담기초액 × 해당 월수
300인 이상	• 주 52시간 근로시간의 제한(2018년 7월 1일부터, 2019년 7월 1일(특례 제외업종)) • 고용형태 공시제
500인 이상	• 직장 어린이집 설치

채용과 관련해서 체크해야 할 노동법

❶ 채용인원 발생(신규, 충원)	■ 충원, 신규채용 요청(해당 부서) ① 성별, 나이, 근무경력, 학력, 근무예정일 ② 기타 요구사항 기술
❷ 요청부서 : 업무요청서 제출 부서장 ➜ 임원 ➜ 관리부통보	■ 관리부(인사담당자) : 모집공고 게시 ➜ 인력 사이트 등 매체를 통한 채용공고 ➜ 지인 소개 모집공고 기간 : 통상 1개월
❸ 공고 및 접수	■ 1차(해당 부서) : 지원자 중 적격자 확정 단계 ① 지원자 중 적격자 판단 ② 적격자를 대상으로 부서장 개별 면접 ㊟ 관리부에(인사 담당) 최종 면접자 통보
❹ 2차 심층 면접(인사위원회) 면접관 : 해당 부서장(임원)/인 사담당자, 준비서류(인사담당 자) : 면접 Check list, 이력서 등 경력증명서류	■ 최종결정(확인 사항) ❶ 직위, 급여(희망 연봉), 근무개시일 등 기타사항 ❷ 면접관 작성 : 면접 대상자별 면접 Check list ㊟ 면접 Check list는 관리부 취합

❺ 면접 결과 종합 : 1, 2차 면접 내용 및 자료 종합	■ 관리부 채용 조건 확정 품의(총무)
❻ 채용자 통보 확인 사항 가. 성명 (한자, 한글) 나. E-mail 다. 연락처 라. 근무개시일	■ 근무 확정 제출서류(입사 후 1주일 이내) : 건강진단, 이력서, 등본, 전 회사 원천징수영수증, 근로계약서, 윤리서약서, 보안서약서(팀장급) 본인 작성 등 ■ 근무개시일 지급 지급 물품 : 명함 및 사무용품, 출퇴근 카드 ■ 관리부 가. 회사소개 교육 나. 인사명령

1 모집 및 채용 시 유의할 점

🔒 채용 시 고려해야 할 사항

구 분	고려할 사항
채용 제한사항	15세 미만인 사람이나 중학교 재학 중인 18세 미만인 사람은 원칙적으로 사용하지 못한다.
차별 금지사항	근로자를 모집, 채용할 때 합리적인 이유 없이 성별, 신앙, 나이, 신체조건, 사회적 신분, 출신 지역, 학력, 출신학교, 혼인, 임신 또는 병력 등을 이유로 차별하는 것을 금지한다(고용정책기본법).
고용 의무준수	국가, 지방자치단체, 공공기관, 지방공기업 및 일정 규모 이상의 사업에 대한 장애인, 국가유공자, 청년, 고령자 등에 대한 고용 의무가 있다.
절차의 제한	채용 절차의 공정화에 관한 법률에 따라 사용자가 지켜야 할 의무

채용인원이 결격사유에 해당하는 경우

❶ 금치산자

❷ 한정치산자

❸ 파산자로서 복권되지 아니한 자

❹ 병역기피자

❺ 법원 판결 또는 법률에 의해서 자격이 정지된 자

❻ 금고 이상의 형을 선고받고 집행이 종료 또는 면제된 날부터 2년 이내인 자

❼ 금고 이상의 형의 집행유예선고를 받고 그 유예기간 중에 있는 자

? Tip **의무적으로 고용해야 하는 장애인 등 고용의무대상**

1. 장애인고용의무

상시 50인 이상의 근로자를 고용하는 사업장은 근로자 총수의 3.1% 이상을 장애인으로 고용해야 하며, 매년 장애인 고용계획 및 실시상황을 고용 노동부장관에게 보고해야 함은 물론, 장애인 의무고용 비율에 미달하는 경우 장애인 고용부담금(부담금 산정식 : {(상시근로자수 × 의무고용율) − 장애인 근로자수} × 부담기초액 × 해당월 수)}을 납부해야 한다. 다만, 상시 50인 이상 100인 미만의 사업장은 고용부담금 납부의무가 면제된다.

2. 국가유공자, 청년, 고령자 의무고용

구 분	고려할 사항
국가유공자 고용의무	국가기관, 지방자치단체, 군부대, 국립학교와 공립학교, 일상적으로 하루에 20인 이상을 고용하는 공·사기업체 또는 공·사단체, 사립학교는 전체 고용인원의 3~8% 범위에서 국가유공자를 의무 고용하도록 하고 있다.
청년 고용의무	공공기관과 지방공기업은 정원의 3% 이상씩 청년 미취업자를 고용해야 한다.

구 분	고려할 사항
고령자 고용노력 의무	상시 300명 이상의 근로자를 사용하는 사업장의 사업주는 기준고용률 이상의 고령자를 고용하도록 노력해야 한다. 본 규정은 임의 규정이므로 기준고용률에 미달해도 제재는 없다.

？ Tip 모집·채용 시 반드시 알아두어야 할 법률

🗂 남녀고용평등과 일 · 가정 양립 지원에 관한 법률

제7조(모집과 채용) ① 사업주는 근로자를 모집하거나 채용할 때 남녀를 차별하여서는 아니 된다.

② 사업주는 여성 근로자를 모집 · 채용할 때 그 직무의 수행에 필요하지 아니한 용모 · 키 · 체중 등의 신체적 조건, 미혼 조건, 그 밖에 고용노동부령으로 정하는 조건을 제시하거나 요구하여서는 아니 된다.

제8조(임금) ① 사업주는 동일한 사업 내의 동일 가치 노동에 대하여는 동일한 임금을 지급하여야 한다.

② 동일 가치 노동의 기준은 직무 수행에서 요구되는 기술, 노력, 책임 및 작업 조건 등으로 하고, 사업주가 그 기준을 정할 때는 제25조에 따른 노사협의회의 근로자를 대표하는 위원의 의견을 들어야 한다.

③ 사업주가 임금차별을 목적으로 설립한 별개의 사업은 동일한 사업으로 본다.

제9조(임금 외의 금품 등) 사업주는 임금 외에 근로자의 생활을 보조하기 위한 금품의 지급 또는 자금의 융자 등 복리후생에서 남녀를 차별하여서는 아니 된다.

제10조(교육 · 배치 및 승진) 사업주는 근로자의 교육 · 배치 및 승진에서 남녀를 차별하여서는 아니 된다.

제11조(정년 · 퇴직 및 해고) ① 사업주는 근로자의 정년 · 퇴직 및 해고에서 남녀를 차별하여서는 아니 된다.

② 사업주는 여성 근로자의 혼인, 임신 또는 출산을 퇴직 사유로 예정하는 근로계약을 체결하여서는 아니 된다.

🏛 고용상 연령차별금지 및 고령자고용촉진에 관한 법률

제4조의4(모집 · 채용 등에서의 연령차별 금지) ① 사업주는 다음 각 호의 분야에서 합리적인 이유 없이 연령을 이유로 근로자 또는 근로자가 되려는 사람을 차별하여서는 아니 된다.

1. 모집 · 채용

2. 임금, 임금 외의 금품 지급 및 복리후생

3. 교육 · 훈련

4. 배치 · 전보 · 승진

5. 퇴직 · 해고

② 제1항을 적용할 때 합리적인 이유 없이 연령 외의 기준을 적용하여 특정 연령집단에 특히 불리한 결과를 초래하는 경우에는 연령차별로 본다.

제4조의5(차별금지의 예외) 다음 각호의 어느 하나에 해당하는 경우에는 제4조의4에 따른 연령차별로 보지 아니한다.

1. 직무의 성격에 비추어 특정 연령기준이 불가피하게 요구되는 경우

2. 근속기간의 차이를 고려하여 임금이나 임금 외의 금품과 복리후생에서 합리적인 차등을 두는 경우

3. 이 법이나 다른 법률에 따라 근로계약, 취업규칙, 단체협약 등에서 정년을 설정하는 경우

4. 이 법이나 다른 법률에 따라 특정 연령집단의 고용유지 · 촉진을 위한 지원조치를 하는 경우

🏛 신원보증법

제3조 (신원보증계약의 존속기간 등) ① 기간을 정하지 아니한 신원보증계약은 그 성립일부터 2년간 효력을 가진다.

② 신원보증계약의 기간은 2년을 초과하지 못한다. 이보다 장기간으로 정한 경우에는 그 기간을 2년으로 단축한다.

③ 신원보증계약은 갱신할 수 있다. 다만, 그 기간은 갱신한 날부터 2년을 초과하지 못한다.

제4조 (사용자의 통지의무) ① 사용자는 다음 각 호의 어느 하나에 해당하는 경우에는 지체없이 신원보증인에게 통지하여야 한다.

1. 피용자가 업무상 부적격자이거나 불성실한 행적이 있어 이로 인하여 신원보증인의 책임을 야기할 우려가 있음을 안 경우

2. 피용자의 업무 또는 업무수행의 장소를 변경함으로써 신원보증인의 책임이 가중되거나 업무 감독이 곤란하게 될 경우

② 사용자가 고의 또는 중과실로 제1항의 통지의무를 게을리하여 신원보증인이 제5조에 따른 해지권을 행사하지 못한 경우 신원보증인은 그로 인하여 발생한 손해의 한도에서 의무를 면한다.

제5조 (신원보증인의 계약해지권) 신원보증인은 다음 각호의 어느 하나에 해당하는 사유가 있는 경우에는 계약을 해지할 수 있다.

1. 사용자로부터 제4조 제1항의 통지를 받거나 신원보증인이 스스로 제4조제1항 각 호의 어느 하나에 해당하는 사유가 있음을 안 경우

2. 피용자의 고의 또는 과실로 인한 행위로 발생한 손해를 신원보증인이 배상한 경우

3. 그 밖에 계약의 기초가 되는 사정에 중대한 변경이 있는 경우

제6조 (신원보증인의 책임) ① 신원보증인은 피용자의 고의 또는 중과실로 인한 행위로 발생한 손해를 배상할 책임이 있다.

② 신원보증인이 2명 이상인 경우에는 특별한 의사표시가 없으면 각 신원보증인은 같은 비율로 의무를 부담한다.

③ 법원은 신원보증인의 손해배상액을 산정하는 경우 피용자의 감독에 관한 사용자의 과실 유무, 신원보증을 하게 된 사유 및 이를 할 때 주의를 한 정도, 피용자의 업무 또는 신원의 변화, 그 밖의 사정을 고려하여야 한다.

제7조 (신원보증계약의 종료) 신원보증계약은 신원보증인의 사망으로 종료된다.

제8조 (불이익금지) 이 법의 규정에 반하는 특약으로서 어떠한 명칭이나 내용으로든지 신원보증인에게 불리한 것은 효력이 없다.

📄 모집공고 시 유의 사항

필요로 하는 인력을 모집하면서 대개 경력 및 학력, 자격조건, 급여, 복리후생 등을 제시하는데, 다음 사항에 유의해야 한다.

❶ 채용 결격사유 명시

❷ 시용기간(인턴기간)을 거쳐 정식직원으로 채용하고자 하는 경우 시용제(인턴제) 취지 및 기간 명시

❸ 남녀차별 및 직무 수행에 필요하지 아니한 용모·키·체중 등 신체적 조건, 미혼 조건 제시 금지

❹ 정당한 사유 없는 장애인 차별 및 고령자 또는 준 고령자를 이유로 한 차별금지

❺ 장애인 의무 고용률을 고려한 장애인 특별채용 여부

❻ 고령자 및 여성 기준고용률을 고려한 고령자 또는 여성 특별채용 여부

📄 모집 시 제출서류

인력 모집 시 이력서 및 자기소개서, 주민등록등본, 학력 및 졸업증명서, 경력증명서, 자격증 사본 등을 제출토록 한다. 이 경우 이력서에는 학력 및 1개월 이상의 경력을 빠짐없이 기재하도록 한다.

❓ Tip **학력 및 경력위조에 의한 해고의 정당성**

기업이 근로자를 고용하면서 학력 또는 경력을 기재한 이력서나 그 증명서를 요구하는 이유는 단순히 근로자의 근로 능력을 평가하기 위해서만이 아니라, 노사 간의 신뢰 형성과 기업 질서유지를 위해서는 근로자의 지능과 경험, 교육 정도, 정직성 및 직장에 대한 정착

성과 적응성 등 전인격적인 판단을 거쳐 고용 여부를 결정할 필요가 있어 그 판단자료로 삼기 위한 것이므로, 당시 회사가 그와 같은 허위기재 사실을 알았더라면 근로자를 고용하지 않았을 것으로 보이는 한 이를 해고 사유로 들어 해고하는 것은 정당하다.

18세 미만인 자를 채용하고자 할 경우는 호적증명서, 친권자 또는 후견인 동의서를 제출받아야 하며, 15세 미만인 자(중학교에 재학 중인 18세 미만인 자 포함)의 경우 고용노동부 장관의 취직인허증도 필요하다. 다만, 13세 미만인 자는 원칙적으로 채용할 수 없다.

❓ Tip   15세 미만 채용 시 구비서류 및 취직인허증 발급 절차

구비서류 : 호적증명서 및 후견인 동의서, 취직인허증
취직인허증 발급 절차 : 취직인허증 교부신청서에 학교장 및 친권자 또는 후견인의 서명 ➜ 사용자가 될 자와 15세 미만인 자의 연명으로 관할 지방노동관서에 취직인허증 교부신청 ➜ 15세 미만인 자의 취직인허증 교부

2 채용 시 법률상 지켜야 할 사항

채용 절차의 공정화에 관한 법률에 의해 채용시험에 불합격한 구직자는 해당 기업에 제출한 채용서류를 돌려받을 수 있다.
구인 업체는 채용서류 반환청구기간을 반드시 구직자에게 알려 주어야 하고, 구직자가 반환을 요구할 경우는 14일 이내에 서류 일체를 반환해야 한다.
이에 따라 구인 업체는 반환청구기간까지 채용서류를 보관해야 하고, 청구기간이 지나면 「개인정보 보호법」에 따라 채용서류를 파기해야 한다.

구인 업체는 구직자에게 채용일정과 채용여부, 채용심사가 지연될 경우는 그 사실을 홈페이지에 게시하거나 문자전송 등의 방법으로 알려 주어야 하며, 채용서류 제출에 드는 비용 이외의 모두 비용(응시료 등)을 구직자에게 부담시키지 못하며, 불가피한 사정이 있는 경우에는 관할 고용노동청(지청)의 승인을 얻어 채용심사 비용의 일부를 부담하게 할 수 있다.

이러한 내용을 담은 채용 절차의 공정화에 관한 법률과 시행령은 상시근로자 30명 이상이 사업장에 적용된다.

📋 거짓 채용 광고의 금지(법 제4조 제1항)

구인자는 채용을 가장하여 아이디어를 수집하거나 사업장을 홍보하기 위한 목적 등으로 거짓의 채용 광고를 내서는 안 된다. 여기서 '거짓 채용 광고' 란 채용을 가장(假裝)하여 구직자의 창의적 아이디어 또는 그 창작물을 수집하거나 자기 사업장의 홍보 및 물품 판매 등의 목적으로 행하는 채용 광고를 말한다.

❶ 채용을 가장하여 구직자의 사업아이디어 등을 수집하기 위한 목적으로 행하는 광고

❷ 채용을 가장하여 사업장을 홍보하기 위한 목적으로 행하는 광고

❸ 기타 채용을 가장하여 물품 판매, 수강생모집, 직업소개, 부업알선, 자금모금, 투자 유치 등 채용 외에 다른 목적으로 하는 광고

📋 채용 광고의 내용 등 변경 금지(법 제4조 제2항)

구인자는 구직자를 채용한 후에 정당한 사유 없이 채용 광고에서 제시한 근로조건을 구직자에게 불리하게 변경해서는 안 된다.

채용이 결정되면 구인자와 구직자는 자율적 의사에 따라 대등한 지위에서 근로계약을 체결하는 것이 원칙이지만 그 지위는 구직자가 아래에 있는 것이 현실임을 고려할 때, 구인자가 정당한 사유 없이 채용 광고에서 제시한 근로조건을 구직자에게 불리하게 변경하는 것을 금지하여 구직자의 권익을 보호하려는 것이다.

여기서 '정당한 사유'란 사회통념상 채용 광고에서 제시한 근로조건을 변경할 만한 합리적이고 타당한 이유가 있다고 인정되는 경우를 말한다.

근로조건을 구직자에게 불리하게 변경하는 경우를 금지한 것이므로, 구직자에게 유리하거나 불리하지 않은 변경은 가능하다.

채용서류 등의 귀속 강요 금지(법 제4조 제4항)

구인자는 구직자에게 채용서류 및 이와 관련한 저작권 등의 지식재산권을 자신에게 귀속하도록 강요해서는 안 된다.

여기서 '채용서류'란 기초심사자료, 입증자료, 심층 심사자료를 말하는 것으로(법 제2조 제6호), 채용 시 구인자가 구직자로부터 채용과 관련하여 제출받는 서류 등 유형·무형의 모두 자료를 의미한다.

구 분	채용서류
기초심사자료	구직자의 응시원서, 이력서 및 자기소개서
입증자료	학위증명서, 경력증명서, 자격증명서 등 기초심사자료에 기재한 사항을 증명하는 일체의 자료
심층심사자료	작품집, 연구실적물 등 구직자의 실력을 알아볼 수 있는 일체의 물건 및 자료

📋 채용 절차상의 고지

구 분	고 지
채용서류의 접수 사실 고지	구인자는 채용서류를 전자우편 등으로 받은 경우는 지체 없이 구직자에게 접수된 사실을 홈페이지 게시, 휴대전화에 의한 문자전송, 전자우편, 팩스, 전화 등으로 알려야 함
채용 일정 및 채용 과정의 고지	구인자는 구직자에게 채용 일정, 채용심사 지연의 사실 등 채용 과정을 홈페이지 게시, 휴대전화에 의한 문자전송, 전자우편, 팩스, 전화 등으로 알려야 함
채용 여부의 고지	작품집, 연구실적물 등 구직자의 실력을 알아볼 수 있는 일체의 물건 및 자료
채용서류의 반환 등에 관한 고지	구인자는 채용 여부가 확정되기 전까지 채용서류의 반환·보관·파기·비용 등에 관한 사항을 구직자에게 알려야 한다.

📋 채용심사비용의 부담금지(법 제9조 본문)

채용심사비용은 구인자가 전부 부담하는 것이 원칙이나, '사업장 및 직종의 특수성으로 인하여 불가피한 사정이 있어 고용 노동부장관의 승인을 받은 경우는 예외적으로 구직자에게 일부 부담시킬 수 있다. 이 경우 『별지 제1호서식의 채용심사비용 승인 신청서』에 '채용심사비용 산정 내역서' 및 '채용(예정) 공고문'을 첨부하여 관할 지방고용노동관서의 장에게 제출해야 한다.

여기서 '사업장 및 직종의 특수성으로 인하여 불가피한 사정이 있는 경우'란 구인자의 업종 등 사업장의 특성 및 구직자가 종사할 직종이 특수하여 사회통념상 구직자가 채용심사 비용의 일부를 부담하는 것이 타당하다고 판단되는 경우를 말한다.

채용심사비용 승인 신청서

※ [ ]에는 해당되는 곳에 √ 표시를 합니다.

접수번호		접수일	처리기간	**7일**

신청인	사업장명			
	대표자 성명		생년월일	
	소재지		(전화번호 :)	

신청내용	채용예정인원		명	상시근로자수	명
	채용심사내용				
	채용심사기간				
	채용심사비용		원	구직자 부담금액	원

심사비용 청구 사유(구체적으로 적으시기 바랍니다.)

「채용절차의 공정화에 관한 법률」 제9조제2항과 같은 법 시행규칙 제2조제1항에 따라 위와 같이 채용심사비용 승인을 신청합니다.

년   월   일

신청인   (서명 또는 인)
대리인   (서명 또는 인)

○○지방고용노동청(지청)장 귀하

첨부서류	1. 채용심사비용 산정 내역서 1부. 2. 채용(예정)공고문 1부.	수수료 없음

처 리 절 차

신청서 제출	→	접 수	→	내용검토	→	결 재	→	통 보
신청인		지방고용노동청(지청)장 (민원실)		지방고용노동청(지청)장 (고용센터)		지방고용노동청(지청)장 (청장 · 지청장)		

210mm×297mm[일반용지 60g/㎡(재활용품)]

📑 채용서류의 반환 등

구직자는 채용 여부가 확정된 이후 서면 또는 전자적 방법 등 고용노동부령으로 정하는 바에 따라 채용서류 반환을 청구할 수 있다.
구직자가 채용서류의 반환을 청구하는 경우 별지 『제3호 서식의 채용서류 반환 청구서』를 홈페이지, 전자우편 및 팩스 등으로 구인자에게 제출해야 한다.

구 분	반환서류
반환 의무 대상	채용서류(기초심사자료, 입증자료, 심층심사자료)
반환 제외 대상 (파기 대상)	• 홈페이지 또는 전자우편으로 제출된 채용서류 • 구직자가 구인자의 요구 없이 자발적으로 제출한 채용서류

구인자는 "채용 여부가 확정된 날부터 14일에서 180일 사이의 기간 중에 구직자가 채용서류의 반환을 청구할 수 있는 기간"을 정하여 채용 여부가 확정되기 전까지 구직자에게 통보해야 한다. 여기서 "채용 여부가 확정된 날"이란 당해 채용에 있어서 구인자가 채용대상자를 확정한 날로 구직자에게 합격인지 불합격인지 채용 여부를 사전에 알려야 한다.
구인자는 반환 대상인 채용서류를 「우편법」 제14조 제2항 제3호 또는 제15조 제2항 제3호에 따른 특수 취급 우편물을 통하여 전달하거나 구인자와 구직자가 합의하는 방법으로 전달할 수 있다(시행령 제2조 제2항).

채용서류 반환 청구서

접수번호		접수일	
청 구 인	성명	수험번호	
주 소			
반 환 장 소 (주 소 와 다 른 경우 기재)			

반 환 요 구 서 류	

「채용절차의 공정화에 관한 법률」 제11조 및 같은 법 시행령 제2조, 제3조, 제4조에 따라 위와 같이 채용서류의 반환을 청구합니다.

년　　월　　일

신청인　　　　　　　　(서명 또는 인)

ㅇㅇ 사업장 귀하

공지 사항

1. 「채용절차의 공정화에 관한 법률 시행령」 제3조에 따라 신청인은 채용서류의 반환을 요청한 이후 10일 이내에 해당 사업장으로부터 반환 요구서류를 전달받을 수 있습니다.

2. 「채용절차의 공정화에 관한 법률 시행령」 제4조에 따라 반환 요구서류는 특수취급 우편물을 통해서 전달받거나, 사업장으로부터 직접 전달받을 수 있습니다.

3. 「채용절차의 공정화에 관한 법률」 제11조 제5항 및 같은 법 시행령 제6조에 따라 채용서류의 반환에 드는 비용을 신청인이 부담할 수 있습니다.

🔲 구인자의 채용서류 보관(법 제11조 제3항)

구직자가 채용서류의 반환을 청구하지 않은 경우 '구직자가 채용서류의 반환을 청구할 수 있는 기간' 까지 보관해야 한다.

구직자가 채용서류의 반환을 청구할 수 있는 기간으로 '채용 여부가 확정된 날부터 14일에서 180일 사이의 기간 중에 구인자가 정하여 구직자에게 통보한 기간'을 말한다.

🔲 미반환 채용서류의 파기(법 제11조 제4항)

구인자는 반환청구기간이 지난 경우 및 채용서류를 반환하지 않은 경우는 「개인정보 보호법」에 따라 채용서류를 파기해야 한다.

더욱 더 자세한 내용을 알고자 할 경우 이지경리(www.ezkyungli.com) 〉 지식 몰 〉 채용 절차의 공정화에 관한 법률 업무 매뉴얼을 참고하면 된다.

근로계약서의 올바른 작성 방법

1 근로계약서는 왜 써야 하나?

근로계약서는 임금, 근로시간 등 핵심 근로조건을 명확히 정하는 것으로, 근로자와 사업주 모두의 권리보호를 위해 반드시 필요하다.

2 근로계약서를 쓰지 않으면?

사용자가 근로계약을 서면으로 체결하고 이를 발급하지 않으면 500만 원 이하의 벌금이 부과되며, 만약 기간제·단시간근로자인 경우는 500만 원 이하의 과태료 처분을 받을 수 있다.

근무내용, 근무일, 징계해고나 임금체불 등의 사유로 사업주와 직원 간에 다툼이 발생할 경우, 근로계약서가 없다면 근로자뿐 아니라 회사 또한 주장을 입증하지 못해 각종 불이익을 입을 수 있다. 이를 방지하는 차원에서도 근로계약서를 작성하여 발급하는 것이 필요하다.

3 근로조건의 명시 및 서면 교부

근로계약 체결 시 임금, 소정근로시간, 휴일, 연차유급휴가, 취업 장소, 종사업무, 퇴직에 관한 사항 등을 명시해야 하며, 이 중 임금의 구성항목·계산방법·지급방법, 소정근로시간, 휴일 및 연차유급휴가는 서면으로 명시해야 하고, 근로자 요구 시 이를 교부해야 한다.

4 근로계약서 서면명시의 방법

근로조건을 서면으로 명시하는 경우 이를 구체적으로 기재하는 것이 바람직하나 휴일, 휴가 등 전체인력에 동일하게 적용되는 사항에 대해서는 "취업규칙에 따른다."라고만 기재해도 무방하다. 다만, 사업장 내 취업규칙이 없는 경우에는 근로계약서상에 이를 구체적으로 명시해야 한다.

구 분	서면 명시 사항
일반근로자	임금의 구성항목 · 계산방법 · 지급방법, 소정근로시간, 휴일 및 연차유급휴가
기간제 및 단시간근로자	임금의 구성항목 · 계산방법 · 지급방법, 소정근로시간, 휴일 및 연차유급휴가 + ❶ 근로계약기간에 관한 사항 ❷ 휴게에 관한 사항 ❸ 취업 장소 및 종사업무에 관한 사항 ❹ 근로일 및 근로일별 근로시간(단시간근로자에 한함)

구 분	서면 명시 사항
파견근로자	임금의 구성항목 · 계산방법 · 지급방법, 소정근로시간, 휴일 및 연차유급휴가 + ❶ 파견근로자로서 고용한다는 사실 ❷ 근로자파견 계약의 내용 ❸ 파견되어 근로할 사업장의 복리후생시설의 이용에 관한 사항 ❹ 파견의 대가(근로자가 요구하는 경우에 한함)

5 근로계약서의 작성 방법

근로계약서에는 임금, 근로시간, 휴일, 연차, 유급휴가 등의 내용을 명시해야 하며, 고용노동부에서 배포하는 표준근로계약서를 참고하면 더 쉽게 쓸 수 있다.

🔒 꼭 기입해야 하는 사항

근로계약서에는 임금, 근로시간, 주휴일, 연차휴가에 관한 사항이 반드시 포함되어야 하며, 구체적으로는 다음과 같다.

임금

임금은 단순히 총급여뿐만 아니라
❶ 임금이 어떻게 구성되는지(예를 들어 기본급, 수당, 식대 등 항목과 금액을 확정했는지)
❷ 언제부터 언제까지 일한 임금을 지급하는 것인지(매월 0일부터 매월 00일까지)

❸ 어떤 주기로 어떤 날 입금을 하는지(다음 달 00일에 근로자 은행 계좌로 지급) 모두 기재해야 한다.

근로시간

출근 시간과 퇴근 시간을 모두 기재해야 하며, 직원에게는 4시간마다 30분 이상의 휴게시간을 부여해야 하므로 휴게시간도 기재하는 것이 바람직하다. 하루 8시간을 일하는 직원이라면 언제부터 언제까지 1시간의 점심시간을 준다고 기재하면 된다.

주휴일

주휴일이란 일주일에 하루씩 부여하는 유급휴일로서 근로계약서에는 언제가 주휴일인지를 명시해야 한다. 일반적으로 월요일부터 금요일까지 근무를 하는 경우가 많으므로 "주휴일은 일요일로 한다."와 같이 기재하면 되며, 다른 형태로 근무일을 운영하는 경우는 사정에 맞게 주휴일을 정하면 된다.

연차휴가

연차휴가란 매년 직원에게 유급으로 부여해야 하는 15일의 휴가를 말하며, 입사 3년 차부터 2년마다 하루가 증가하여 총 25일까지 휴가가 늘어나게 된다. 연차휴가는 근로기준법 제60조에 자세히 규정되어 있으므로, 이 조항을 기준으로 계약서를 작성하면 된다. 다만, 연차휴가는 5명 이상의 근로자를 사용하고 있는 회사에 적용되는 기준이므로 직원이 5명 미만인 기업은 연차휴가를 부여하지 않을 수 있다.

🖥 작성해 두면 좋은 사항

작성 의무가 있는 것은 아니지만 근로관계에 큰 영향을 미치는 사항들과 주의할 점은 다음과 같다.

근로기간

계약기간이 있는 직원을 고용할 때는 근로계약서에 정확한 근로기간을 명시하는 것이 필요하다. 최초 계약할 때 계약기간은 1년을 초과할 수 없으며, 총 2년까지 연장할 수 있다. 만약 계약직 직원의 연속된 근로기간이 2년을 초과한다면 '기간제 및 단시간근로자 보호 등에 관한 법률'에 따라 정규직 직원으로 전환시켜야 하므로 계약기간을 연장할 때는 이 점을 고려할 필요가 있다.

근무지와 직무 내용

근무지와 직무 내용은 근로계약서에 꼭 넣어야 하는 사항은 아니지만, 계약체결 시 구두로라도 해당 내용을 정해두는 것이 좋다. 실무상 회사가 입사할 때 정한 업무와 직원이 실제 수행하는 업무가 확연히 다른 경우에 문제가 발생할 수 있으므로, 지나치게 좁은 범위로 근무지나 직무내용을 확정하는 것은 업무 유연성 차원에서 바람직하지 않다.

취업규칙에서 정한 사항

취업규칙이란 사업주가 '소속 직원 모두에게 적용되는 사내규칙 또는 근로조건에 관하여 구체적으로 규정한 것'으로서, 취업규칙 외에도 '인사규정' 또는 '사규'라 불린다. 이런 취업규칙은 회사 운영의 원칙이 되는 기준이므로, 근로조건에 있어 중요한 부분이 있다면 계약서에 해당 내용을 포함하여 당사자 간에 확인할 필요가 있다.

근무일

❶ 특정한 날에만 근무하는 직원이나
❷ 주5일제를 시행하는 회사나
❸ 일요일이 아닌 주중의 일정한 날이 주휴일인 회사 등의 경우에는 근로계약서에 '근무일은 월요일부터 금요일까지' 또는 '근무일 : 매주 수요일, 토요일' 등 근무일을 명확히 기재하는 것이 법적인 다툼 방지에 도움이 된다.

6 미성년자의 근로계약

미성년자라고 하더라도 본인과 직접 근로계약을 체결해야 하며, 친권자 또는 후견인과 근로계약을 체결해서는 안 된다. 다만, 18세 미만인 자의 경우 친권자 또는 후견인의 동의가 필요하며, 근로계약이 미성년자에게 불리하다고 판단되는 경우 고용노동부 장관, 친권자 또는 후견인이 이를 해지할 수 있다.

7 수습 · 시용 · 채용 내정자의 근로계약

신규인력을 채용하는 경우 채용일로부터 일정기간동안을 수습기간으로 정해서 직무교육을 할 수 있다. 수습기간 동안에는 인력과의 약정에 따라 책정된 임금을 감액지급(하한액 : 최저임금액의 90%, 1년 미만 근로자 및 1~2주의 직무훈련만으로 업무수행이 가능한 단순노무종사자는 100%)

할 수는 있으나, 수습기간이라고 해서 정당한 사유 없이 채용된 인력을 해고할 수 없다. 이에 반해 신규인력의 업무수행능력을 판단하기 위해서 일정기간의 시용기간(인턴기간)을 거친 후 채용을 확정하기로 한 경우에 시용기간 동안 근무성적이 불량하거나 업무수행 능력이 부족하다고 판단되는 경우 그 채용을 취소할 수 있다. 이러한 시용기간은 수습기간과 달리 채용취소에 관한 정당성을 판단함에 있어 해고제한 규정의 적용이 완화된다.

수습 또는 인턴기간은 직무교육 및 업무수행능력 판단에 필요한 기간을 고려해서 결정하되, 통상 3개월로 한다. 이러한 수습 또는 인턴기간은 연차휴가, 퇴직금 등을 산정함에 있어 근속연수에 포함된다.

8 근로자의 신원보증

회계·재무 담당자, 일정 직책 이상 수행자 등 고의 또는 과실로 회사에 손실을 끼칠 수 있는 자에 대해서는 근로계약 체결과 동시에 연대보증인의 신원보증서(신원보증기간 : 2년 이내)를 제출토록 한다. 다만, 인보증을 세우기가 어려운 현실을 고려해서 보증보험사의 신원보증보험증서를 제출하도록 함으로써 이를 갈음할 수 있다.

? Tip 시용기간 중인 근로자 해고의 정당성

시용기간 중에 있는 근로자를 해고하거나 시용기간 만료 시 본 계약의 체결을 거부하는 것은 사용자에게 유보된 해약권의 행사로서, 당해 근로자의 업무능력, 자질, 인품, 성실성 등 업무 적격성을 관찰·판단하려는 시용 제도의 취지·목적에 비추어 볼 때 보통의 해고

보다는 넓게 인정되나, 이 경우에도 객관적으로 합리적인 이유가 존재해서 사회통념상 상당하다고 인정되어야 할 것이다(대법원 1992. 8. 18 선고 92다15710 판결, 1994. 1. 11 선고 92다44695 판결 등 참조).

9 | 채용내정

우수한 인력의 조기 확보를 위해 졸업예정자를 대상으로 미리 인력을 선발해서 채용내정을 할 수 있다. 채용내정 후 인력이 졸업하지 못한 경우에는 채용이 취소되나, 단체의 사정으로 채용이 취소되는 경우 손해배상의 대상이 될 수 있다.

> **Tip** 근로계약서 작성 시 법 위반사항이 많은 경우(근로감독 시 가장 많이 적발)

1. 취업 장소와 업무 내용

취업 장소는 회사의 주소를 업무 내용은 할 업무를 구체적으로 써 줘야 한다. 취업 장소만 적는 경우가 많은데 이는 법 위반이다.

2. 임금의 구성항목과 계산 방법

시급이나 월급에 대해서 시급이 얼마다. 월급이 얼마라고만 적는 경우가 많은데, 법에서는 임금뿐만 아니라 그 구성과 계산 방법까지 적어야 한다.

예를 들어 급여 300만 원인 경우 임금구성 항목과 계산 방법과 관련해서는 해당 임금이 몇 시간분의 임금인지 수당이 포함된 것인지 아닌지를 적어줘야 한다.

3. 단시간근로자(파트 타이머) : 근로일별 근로시간

단시간근로자는 근로일마다 근로시간을 다 명시해야 한다. 그런데 이것을 사업주는 거의 하지 않는다. 즉 월요일 몇 시부터 몇 시까지 몇 시간근로, 화요일 몇 시부터 몇 시까지 몇 시간근로 등 요일별로 다 적어줘야 한다. 근로감독 시 가장 많이 적발되는 사항이다. 위에 대한 정확한 근로계약서 기입 방법을 모르는 경우 고용노동부 홈페이지에 들어가면 표준계약서가 있으므로 이를 참고해 보면 된다.

근로자명부의 작성과 보관

1 근로자명부의 작성과 보관

사용자는 사업장별로 근로자명부를 작성하고 근로자의 성명, 성별, 생년월일, 주소, 이력, 종사하는 업무의 종류, 고용 또는 고용갱신 연월일, 계약기간을 정한 경우에는 그 기간 기타 고용에 관한 사항, 해고·퇴직 또는 사망의 경우에는 그 연월일과 사유, 기타 필요한 사항을 기입해야 한다(근로기준법 제41조). 그 후 기입할 사항에 변경이 있는 경우에는 지체없이 정정해야 한다. 다만, 사용기간 30일 미만인 일용근로자는 근로자명부를 작성하지 않을 수 있다. 이는 3년간 보존해야 하며, 실무에서는 인사기록 카드라고 해서 인사내용을 포함한 근로자명부를 관리하고 있다.

구 분	근로자명부의 작성
원 칙	각 사업장별로 작성해서 3년간 보존

구 분	근로자명부의 작성
예 외	사용기간 30일 미만인 일용근로자는 근로자명부를 작성하지 않을 수 있다.

근 로 자 명 부

① 성명		② 주민등록번호		
③ 주소				
④ 부양가족	명	⑤ 종교업무		
이력	⑥ 기능 및 자격		퇴직	⑩ 해고일	년 월 일
	⑦ 최종학력			⑪ 퇴직일	년 월 일
	⑧ 경력			⑫ 사유	
	⑨ 병역			⑬ 금품청산 등	
⑭ 고용일(계약기간)	년 월 일	⑮ 근로계약 갱신일		년 월 일
⑯ 근로계약 조건				
⑰ 특기사항(교육, 건강, 휴직 등)				

2 사용증명서의 발급

사용자는 30일 이상 근로한 근로자가 퇴직 후 3년 이내에 사용기간, 업무 종류, 지위와 임금, 그 밖에 필요한 사항에 대한 증명서를 청구하면 사실대로 적은 증명서를 즉시 발급해 주어야 한다. 이 경우 근로자가 요구한 사항만을 적어야 한다. 다만, 사용기간 30일 미만인 일용근로자는 근로자명부를 작성하지 않을 수 있으므로 사용증명서도 청구할 수 없다.

근로계약 기간과 기간제근로자의 근로문제

근로계약은 기간의 정함이 있는 계약과 기간의 정함이 없는 계약으로 크게 나누어볼 수 있다.

기간의 정함이 없는 근로계약은 일반적으로 특정 인원과 지속적으로 근로계약을 유지하고자 하는 계약으로 근로의 개시일은 기입하되, 종료일은 기입하지 않는 것이 일반적이다. 반면, 기간의 정함이 있는 계약은 근로의 개시일과 종료일을 특정한 계약으로 이같이 종료일을 정하는 이유는 해고를 법으로 엄격히 제한하고 있기 때문이다. 예를 들어 육아휴직을 간 직원을 대체해서 일정 기간 사용하고자 하는 경우나, 기간제 교사의 경우 종료일을 특정하지 않으면 육아휴직을 간 교사가 돌아오거나 교사가 돌아와서 해당 대체 근로자를 해고하는 경우 불법 해고에 해당하기 때문이다. 다만, 기간의 정함이 있는 계약이라고 하더라도 다음과 같은 예외 사항은 인정되고 있다.

구 분	특 징
기간의 정함이 없는 근로계약	계약의 종료일이 정해져 있지 않은 통상적인 근로자 계약관계가 지속적으로 유지되므로 해고 시 부당해고의 문제가 발생할 수 있다.
기간의 정함이 있는 근로계약	계약의 시작일과 종료일이 특정된 계약직 근로자 계약기간의 종료로 자동 계약관계가 해지되므로 해고의 문제가 발생하지 않는다.

1 | 2년을 초과한 기간제근로자의 사용

기간을 정해서 인력을 채용하는 경우 2년을 초과하지 않는 범위 내에서 기간제 인력의 사용이 가능하나, 2년을 초과해서 계속 사용하는 경우 기간의 정함이 없는 근로계약으로 전환된다. 다만, 2007년 7월 1일 이후 새로이 체결·갱신되거나 연장되는 근로계약부터 적용된다(적용 범위 : 상시 5인 이상 사업장).

기간제 인력의 사용기간을 산정함에 있어 업무상 재해로 인한 요양을 위해서 휴업한 기간, 육아휴직기간, 병역의무 이행을 위한 휴직기간, 업무 외 부상, 질병 기타의 사유로 사용자 승인을 얻어 휴업한 기간은 그 기간에서 제외된다.

2 | 2년을 초과한 기간제근로자의 사용 예외

기간제 인력은 2년 이내에서 사용할 수 있으나, 다음의 경우 2년을 초과해서 기간제 인력을 사용할 수 있으며, 그 사용기간이 2년을 초과하더라도 기간의 정함이 없는 근로계약으로 전환되지 않는다.

❶ 사업 완료 또는 특정 업무 완성에 필요한 기간을 정한 경우

→ 건설공사, 특정 프로그램개발 또는 프로젝트의 완수를 위한 사업

❷ 휴직, 파견 등으로 결원이 발생해서 복귀 시까지 업무를 대신할 필요가 있는 경우

→ 출산, 질병, 군 복무 등으로 기존 근로자가 휴직하거나 장기 파견의 경우. 단, 대체 채용 근로자와의 근로계약서에 채용 사유를 명시

❸ 학업, 직업훈련 등을 이수함에 따라 이에 필요한 기간을 정한 경우

→ 학업, 직업훈련은 직무와 관련된 것만을 한정하지 않으며, 동 기간은 학위취득 기간이 아닌 수업을 듣는 기간이다.

❹ 55세 이상의 고령자와 근로계약을 체결하는 경우

→ 근로계약 체결 및 갱신 당시 나이를 기준으로 하며, 55세 이전에 이미 기간의 정함이 없는 근로자로 전환된 경우는 적용되지 않는다.

❺ 전문적 지식·기술의 활용이 필요한 경우이다.

→ 박사학위 소지자 또는 전문자격증 소지자가 해당 분야에 종사하는 경우이다.

❻ 정부의 복지정책·실업 대책 등에 따라 직업능력개발, 취업촉진 및 사회적으로 필요한 서비스 제공 등을 위해서 일자리를 제공하는 경우

❼ 다른 법령에서 기간제근로자의 사용기간을 달리 정하거나 별도의 기간을 정해서 근로계약을 체결할 수 있도록 한 경우

❽ 4주간을 평균해서 1주간의 소정근로시간이 15시간 미만인 근로자를 사용하는 경우 등

입사 시 받아야 할 서류

- 이력서 : 직원 경력과 근무상태를 파악하여 업무 분담에 필요하다.

- 근로계약서 : 근로조건과 급여를 결정해서 노동법규에 의한 근로계약서를 작성한다.

- 서약서 : 회사의 취업규칙과 규정을 준수한다는 내용, 회사의 정보 및 기밀에 대한 사항을 보안 유지한다는 내용을 담은 서약서가 필요하다. 대부분 취업규칙의 내용에 포함되어 있다.

- 인사기록 카드 : 직원의 근태 사항, 상벌 및 진급 사항을 기록·보존한다. 사진 2매(인사기록 카드 부착 / 최근 3개월 이내 촬영한 사진)

- 주민등록등본 : 직원의 가족관계 등을 확인하고, 4대 보험에 가입할 때 필요하다. 건강보험 피부양자를 등재할 때 동거하지 않는 가족을 포함하려면 가족관계증명서를 추가로 받아야 한다. 형제자매를 등재하고자 하는 경우 혼인관계증명서를 첨부하여 미혼임을

증명해야 한다.

- 거래 은행 계좌번호(통장 사본) : 급여를 지불할 때 필요하다. 은행 계좌로 입금하면 급여대장에 직원이 날인하지 않아도 입금증으로 대신할 수 있다.
- 원천징수영수증 1부(경력자 해당 – 연말정산 반영서류)
- 최종학력 졸업/성적증명서 각 1부
- 자격증 사본
- 경력증명서
- 채용 신체 검사서/건강진단서

? Tip 근로자고용 시 업무상 체크 할 사항

근로계약서 외 구비서류 비치 사항

구 분	구비서류
근로계약서	노동법규에 의한 계약서를 작성해서 근로조건과 급여를 결정해서 근로계약을 체결한다.
서약서	회사의 취업규칙과 규정을 준수할 것을 서약한다.
각서	회사의 모든 정보나 문서와 기타 회사의 기밀에 대한 사항을 보안·유지한다는 내용의 각서이다.
신원보증서	직원의 신원을 확보하고 회사의 불이익을 방지하며, 신뢰감을 확보하기 위해서 작성하는 서식이다.
이력서	직원 경력과 근무상태를 파악하며, 업무 분담에 필요로 한다.
인사기록카드	직원의 근무 시 상벌이나 진급 사항을 기록·보존하는 것이다.

구 분	구비서류
주민등록등본	직원의 세제 혜택과 가족 사항을 파악한다.
거래은행 계좌번호	급여를 은행거래로 대체하며, 급여대장에 인장날인을 하지 않아도 무통장 입금증으로 대신한다.
재정보증	서울보증보험에서 발급받는다(업무역량에 따라 금액설정).
병역확인	주민등록초본 및 병무청 확인

급여명세서 작성 및 근로소득세 신고 · 납부

❶ 매월 근로소득세 신고   ❷ 중도퇴사자 정산신고

❸ 퇴직근로자 퇴직금 산정 및 정산신고   ❹ 연말정산 신고

4대 보험 취득신고

4대 보험 취득신고를 한다.

기타 법률상 유의 사항

[채용 시 남녀차별금지]

근로자의 모집과 채용 시 남녀를 차별하는 경우는 사업주를 상대로 벌금이 부과되고, 근로
자는 이에 대한 손해배상을 청구할 수 있다. 하지만 직무의 성질상(예컨대 남성 역할의
배우, 수위, 경비원, 신체적으로 여성이 감당하기 어려운 육체노동 등) 남성 근로자가 아니
면 업무의 정상적인 수행이 곤란해서 남성만을 채용하는 경우는 법 위반이 아니다.

[고용보험지원금 점검]

정부의 채용지원제도는 실업률을 낮추고 고용을 촉진하기 위해 고용보험제도 등을 통해서
각종 지원 제도를 실시하고 있다. 따라서 신규채용 시 받을 수 있는 각종 지원금을 점검해
본다.

[연소자 고용 시 사업주 확인사항]

만 18세 미만인 자를 고용할 때는 친권자(또는 후견인)의 동의서와 연령을 증명하는 서류(호적등본 또는 주민등록등본 등)를 반드시 확인하고 사업장에 갖추어 두어야 한다.

만 18세 미만이라도 근로계약서를 반드시 작성해야 하며, 연소자의 요구와 관계없이 근로계약서를 반드시 교부해야 한다.

[안전보건교육 실시]

근로자를 신규 채용할 때 당해 업무와 관계되는 안전보건교육을 실시해야 하는데, 건설업 종사자는 1시간 이상, 그 외 근로자에 대해서는 8시간의 교육을 실시해야 한다.

아르바이트와 일용직을 채용할 때 주의사항

1 근로기준법에서 말하는 일용직과 아르바이트

일용직의 개념에 대해서 근로기준법에 따로 명시되어 있지 않지만, 개념 본질상 일용직은 하루 단위로 근로계약을 체결하여 당일 근로관계가 시작되어 당일 근로관계가 종료되는 근로 형태를 의미한다 (세법상 일용직 개념과는 다름). 물론 실무상으로는 하루 단위가 아니더라도 비교적 단기간 사용하는 근로자를 일용직이라고 부르는 경우도 많다.

아르바이트의 개념 역시 근로기준법에 따로 명시되어 있지 않고, 일반적으로 단기간에 걸쳐 시간제로 근무하는 근로자를 '아르바이트'라고 부른다.

2 근로계약서 작성 및 서면 명시 의무사항

근로계약서 서면 명시 사항

일용직이나 아르바이트도 반드시 근로계약서를 작성해야 하며, 근로
계약서 작성 시 다음 사항들을 서면으로 명시하고, 근로계약서를 반
드시 발급해 주어야 한다.

- 근로시간·휴게에 관한 사항
- 임금의 구성항목·계산 방법 및 지불방법에 관한 사항
- 휴일·휴가에 관한 사항
- 취업의 장소와 종사해야 할 업무에 관한 사항
- 근로계약기간에 관한 사항(기간제근로자인 경우)
- 근로일 및 근로일별 근로시간(단시간근로자인 경우)

📑 위반 시 과태료 부과

위 서면 명시 사항을 명시하지 않거나 근로계약서를 작성하여 발급
하지 않는 경우는 아래 기준에 따라 시정 기간 없이 즉시 과태료를
부과한다(14일 이내 시정 시 과태료 1/2 감액).

명시하지 않은 사항	위반 횟수		
	1차 위반	2차 위반	3차 위반
임금, 근로계약기간, 근로일 및 근로일별 근로시간	서면명시 사항 1개당 50만원	서면명시 사항 1개당 100만원	서면명시 사항 1개당 200만원
근로시간 · 휴게, 휴일 · 휴가, 취업장소와 종사업무	서면명시 사항 1개당 30만원	서면명시 사항 1개당 60만원	서면명시 사항 1개당 120만원

(기간제 및 단시간근로자 보호 등에 관한 법률 제17조, 동법 시행령
별표3, 근로감독관 집무 규정)

🔒 최저임금법 적용

일용직, 아르바이트에도 최저임금법이 적용된다.

❓ Tip 근로자의 최저임금 계산 방법

주당 소정근로시간이 40시간인 근로자가 1주 40시간(주 5일, 1일 8시간)을 근로

급여항목		최저임금에 포함되는 임금액	
급여	200만 원	200만 원	2,000,000원
정기상여금	30만 원	2024년부터 아래 표와 같이 전액 인정	300,000원
현금성 복리후생비	20만 원	2024년부터 아래 표와 같이 전액 인정	200,000원
합 계			2,500,000원

연도	2020년	2021년	2022년	2023년	2024년~
정기상여금	20%	15%	10%	5%	0%
현금성 복리후생비	5%	3%	2%	1%	0%

월 기준시간

[(주당 소정근로시간 40시간 + 유급 주휴 8시간) ÷ 7 × 365] ÷ 12월 ≒ 209시간

다른 계산 방법 : 48시간 × 4.345주 ≒ 209시간

시간당 임금 = 2,500,000원 ÷ 209시간 ≒ 11,962원

시간당 임금 11,962원은 2025년도 최저임금 10,030원보다 많으므로 최저임금법 위반이 아니다. 주당 소정근로시간이 40시간인 근로자의 월 환산 최저임금

= 10,030원 × 209시간 = 2,096,270원

🔲 법정수당과 퇴직금의 지급

상시근로자 5인 이상 사업장의 경우 연장·야간·휴일근로를 하는 경우는 그 시간에 대해서는 시급의 50%를 가산한 임금을 지급해야 한다(상시근로자 5인 미만 사업장 제외). 따라서 시급 10,030원인 근로자가 연장근로 1시간을 한다면 그 시간에 대해서는 10,030원의 150%인 15,045원을 지급해야 한다.

또한, 일용직이나 아르바이트라고 하더라도 1주 소정근로시간이 15시간 이상의 경우 1년 이상 계속 근로하고 퇴직하는 경우는 퇴직금을 지급해야 한다(1주 소정근로시간이 15시간 미만의 경우는 제외). 특히, 일용직의 경우 중간에 일부 공백 기간이 있더라도 계속 근로로 인정될 수 있음에 유의해야 한다.

🔲 정기지급의 원칙 등

시급, 일급, 주급, 월급 등은 자유롭게 정할 수 있으나, 임금의 지급주기는 매월 1회 이상 일정한 날짜를 정하여 지급해야 하고, 퇴직일로부터 14일 이내에 일체의 금품을 지급해야 한다.

4 근로시간 및 휴게

소정근로시간은 1일 8시간, 1주 40시간 이내로 정해야 하며, 연장근로를 하더라도 1주(7일)에 12시간 이내에서만 가능하다. 또한, 근로시간이 4시간인 경우 30분, 8시간인 경우 1시간의 휴게시간을 근로시간 중간에 주어야 한다.

1주 소정근로일 개근 시 유급주휴일 부여

일용직, 아르바이트도 1주간 소정근로일을 개근한 경우는 유급주휴일을 부여해야 한다(1주 소정근로시간이 15시간 미만의 경우는 제외). 유급주휴일이므로 근무하지 않더라도 임금(주휴수당)을 추가로 지급해야 한다. 일용직의 경우 보통 일당제로 임금을 정하므로 1일분 일당이 더 지급되어야 할 수 있고, 시급제 아르바이트의 경우에도 1일분 시급이 더 지급되어야 한다. 다만, 단시간근로자(파트타임)인 경우 주휴수당은 소정근로시간에 비례하여 지급할 수 있는바(근로기준법시행령 별표2), 아래의 예시를 참고하면 이해하기 쉬울 것이다.

? Tip 단시간근로자의 소정근로시간과 주휴수당

예를 들어 단시간근로자로 월 6시간, 화 5시간, 수 4시간, 목 6시간, 금 5시간, 1주 5일 근무를 하는 경우
- 4주간 단시간근로자 소정근로시간 = (6시간 + 5시간 + 4시간 + 6시간 + 5시간) × 4주 = 104시간
- 4주간 통상근로자 총 소정근로일수 = 5일 × 4주 = 20일
- 단시간근로자 1일 소정근로시간 수 = 104시간 ÷ 20일 = 5.2시간
따라서 단시간근로자의 주휴수당은 8시간분이 아닌 5.2시간분 지급
또는 (6시간 + 5시간 + 4시간 + 6시간 + 5시간) ÷ 5 = 5.2시간

근로자의 날

근로자의 날(5월 1일)은 '근로자의 날 제정에 관한 법률'에 의해 근

로기준법상의 유급휴일로 정해져 있으므로 일용직, 아르바이트라도 유급휴일로 부여해야 한다.

6 연차휴가

일용직과 아르바이트도 연차휴가가 발생할 수 있다(5인 미만 사업장, 1주 소정근로시간 15시간 미만자 제외). 근속기간이 1년 미만인 근로자가 1개월간 개근한 경우 1일의 연차유급휴가가 발생하고, 1년 동안 근로한 경우 80% 이상을 출근했다면 1개월 개근 시 발생한 휴가를 포함하여 총 26일의 연차휴가가 발생한다. 이렇게 발생한 휴가를 사용하지 못하고 퇴사하는 경우는 미사용 연차수당을 지급해야 한다(연차휴가 사용 촉진을 한 경우는 제외).

7 4대 보험 적용

🔒 4대 보험 적용 원칙

4대 보험은 사회보험으로서 법정 요건에 해당하는 경우 강제적으로 적용되는 것이므로 당사자 간 적용을 배제하기로 합의하더라도 효력이 없다. 4대 보험 가입대상임에도 불구하고 취득 신고를 하지 않는 경우 과태료가 부과됨은 물론, 3년간의 보험료가 소급하여 징수될 수도 있다.

🔒 건강보험·국민연금

건강보험은 1개월 동안 근로하면서 1개월 소정근로시간이 60시간 이상이라면 취득신고를 해야 한다.

국민연금(만 18세 이상~만 60세 미만만 해당)은 근로계약 기간이 1개월 이상이고, 고용된 날부터 1개월 동안 8일 이상 근로하고 근로시간이 월 60시간 이상의 경우 최초 고용된 날부터 사업장가입자로 적용해야 한다.

일용직, 아르바이트라고 하더라도 대부분 상용근로자와 동일하게 노동법이 적용되거나 오히려 더 엄격하게 적용될 수 있다. 따라서 일용직, 아르바이트 노무관리는 간단하고 신경 쓰지 않아도 되는 부분이 아니라 오히려 더 까다롭게 주의를 기울여야 하는 부분임을 명심해야 할 것이다.

🔒 산재·고용보험

산재보험은 적용 제외업종이 아닌 이상 일용, 아르바이트 등 근로형태와 무관하게 모두 적용된다.

고용보험은 일반적으로 1개월 소정근로시간이 60시간 미만(1주 15시간 미만)이면 적용이 제외되나, 일용근로자의 경우 소정근로시간과 무관하게 무조건 고용보험이 적용된다(법제처 15-0398, 2015.7.29.).

1개월 미만 사용하는 일용근로자의 경우에는 다음 달 15일까지 고용센터에 근로내용확인신고를 해야 하며, 근로내용확인신고를 한 경우 국세청에 제출하는 일용근로소득 지급명세서 제출은 면제된다.

그러나 국세청 일용근로소득 지급명세서 제출로 고용센터 근로내용확인신고가 면제되지는 않는다.

8 | 아르바이트 주휴수당

몇 가지 사항을 충족해야 주휴수당 지급 대상이 된다. 주휴수당은 일주일에 15시간 이상 근무해야 하며, 사업장에서 정한 소정의 근로일에 결근해서는 안 된다. 예를 들어 월, 화, 수에만 출근하는 A가 개인 사정으로 인해 화요일에 결근했다면 주 15시간 이상 근무했다고 해도 주휴수당을 지급받을 수 없다. 다만, 지각이나 조퇴는 결근이 아니므로 주휴수당을 받을 수 있다.

주휴수당의 계산은 1주일 총 소정근로시간의 합을 5로 나누면 주휴수당을 지급해야 하는 근로시간이 계산된다.

? Tip 청소년 아르바이트 고용 시 꼭 지켜야 할 사항

❶ 원칙적으로 만 15세 이상의 청소년만, 근로가 가능하다.

  만 13~14세 청소년은 고용노동부에서 발급한 취직인허증이 있어야 근로할 수 있다.

❷ 연소자(만 18세 미만인 자)를 고용한 경우 연소자의 부모님 동의서와 가족관계증명서를 사업장에 비치해야 한다.

❸ 근로조건을 명시한 근로계약서를 작성해 근로자에게 발급해야 한다.

❹ 성인과 동일한 최저임금을 적용받는다.

❺ 위험한 일이나 유해한 업종의 일은 할 수 없다.

❻ 1일 7시간, 주 35시간 이하로 근무할 수 있다.

연장근로는 1일 1시간, 주 5시간 이내 가능(연소자의 동의 필요)

❼ 근로자가 5명 이상이면 휴일 및 초과근무 시 50%의 가산임금을 받을 수 있다.

❽ 1주일에 15시간 이상 일을 하고, 1주일 동안 개근한 경우, 하루의 유급휴일을 받을 수 있다.

❾ 일하다가 다쳤다면 산재보험법이나 근로기준법에 따라 치료와 보상을 받을 수 있다.

9 일용근로자 성격의 알바생 소득과 세금처리 대안

대부분의 알바 생들은 학생 신분이거나 타 직업 자이면서, 하루 단위 근무 일수에 따른 일당을 받는다. 어떤 처리 방법이 원칙일까?

구 분	처리방법
일 용 근로소득	일용근로자도 4대 보험 가입의무가 있어 사업주가 부담해야 한다. 소득세 계산 방법 : (매일 일당 − 하루당 15만원) × 2.7%를 납부한다. 단, 근로시간이 월 60시간 미만, 주당 15시간 미만의 단기적 일용근로자인 경우만 4대 보험 가입 의무가 없다.
사업소득	업무실적별로 받는 사업소득자의 경우 3.3% 원천징수 종결 일용근로자의 4대 보험 부담과 일용소득에서의 차감 지급이 부담스러운 경우 쌍방 합의로 처리할 수 있다. 원칙은 아니므로 사업소득 처리하면, 근무기간 동안 실적급 × 3.3%를 원천징수 납부한 후 96.7%의 전액을 지급하며, 근무자가 종합소득세를 신고해야 한다.
기타소득 처리	실적별이 아니고 일시적, 우발적 소득(강의, 안내 등)은 기타소득 받는 금액의 60%가 필요경비이고, 나머지 40(30)%가 소득이며, 20%가 원천징수 세율이므로, 총지급에서 8.8%를 차감 징수하고 91.2% 순액을 지급한다.
외주용역비	근무지가 사업자등록 후 세금계산서를 발행하고 지급수수료로 받아 간다. 이는 극히 드문 경우이다.

10 일용근로소득지급명세서 작성 · 제출

일용근로자를 고용한 사업자(원천징수의무자)는 일용근로소득지급명세서를 제출기한(2021년 7월분부터는 다음 달 말일 매달 제출) 이내에 제출해야 한다.

제출방법은 "일용근로소득지급명세서 제출"과 국세청 누리집의 공지사항을 참고하고 특히, 고용노동부에 근로내용확인신고서를 제출하는 사업자의 경우 아래 사항에 유의한다.

① 매월 고용노동부에 근로내용확인신고서로 신고하여 국세청에 제출하는 일용근로소득지급명세서의 제출을 생략하는 경우는 근로내용확인신고서에 일용근로소득지급명세서 필수 기재 사항인 원천징수의무자의 사업자등록번호, 일용근로자의 주민등록번호(외국인등록번호), 총지급액(과세소득) 및 '일용근로소득신고(소득세 등)'란 등을 반드시 기재해야 한다.

② 근무기간이 1개월 이상인 일용근로자[일용근로자 분류 기준이 소득세법(3개월 미만 고용)과 고용보험법(1개월 미만 고용)이 다른 점], 외국인 근로자[F-2(거주), F-5(영주), F-6(결혼이민)은 제외], 임의가입자(고용보험 가입을 희망하지 않은 자)는 고용노동부에 신고할 때도 반드시 국세청에 일용근로소득 자료를 별도로 제출해야 한다.

수습직원의 근로계약과 해고

신규직원을 채용하는 경우 채용일로부터 일정기간동안은 수습기간
또는 시용기간으로 정해서 직무를 습득하도록 하는 기간을 두는 경
우가 있다. 시용기간은 아직 정식 근로계약을 체결하지 않은 상태에
서 일정기간 시험 또는 사용 후 정식의 근로계약을 체결할 것인지의
여부를 결정하는 근로계약서인 데 반해, 수습기간은 정식의 근로계
약을 체결했지만, 일정기간동안은 직무능력 습득을 위해 통상의 근
로자와 달리 대우한다는 규정을 두는 경우를 말한다.

시용기간이나 수습기간을 두는 경우 주의해야 할 점은 취업규칙에
명시적으로 규정되어 있거나 근로계약서에서 기간을 명시해야만 시
용기간 또는 수습기간으로서의 효력이 발생한다는 점이다. 따라서
취업규칙이나 근로계약서에 명시되지 않은 상태에서 나중에 시용기
간 또는 수습기간이었다고 주장하는 것은 효력이 없다.

수습사용 중인 자로서 수습사용 한 날부터 3개월 이내인 자에 대해
서는 최저임금액의 90%까지 감액해서 지급할 수 있다. 다만, 1년

미만의 근로계약기간 근로자 및 1~2주의 직무훈련만으로 업무수행이 가능한 단순 노무 종사자는 감액할 수 없다.

따라서 음식 배달원, 음식점 서빙, 건설 단순노무직, 청소원, 대다수의 알바생 등은 수습기간 없이 100%의 임금을 지급받을 수 있다.

5인 미만 사업장의 경우 해고제한 규정이 적용되지 않기 때문에 수습기간 중 임금을 감액해서 지급할 수 있고, 수습기간을 명시하지 않았으면 통상 근로자와 동일하게 지급해야 한다는 점에서 의미가 있지만, 5인 이상 사업장의 경우에는 수습직원이라도 통상의 근로자에 비해 완화되기는 하지만 근로기준법상의 해고제한 규정이 적용되기 때문에 해고여부의 판단기준에 대한 객관적인 기준을 미리 정해두어야 부당해고의 다툼에 대비할 수 있다. 즉, 시용기간이나 수습기간은 정식채용을 전제로 해서 근로자를 채용하는 것이긴 하지만 근로계약 관계는 이미 성립된 것이기 때문에 시용기간이나 수습기간 경과 후에 정식채용을 거부하는 것도 해고에 해당한다. 다만, 당해 근로자의 업무능력, 자질, 인품, 성실성 등 업무 적격성을 판단하려는 시용 제도의 취지, 목적에 비추어 보통의 해고보다는 그 정당성이 넓게 인정될 수 있지만, 이 경우에도 객관적이며, 합리적이고, 사회통념상 상당하다고 인정되는 수준의 해고 사유가 존재해야만 해고의 정당성이 인정될 수 있다.

구 분	업무처리
5인 미만 사업장	해고제한 규정이 적용되지 않기 때문에 수습기간 중 임금을 감액해서 지급할 수 있고, 수습기간을 명시하지 않은 경우는 통상근로자와 동일하게 지급해야 한다.

구 분	업무처리
5인 이상 사업장	근로기준법상의 해고제한 규정이 적용되기 때문에 해고 여부의 판단기준에 대한 객관적인 기준을 미리 정해두어야 부당해고의 다툼에 대비할 수 있다.

수습기간이 만료되고 근로자와 정규직 근로관계가 성립한 후에는 수습기간은 계속 근로기간에 합산되기 때문에 연차유급휴가나 퇴직금 계산 시에는 수습기간도 합산해야 한다.

통상적으로 취업규칙 또는 근로계약에서 취업 후 3개월간은 수습기간으로 하며, 동 기간 중 사용자는 근무성적, 근무태도 등을 판단해서 문제가 있다고 인정되는 경우는 근로계약을 해지할 수 있다는 취지의 규정을 두는 경우가 많이 있다.

이때의 수습기간은 엄밀하게는 시용기간을 정한 것으로 볼 수 있으며, 판례도 이러한 취업규칙의 규정에 대해 시용기간을 정한 것으로 해석하고 있다.

법정 교육은
꼭 실시해야 하나?

구 분	대상 및 내용
직장 내 성희롱 예방 교육	❶ 모든 사업장 실시(단, 10인 미만 사업장과 한가지 성(性)으로 구성된 사업장은 자체교육 가능) ❷ 연 1회, 1시간 교육 기준 ❸ 자체교육가능(고용노동부 문의)
개인정보보호교육	❶ 온라인상 교육 수강 가능(수료증 발급) ❷ 대상 : 개인정보 취급사업장 개인정보를 처리하는 근로자 ❸ 연 1~2회 교육 권고 ❹ 개인별 온라인 수강으로 대체가능
산업안전보건교육	상시근로자 5인 이상 사업장의 근로자를 대상으로 매 반기마다 실시해야 하는 법정의무교육이다. ❶ 자체교육 가능 ❷ 5인 이상 사업장 적용 ❸ 반기별 12시간 이상(사무직&판매업 반기별 6시간 이상) ❹ 자체 강사 자격 가. 사업장 소속 관리책임자, 관리감독자 등 나. 공단 강사요원 교육과정 이수자 다. 산업안전지도사 또는 산업위생지도사 등
직장 내 장애인 인식개선교육	모든 사업장 실시 ❶ 50인 미만 사업장은 교육자료 배포 및 게시 등으로 교육실시 가능 ❷ 교육대상은 모든 사업주와 근로자 ❸ 연 1회 1시간 이상 실시
퇴직연금교육	퇴직연금제도 도입 사업장 ❶ 온라인 교육 가능(자체 교육) ❷ 대상 : 퇴직연금제도 가입 근로자 ❸ 매년 1회 실시

제**2**장
....

근로시간 관리

....

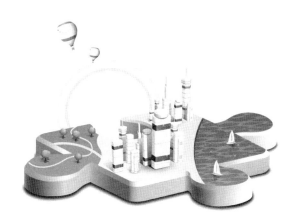

1주(7일)간
최대 52시간만 근로 가능

휴일근로를 포함, 1주 최대 연장근로가 12시간으로 제한된다. 법정 근로시간 40시간, 연장근로(휴일근로 포함) 한도가 12시간이 되므로 앞으로 1주 최대 근로시간은 52시간이 된다.

기업 규모별 적용된 시기는 다음과 같다. 이후 1주 52시간을 초과하여 근로한 경우 법 위반에 해당(2년 이하 징역, 2천만 원 이하 벌금)하므로 유의해야 한다.

구 분	규 모	적용 시기
주 근로시간 단축 (68 ➜ 52시간)	300인 이상	2018년 7월 1일 2019년 7월 1일(특례 제외업종)
	20~299인 (특례 제외업종 포함)	2020년 1월 1일
	5~49인 (특례 제외업종 포함)	2021년 7월 1일

연장근로와 휴일근로를 별도로 구분하지 않고, 1주 최대 12시간으로 제한한다.

❶ 연장근무 + 휴일근무 구분 없이 1주 최대 12시간 이하일 것

❷ 근로일 기준 → 월요일~일요일(휴일 구분하지 않음)

또한, 사용자는 휴일에 근로하는 근로자에게 가산수당을 줄 의무가 있다. 이때 8시간이
기준이 된다. 8시간 이내는 50%, 8시간을 초과하면 100% 가산임금을 지급해야 한다.
오후 10시부터 익일 오전 6시까지의 야간근로 역시 통상임금의 50% 이상을 가산해 지급
해야 한다. 따라서 연장근로와 야간근로가 중복되는 경우 50% + 50% = 100%의 가산임
금을 지급해야 한다.

예를 들어 1주간 야근을 7시간 했고, 휴일에 6시간을 더 일했다면 법정근로 외 13시간을
추가로 일한 꼴이 되죠. 현행 근로기준법 위반이다.

휴일 근무 시 연장근로수당은 중복적용되지 않지만, 야간근로 휴일근로수당은 중복적용된
다.

예를 들어 월요일~금요일 각각 10시간을 근무하고 일요일 8시간을
근무한 경우

주 5시간제에서는 휴일근로를 포함해서 주 12시간을 초과하지 못하
도록 규정했으므로 월요일~금요일 10시간(2시간 × 5일) + 휴일근
로 8시간을 합해 총 18시간으로 법 위반에 해당한다.

 '주 52시간'은 '1주(월~일) 40시간의 기준근로시간 + 1주 최대 12
시간의 연장근로'로 이해하면 된다.

다른 예로 월요일~금요일 각각 10시간을 근무한 경우는 1일 8시간
초과로 주 10시간(1일 2시간 × 5일)의 연장근로수당이 발생하지만
주 50시간으로 주 52시간 위반은 아니다.

주 52시간 = 월~금(8시간 × 5일) + 12시간(연장근로 허용 시간)
쉽게 말해 법에서 말한 주 52시간 한도를 1주 단위로 판단한다.

구 분	적용 시기
종전 근로기준법	1일 8시간 초과 또는 1주 40시간 초과를 기준으로 주 52시간 위반 여부를 판단
개정 근로기준법	1주 40시간 초과를 기준으로 주 52시간 위반 여부를 판단 즉 일 단위는 적용하지 않고, 주 단위만 적용해서 위반 여부 판단

위의 사례에서 법 위반을 피하기 위해 일요일에 특별한 사정이 있어 근로자와 사전협의를 한 후 휴일대체를 한 경우, 당초의 휴일은 통상의 근로일이 되고 대체한 날이 휴일이 된다.

앞의 사례에서 특정한 날과 일요일 근무를 대체했다고 해도 당초의 휴일은 통상의 근로가 되어 1주 12시간(월요일~금요일 : 10시간 + 휴일대체로 인한 일요일 8시간 연장근무 = 18시간)을 초과한 것이 되므로 위반에 해당한다.

또한, 당초 휴일은 통상의 근로이므로 휴일가산수당은 발생하지 않지만 대신 주 40시간 초과분에 대한 연장근로 가산수당이 발생한다.

Tip **휴일대체 근로 시 근로시간 한도**

휴일 대체근로를 실시한 경우 원래의 휴일은 통상의 근로일이 되고 그날의 근로는 휴일근로가 아닌 통상의 근로가 된다.

휴일 대체 근로시간을 포함하여 주 52시간 범위 내에서 근로할 수 있다.

근로시간 산정 단위기간이 월~일(7일)인 사업장에서 월~금(5일) 8시간씩 근무하고, 토 12시간을 근무해서 총 52시간을 근무한 경우, 주휴일인 일요일에 휴일 대체를 통해 추가 근로가 가능한가요?

주 52시간(연장근로 한도 12시간)을 근무한 상태에서 휴일대체를 통해 주휴일인 일요일에 8시간 근로한다면 일요일 근무가 통상근로가 된다.

법정근로시간인 월~금(5일) 40시간과 토요일 연장근로 12시간을 포함하여 최대 52시간 한도를 소진한 상황에서 일요일에 8시간의 연장근로가 추가된다면 연장근로 한도 12시간 을 초과하므로 법 위반에 해당한다.

? Tip 근로자별 연장근로 한도

구 분		기준근로시간		연장근로시간		야간근로 시 간	휴일근로 시 간
		1주	1일	요건	제한		
18세 이상	남성근로자	40시간	8시간	당사자 합의	1주 12시간	본인 동의	본인 동의
	여성근로자	40시간	8시간	당사자 합의	1주 12시간	본인 동의	본인 동의
	산후 1년 미만 여성근로자	40시간	8시간	당사자 합의	1일 2시간 1주 6시간 1년 150시간	본인 동의 고용노동부 장관 동의	본인 동의 고용노동부 장관 동의
	임신 중인 여성근로자	40시간	8시간	불가	불가	본인 동의 고용노동부 장관 동의	본인의 명시적 청구 고용노동부 장관 동의
	유해 위험 작업근로자	34시간	6시간	불가	불가	본인 동의	본인 동의

구 분	기준근로시간		연장근로시간		야간근로 시 간	휴일근로 시 간
	1주	1일	요건	제한		
18세 미만 연소근로자	35시간	7시간	당사자 합 의	1일 1시간 1주 5시간	본인 동의 고용노동부 장관 동의	본인 동의 고용노동부 장관동의

❓ Tip 연소근로자는 1주간 최대 40시간 근로 가능

18세 미만 연소근로자는 1일 7시간, 1주에 35시간을 초과할 수 없다. 연장근로 한도는 1일 1시간, 1주 5시간 이내이다. 따라서 1주일간 최대근로 가능 시간은 40시간이다.

1주 최대근로 가능 시간 40시간

= 주 35시간

+ 연장근로 5시간

1일 7시간 월~금(5일) 근무 후 토요일에 5시간 근무하면 연장근로에 해당하며, 5시간에 대해서는 50%의 가산임금을 지급해야 한다.

❓ Tip 1주 40시간 근로자의 유급 근로시간 계산법

아래의 유급 근로시간은 각종 수당의 계산이나 통상임금의 계산 등 임금을 계산할 때 유용하게 사용하므로 알아두는 것이 좋다.

① 평일 5일 동안 1일 8시간씩 근무

➜ 기본 근로시간 = 1주 40시간

② 1주 15시간 이상 근로 시 1일 유급휴일 제공. 1일 8시간 근로자이기 때문에 유급휴일 또한 8시간임

➜ 유급휴일 = 1주 8시간

③ 실제 근로시간 + 유급휴일

→ 1주 48시간

④ 1년은 365일이며, 주로 환산하면 52.14285714주임

→ 365일 ÷ 7일 = 52.14285714주

⑤ 1개월은 주로 환산하면 4.34523809주임

→ 52.14285714주 ÷ 12개월 = 4.34523809주

⑥ 1개월의 유급 근로시간 = ③ × ⑤

→ 48시간 × 4.34523809주 = 208.57142832 = 209시간

예를 들어 시급이 10,030원인 근로자의 주급은 10,030원 × 48시간으로 계산한다.

? Tip 주52시간제 대처 방법

1. 시간외근로 사전승인제도 도입

기본적으로 주 52시간제를 지키기 위해서는 '시간외근로 사전승인제'를 도입하여 1주 12시간 내에서 시간외근로를 관리하는 방법을 고려할 수 있다. '시간외근로 사전승인제'란 연장, 야간 및 휴일근로 등 시간외근로가 필요한 경우 근로자가 관리자에게 사전에 미리 시간외근로를 신청하고 승인받아야 하는 제도를 의미한다.

시간외근로는 당사자 간 합의로 하는 것이므로 근로자가 사용자의 요구와 관계없이 근로자가 자기의 의사에 의해 시간외근로를 했다면 이에 대해서 시간외근로수당을 지급할 의무는 없다(근로기준과-4380, 2005.8.22).

다만, 현실적으로 업무상 시간외근로가 필요함에도 불구하고 시간외근로를 인정하지 않는 회사 분위기 등으로 인해 시간외근로에 대한 신청 및 승인이 없는 경우 '시간외근로 사전승인제' 도입에도 불구하고 해당 시간외근로에 대한 임금을 지급해야 하는바, 제도 활용 시 유의해야 한다.

2. 유연근로시간제도 도입

주 52시간제에 대비하기 위한 두 번째 대응 방안은 '유연근로시간제 도입'이다. 유연근로시간제란 근로시간의 결정 및 배치 등을 탄력적으로 운영할 수 있도록 하는 근로기준법

상의 제도이다.

유연근무제를 도입할 경우 ① 업무량의 많고 적음에 따라 근로시간을 유연하고 효율적으로 운영할 수 있으며, ② 근로시간의 산정이 어려운 경우에 있어서도 별도로 정한 근로시간을 근로시간으로 인정 가능하게 함으로써, 주 52시간 위반 리스크를 관리할 수 있다. 다만, 아래와 같이 유연근로시간제의 유형이 다양하고, 유형별 도입요건을 충족해야 인정되는바, 회사의 사업 및 직무 특성에 적합한 유연근로시간제를 도입할 필요가 있다.

2-1. 탄력적 근로시간제

일이 많은 주(일)의 근로시간을 늘리는 대신 다른 주(일)의 근로시간을 줄여 평균적으로 법정근로시간(주 40시간) 내로 근로시간을 맞추는 근무제도를 의미한다. 2주 단위, 3개월 이내 단위, 3개월 초과 6개월 이내 단위 유형으로 구분되며, 계절적 영향을 받거나 시기별(성수기, 비수기) 업무량 편차가 많은 업종 등에 적합하다.

2-2. 선택적 근로시간제

1개월 이내 일정기간(신제품 도는 신기술의 연구개발 업무의 경우 3개월 이내)의 단위로 정해진 총근로시간 범위 내에서 업무의 시작 및 종료시각, 1일의 근로시간을 근로자가 자율적으로 결정할 수 있는 제도를 의미한다. 근로시간(근로일)에 따라 업무량의 편차가 발생하여 업무조율이 가능한 업종에 적합하다.

2-3. 사업장 밖 간주 근로시간제

출장 등 사유로 근로시간의 전부 또는 일부를 사업장 밖에서 근로하여 근로시간을 산정하기 어려운 경우 소정근로시간 또는 업무수행에 통상 필요한 시간을 근로한 것으로 인정하는 근무제도이다. 근로시간 대부분을 사업장 밖에서 근로하는 직무에 적합하다.

2-4. 재량근로시간제

업무의 성질에 비추어 업무수행 방법을 근로자의 재량에 위임할 필요가 있는 업무로서 사용자가 근로자대표와 서면합의로 정한 근로시간을 근로한 것으로 인정하는 제도를 의미한다. 근로기준법 시행령 제31조 및 관련 고시에서 정하는 업무에 한하여 도입이 가능하다.

3. 휴일 대체 및 보상휴가제 도입

주 52시간제 대비를 위한 세 번째 대응 방안으로는 ① 휴일근로와 관련하여 이를 사전에 특정 근로일과 대체하는 '휴일의 대체'와 ② 연장·야간 및 휴일 근로를 사후적으로 금전 대신 휴가로 보상하는 '보상휴가제' 도입을 고려해볼 수 있다.

대체된 휴일 및 보상휴가제를 사용하는 날은 그 주 실근로시간 산정에서 제외되므로 대체된 휴일이 있거나 보상휴가를 사용한 주의 주 52시간 위반 리스크가 줄어들게 된다.

3-1. 휴일의 대체

휴일의 대체란 특정 휴일을 근로일로 대체하여 근로하고 대신에 다른 특정일(소정근로일)을 휴일로 변경하는 제도를 의미한다. 따라서 휴일에 빈번하게 특근이 발생하는 경우, 해당 휴일이 속한 주 내의 통상의 근로일과 사전 대체하면 주 52시간 위반 리스크를 줄일 수 있다.

예를 들어, 이번 주 일요일 근무가 예정된 경우 사전에 일요일을 근무일로 하도록 하고, 그 대신 화요일을 사전에 휴일로 쉬도록 함으로써 주 52시간 한도 내에서 인력을 유연하게 운영할 수 있다.

3-2. 보상휴가제도(근로기준법 제57조)

연장·야간 및 휴일 근로를 함으로써 발생한 임금을 지급하는 대신 '유급' 휴가를 부여하는 제도를 의미한다. 보상휴가제를 도입하기 위해서는 근로자대표와 서면합의를 해야하고, 보상휴가는 소정근로시간 중에 부여하고, 연장·야간 및 휴일 근로에 대한 임금과 50% 가산수당을 포함하여 유급으로 처리해야 한다.

예를 들어, 이번 주 월요일 근무 시 2시간의 연장근로를 한 경우 수요일에 3시간의 유급휴가(연장 2시간 + 가산 1시간)를 부여하여, 주 52시간 한도 내에서 인력을 유연하게 운영할 수 있다.

주 40시간 법정근로시간과 회사에서 정한 소정근로시간

근로기준법은 근로시간에 대해 1주간의 근로시간은 휴게시간을 제외하고 주 40시간을 초과할 수 없으며, 1일 근로시간은 휴게시간을 제외하고 1일 8시간을 초과할 수 없다. 다만, 근로자의 동의가 있는 경우에는 1주일 12시간을 한도로 연장근로를 할 수 있다.

특별한 사정이 없다면 근로시간은 단체협약, 취업규칙 등에 정해진 출근 시간과 퇴근 시간의 시작과 끝이 된다. 업무의 시작과 종료시각은 취업규칙의 필수적 기재 사항이다(근로기준법 제93조). 시작점은 근로자가 자기의 노동력을 사용자의 처분 하에 두는 시점이며, 종료점은 사용자의 지휘·명령에서 해방되는 시점이므로 근로자가 실제로 구속되는 시간을 기준으로 판단하게 된다.

일반적으로 회사는 9시 출근, 6시 퇴근, 점심시간 1시간이다. 이는 총 9시간에서 1일 근로시간 8시간에 4시간당 30분 휴게시간으로 해서 1시간으로 총 9시간을 구성하는 것이다. 참고로 4시간 단위로 4시간을 채우지 못하면 30분의 휴게시간을 주지 않아도 된다.

1 법정근로시간과 소정근로시간, 유급근로시간

🔒 법정근로시간

법정근로시간은 법으로 정해진 근로시간으로 휴게시간을 제외하고 1일 8시간, 1주 40시간이 원칙이다. 연소자(15세 이상 18세 이하)의 법정기준근로시간은 1일 7시간, 1주일에 35시간을 초과하지 못한다 (1주 40시간 = 주 35시간 + 연장근로 5시간 : 연장근로 한도는 1일 1시간, 1주 5시간 이내이다.).

법정근로시간 규정은 5인 이상 사업장에만 적용되며, 5인 미만 사업장은 적용이 되지 않는다.

1주 40시간(법정근로시간) + 1주 12시간(법정 시간외근로(연장근로)) = 1주 최대 52시간

➔ 토요일과 일요일 근로를 안 하는 경우 : 1주 40시간 + 1주 12시간 = 총 52시간

➔ 토요일과 일요일 근로를 하는 경우 = 1주 40시간 + 토요일과 일요일 포함 총 12시간 = 총 52시간

구 분	1일	1주
일반근로자	8시간	40시간
연소자	7시간	35시간
유해위험작업종사자	6시간	34시간

1주 40시간은 1일 8시간 × 5일 = 40시간이 일반적이나 주 6일(월~토)로 해서 40시간을 근로해도 된다. 예를 들어 월~금 각각 7시간을 근무해서 35시간을 근무한 후 토요일 5시간으로 총 40시간을 근로할 수 있다.

소정근로시간

소정근로시간이란 법정근로시간의 범위 안에서 근로자와 사용자 간에 정한 시간을 말한다. 즉, 일반근로자는 1일 8시간, 1주 40시간 범위 이내에서 정해진 시간이며, 연소자의 경우에는 1일 7시간, 1주 35시간의 범위 이내에서 정해진 시간을 말한다.

1주 소정근로시간은 월요일부터 기산하며, 1월 소정근로시간은 매월 초일부터 기산한다. 예를 들어 화요일 입사한 직원의 첫 주휴일은 1주 개근이 아니므로 무급으로 부여할 수 있다.

소정근로시간은 일반적으로 약정으로 정하게 되며, 이는 근로계약서나 연봉계약서 등에 명시해야 한다.

1일 근로시간이 불규칙한 경우 1주 또는 월 소정근로시간수를 계산, 이를 평균한 시간 수를 소정근로시간으로 하며(근기 68207-865, 1994.05.27), 소정근로시간은 법정근로시간을 초과하지 못한다.

구 분	근로시간 계산
법정근로시간	법에서 정한 근로시간으로 근로자가 근로를 제공하는 최장시간이다. • 1일 : 8시간 • 1주(7일) : 40시간(월~일)
소정근로시간	노사합의에 의해 노사 간에 근로계약, 취업규칙, 단체협약 등으로 근로하기로 정한 시간을 말한다. 소정근로시간은 법정근로시간을 초과하지 못한다.
유급근로시간 (= 통상임금 산정 기준시간수)	• 월급을 계산할 때 월급책정에 들어간 시간을 말한다. • 최저임금의 계산기준이 되는 근로시간을 말한다. 1. 주 5일 근무에 1일 4시간 유급휴일 • 1주 = [(8시간 × 5일) + 4시간 + 8시간(주휴일)] = 52시간

구 분	근로시간 계산
	• 1월 = 52시간 × 4.345주 = 226시간
	2. 주 5일 근무에 1일 무급휴일
	• 1주 = [(8시간 × 5일) + 0시간 + 8시간] = 48시간
	• 1월 = 48시간 × 4.345주 = 209시간
	3. 토요일 8시간 격주 근무를 할 때
	• 기본 근로시간 209시간 = (1일 8시간 × 주 5일 + 주휴 8시간) × 4.345주
	• 연장근로 가산 26시간 = 토요일 8시간 × 4.345주(1달 평균 주수) /2(격주) = 17.36 × 1.5배(연장근로 가산)
	• 월 총근로시간 수 약 235시간
연장근로시간	• 통상근로자 : 법정근로시간(1일 8시간, 1주 40시간)을 초과하는 경우. 연장근로로 근로시간 대는 상관이 없다.
	• 단시간근로자 : 당사자 간 합의한 소정근로시간보다 길게 하는 경우

일반적으로 법을 정확히 지키는 경우 법정근로시간과 소정근로시간은 일치하며, 법정근로시간은 근로시간의 최저가 아닌 최장 시간을 규정한 것이다.

2 사례별 근로시간으로 보는 경우

근로자가 사용자의 지휘·감독에서 벗어나 자유롭게 이용이 보장된 시간에 대해서 휴게시간으로 인정하고 있으며, 자유로운 이용이 어려운 경우 사용자의 지휘·감독 아래에 있는 대기시간으로 보아 근로시간으로 인정된다. 즉, 근로자가 사용자의 지휘·감독 아래에 있는 대기시간 등은 근로시간으로 본다(근로기준법 제50조 제3항).

구 분	근로시간 판단 방법
휴게시간과 대기시간은 구분	휴게시간은 사용자의 지휘·감독에서 벗어나 자유롭게 이용이 보장된 시간은 휴게시간이다. 자유로운 이용이 어렵다면 대기시간도 근로시간에 포함된다. 예를 들어 감시·단속적 근로자(아파트 경비원 등)의 야간근무 중 휴게시간은 대기시간으로 근로시간에 해당한다.
업무 중 흡연 시간과 커피 마시는 시간	대기시간이므로 근로시간에 포함된다. 근로시간 판정 기준이 '사용자의 지휘·감독에의 종속성'이기 때문에 정부는 업무 중 잠시의 휴식시간은 사용자 지시 아래 있는 것으로 본다. 커피를 마시다가도 상사가 호출하면 바로 가야 한다는 것을 생각하면 이해하기 쉽다.
회식은 근로시간에 해당하나?	근로시간이 아니다. 회식은 근로자의 기본적인 노무 제공(업무) 목적이 아니며, 사업장 구성원의 사기 진작, 조직 결속 및 친목 등을 강화하기 위한 행사라고 할 수 있다. 상사가 참석을 강제했더라도 그것만으로 회식을 근로계약상의 노무 제공으로 보기 어렵다는 게 정부의 판단이다.
저녁에 거래처 접대	접대 성격에 따라 다르다. 소정근로시간 외에 접대한 상대방이 업무 수행과 관련 있는 사람이고, 사용자가 접대를 지시해야 근로시간으로 인정될 여지가 있다. 법원은 상사의 묵시적 지시에 따라 휴일 골프에 참여한 경우라도 사용자의 구체적 지휘, 감독 아래 이뤄지지 않았다면 근로시간에 해당하지 않는다고 판결한 바 있다.
사내교육 시간	교육의 성격에 따라 다르다. 사용자가 의무적으로 실시해야 하는 각종 교육(예를 들어 연 1회 성폭력 예방 교육)에 참여하는 시간은 근로시간이지만, 근로자가 개인적 차원에서 또는 법정의무 이행을 위해 권고되는 수준의 교육을 받았다면 근로시간으로 보기 어렵다. 다만, 근로자직업능력개발법에 따른 직업능력개발훈련의 경우에는 사용자와 근로자 간 훈련계약을 체결했는지? 여부에 따라 근로시간으로 볼 수도 있다.

구 분	근로시간 판단 방법
업무 워크숍이나 세미나	목적에 따라 다르다. 사용자의 지휘·감독 아래 효과적 업무수행을 위해 진행된 경우라면 근로시간으로 인정할 수 있으며, 소정근로시간 범위를 넘어서는 토의·회의는 연장근로로 인정할 여지가 있다. 그러나 워크숍이나 세미나 프로그램 중 직원 간 친목 도모 시간이 포함돼 있다면 그 시간만큼은 근로시간으로 인정하기 어렵다.
출장시간	근로시간에 포함된다. 다만, 출장은 거리와 목적, 교통수단 등이 워낙 다양하므로 정부가 출장시간을 일률적으로 정하기는 어렵다. 판례는 출장시간 산정이 어려운 경우 8시간의 소정근로시간 또는 통상 출장에 필요한 시간을 근로한 것으로 간주한 바 있다. 출장에 필요한 이동시간과 업무시간을 가장 잘 파악할 수 있는 사람은 회사와 근로자이므로, 고용노동부는 사용자대표와 근로자대표가 서면 합의로 '출장 근로시간'을 정하도록 권고하고 있다.

 Tip 시급의 계산방법

사례

평일 오전 9시부터 오후 6시까지 근무를 하고, 월급으로 300만 원을 받는 경우 시급은?

해설

월 유급 근로시간은 주휴수당을 포함 209시간이므로

209시간 = (주 40시간 + 주휴일 8시간) × 4.345주

시급 = 300만 원 ÷ 209시간 = 14,354원

사례

평일 오전 8시부터 오후 6시까지 근무를 하고, 월급으로 300만 원을 받는 경우 시급은?

해설

평일 9시간 × 5일 근무를 하여 주 45시간 근로를 하였다면, 평일 연장 5시간 × 1.5배 = 7.5시간이 된다.

월 유급 근로시간은 주휴수당을 포함 209시간이 되며, 초과근로시간은 1주 7.5시간 × 4.345주 = 1달 약 32.55시간이 나온다.

따라서 총 유급 근로시간은 209시간 + 32.55시간 = 241.55시간

시급 = 300만 원 ÷ 241.55시간 = 12,420원

사례

평일 오전 8시부터 오후 6시까지 근무를 하고, 토요일 2, 4주를 제외하고 9시간씩 근무를 하였다. 월급으로 300만 원을 받는 경우 시급은?

해설

평일 9시간 × 5일 근무를 하여 주 45시간 근로를 하였다면 평일 연장 5시간 × 1.5배 = 7.5시간

토요일 근무는 모두 연장근로에 해당하며, 9시간씩 2, 4주를 제외한 나머지 토요일에 근로하였다면, 9시간 × 4.345주(월 평균주수) − 18시간(2, 4주) = 약 21.06시간

따라서 21.06시간 × 1.5배 = 31.59시간의 연장근로가 매월 토요일 발생하게 된다.

총 연장근로시간 = 7.5시간 + 31.59시간 = 약 39.1시간

총 유급 근로시간 = 209시간 + 39.1시간 = 248.1시간

시급 = 300만 원 ÷ 248.1시간 = 12,090원

근로시간 적용 제외 근로자

근로기준법은 모든 사업 또는 사업장의 근로자에게 적용되는 것이 원칙이나 사업의 성질 또는 업무의 특수성으로 인해 업무의 시작시각과 종료시각을 엄격하게 정할 수 없거나 근로시간·휴일·휴게의 적용이 적절치 않은 업종·직종·근로 형태에 관해서는 관련 조항의 적용을 배제하고 있다.

1 적용 제외 대상 근로자

현행 근로기준법은 근로시간·휴게·휴일에 관한 규정이 적용되지 않는 근로자는 다음과 같다.

❶ 토지의 경작·개간, 식물의 재식·재배·채취 사업, 그 밖의 농림사업종사자
❷ 동물의 사육, 수산 동식물의 체포·양식 사업, 그 밖의 축산, 양잠, 수산 사업
❸ 감시·단속적 근로자(고용노동부 장관의 승인)
❹ 관리·감독 업무 또는 기밀을 취급하는 업무에 종사하는 자

2 적용 제외 규정과 적용 규정

구 분	내 용
적용되지 않는 규정	• 일반 근로자의 법정근로시간(제49조) • 탄력적 근로시간제 및 선택적 근로시간제(제50조, 제51조) • 연장근로의 제한(제52조) • 휴게시간(제53조) • 주휴일(제54조) • 연장근로 및 휴일근로에 대한 가산임금(제55조, 야간근로 제외) • 근로시간 및 휴게시간의 특례(제58조) • 연소근로자의 근로시간 • 산후 1년이 지나지 않은 여성 근로자의 연장근로
적용되는 규정	• 근로자의 날 • 약정휴일 등 근로기준법 제4장 및 제5장에 규정되지 않은 근로시간 · 휴일 · 휴게 관련 조항 • 야간근로에 대한 가산임금 • 연소자와 임산부의 야간근로금지에 관한 규정 • 연차유급휴가(제57조, 제59조) • 생리휴가(제71조) • 출산휴가(제72조)

주 최대 52시간제의 예외

법정근로시간(40시간)과 연장근로시간(12시간)을 포함하여 1주 최대 근로 가능시간을 52시간으로 제한한다.

52시간 = 주 40시간 + 연장근로 12시간(휴일근로 포함)

다만, 주 최대 52시간 근로시간의 예외로 특별연장근로, 한시적 추가연장근로, 특례업종, 근로시간·휴게·휴일 적용 제외 등이 있다.

1 특별연장근로 제도

특별연장근로 제도는 특별한 사정이 있는 경우 근로자의 동의와 고용노동부 장관의 인가를 받아 주 12시간을 초과해서 연장 근로 가능한 제도이다(1주 12시간의 범위 내(1주 총근로시간 64시간 이내)에서 인가(승인)).

여기서 말하는 특별한 사정이 있는 경우란 다음의 경우를 말한다.

① 재난 및 이에 준하는 사고 수습 또는 예방을 위한 긴급한 조치 필요

② 인명 보호 또는 안전 확보를 위한 긴급한 조치 필요

③ 시설·설비 고장 등 돌발상황 발생 수습을 위한 긴급한 조치 필요

④ 통상적인 경우에 비해 업무량 폭증 + 단기간 내 미처리 시 사업에 중대한 지장·손해 발생

⑤ 고용노동부 장관이 국가 경쟁력 강화 등을 위해 필요하다고 인정하는 연구개발

🔒 특별연장근로 인가 시간·기간

원칙적으로 1주 12시간을 초과하지 않는 범위 내에서 인가, 예외적으로 12시간을 넘는 경우 연속 2주를 넘지 않도록 운영(특별연장근로 인가제도 업무처리 지침)한다.

구 분	1회 최대기간	1년간 활용 가능한 기간
1. 재난 및 이에 준하는 사고 수습 또는 예방을 위한 긴급한 조치 필요 2. 인명 보호 또는 안전 확보를 위한 긴급한 조치 필요	4주 이내	사유해소에 필요한 기간
3. 시설·설비 고장 등 돌발상황 발생 수습을 위한 긴급한 조치 필요 4. 통상적인 경우에 비해 업무량 폭증 + 단기간 내 미처리 시 사업에 중대한 지장·손해 발생		90일(제3호 및 제4호에 따른 각각의 기간을 합산)

구 분	1회 최대기간	1년간 활용 가능한 기간
5. 고용노동부 장관이 국가 경쟁력 강화 등을 위해 필요하다고 인정하는 연구개발	3개월 이내	3개월 초과 시 심사를 거쳐 활용 기간 연장 추가 연장근로 현황, 건강 보호조치 시행 여부 확인 등

근로자 건강 보호조치

특별연장근로를 한다면 다음의 사항을 꼭 지켜야 한다.

① 특별연장근로 시작 전 근로자에게 건강검진을 받을 수 있다는 사실을 서면으로 통보

② 다음 중 하나 이상의 조치실시

가. 특별연장근로시간은 일주일에 8시간 안으로만

나. 일이 끝나고 다음 날 일 시작 전까지 연속 11시간 이상 휴식부여

• 1주 미만 : 특별연장근로 종료 후 특별연장근로시간만큼 휴식시간 부여

• 1주 이상 : 1주 단위로 1일(24시간) 이상 연속휴식 보장

다. 근로자의 요청이 있다면 건강검진 받을 수 있도록 조치

라. 검진 결과 담당 의사 소견이 있다면 휴가 부여, 근로시간 단축, 야간근로 제한 등 적절한 조치실시

2 한시적 추가 연장근로

영세사업장의 사업주에게 근로시간 단축에 따른 충분한 준비기간을 부여하기 위하여 한시적으로 1주 8시간의 범위 내에서 추가 연장근로를 허용한다(법 제53조 제3항).

1주 총 60시간 한도의 근로 가능
법정근로시간(40시간) + 연장근로시간 (12시간) + 추가연장 근로시간(8시간)

구 분	내 용
대상	상시근로자 수 5인 이상~30인 미만 사업장. 단, 한시적 추가 연장근로를 적용 중이더라도, 상시근로자 수가 30인 이상이 되면 그 시점부터 한시적 추가 연장근로는 허용되지 않음
요건	1주 8시간 한도의 추가 연장근로에 대한 근로자대표와의 서면합의 [서면합의 명시 사항] • 연장된 근로시간을 초과할 필요가 있는 사유 • 연장된 근로시간을 초과할 필요가 있는 기간 • 대상 근로자의 범위 (단, 18세 미만 연소근로자는 적용 제외)
허용기간	2024년 12월 31일(연장 가능성 있음)

3 근로시간 및 휴게시간 특례업종

통계청장이 고시하는 산업에 관한 표준의 중분류 또는 소분류 중 다음의 어느 하나의 사업에 해당하고, 근로자대표와 서면합의한 경우 1주 12시간을 초과하여 연장근로를 하게 하거나 휴게시간을 변경할

수 있는 제도(근로기준법 제59조)

① 육상운송업(노선여객자동차운송사업은 제외)

② 수상운송업

③ 항공운송업

④ 기타 운송관련 서비스업

⑤ 보건업

4 근로시간 · 휴게 · 휴일의 적용 제외

사업의 성질 또는 업무의 특수성으로 인해 근로시간 등의 적용이 적절치 않은 업종 · 직종에 대해 근로시간, 휴게, 휴일의 적용을 제외한다(근로기준법 제63조).

① 토지의 경작 · 개간, 식물의 식재(植栽) · 재배 · 채취 사업, 그 밖의 농림 사업

② 동물의 사육, 수산 동식물의 채취 · 포획 · 양식 사업, 그 밖의 축산, 양잠, 수산 사업

③ 감시(監視) 또는 단속적(斷續的)으로 근로에 종사하는 사람으로서 사용자가 고용노동부 장관의 승인을 받은 사람

④ 관리 · 감독 업무 또는 기밀을 취급하는 업무

기업의 주52시간 근무 자구책

주52시간제 시행에 따라 종전과 달리 1주 최대 52시간 근로가 가능하므로 기업마다 실정에 맞는 여러 가지 자구책을 사용하고 있다.

기업별 주 52시간 근무 자구책

구 분	명 칭	내 용
삼성전자	선택적 시간근로제	주 단위 자율출퇴근제를 월 단위로 확대
	재량근로제	근무시간 관리에 직원 자율권 부여
한화케미컬	유연근로제	야근 시 2주 안에 단축근무
	시차출퇴근제	30분 간격으로 출근시간 자율 선택
현대자동차	유연근무제	여건에 맞춰 출퇴근해 근무
SK텔레콤	자율근무제	2주 단위 총 80시간 자유롭게 근무
LG전자	선택적 시간근로제	하루 4~12시간 자율적 근무
	탄력 근로시간제	3개월 단위로 평균 주 52시간 근무
LG디스플레이	플렉시블 타임제	출퇴근 시간 자율 선택

간주근로시간제

간주근로시간제(인정근로시간제라고도 함)는 근로의 장소나 업무의 성질에 비추어 통상의 방법에 의해서 근로시간을 계산하는 것이 어렵거나, 적절하지 않은 경우 일정한 요건 아래 별도로 인정한 근로시간을 근로한 것으로 간주하는 제도이다.

이 제도 아래서는 근로자가 실제 근로한 시간과 관계없이 소정근로시간, 업무수행에 통상적으로 필요한 시간, 노·사가 서면으로 합의한 시간 중 어느 하나를 근로시간으로 간주한다.

간주근로시간제는 사업장 밖의 근로에 대한 간주근로시간제와 재량근로에 대한 간주근로시간제가 있다.

1 도입요건

🔒 사업장 밖의 근로일 것

사업장 밖의 근로는 근로의 장소적 측면과 근로 수행의 형태적 측면을 종합적으로 고려해서 판단한다.

구 분	내 용
근로의 장소적 측면	소속 사업장에서 장소 적으로 이탈하여 자신의 본래 소속 사업장의 근로시간 관리에서 벗어나 있는 상황 근로시간 전부를 사업장 밖에서 근로하는 경우는 물론 일부만 사업장 밖에서 근로하는 때도 포함한다.
근로 수행의 형태적 측면	사용자의 근로시간 관리조직으로부터 구체적인 지휘 · 감독을 받지 않고 근로를 수행

🔒 근로시간을 산정하기 어려울 것

사업장 밖 근로의 시업 시각과 종업시각이 해당 근로자의 자유에 맡겨져 있고, 근로자의 조건이나 업무 상태에 따라 근로시간의 장단이 결정되는 경우이다. 단, 사업장 밖 근로라 하더라도 사용자의 구체적인 지휘 · 감독이 미치는 경우는 근로시간의 산정이 가능하므로 적용 대상에서 제외된다.

🔒 근로한 것으로 인정하는 시간을 규정

근로시간을 산정하는 방법은 소정근로시간으로 보는 경우, 업무수행에 통상 필요한 시간으로 보는 경우, 노·사가 서면 합의 한 시간으로 보는 경우로 구분한다.

구 분	내 용
소정근로 시간으로 보는 경우	• 소정근로시간은 법정근로시간(1일 8시간, 1주 40시간)의 범위 내에서 노 · 사가 근무하기로 정한 근로시간을 말한다. • 근로시간은 취업규칙의 기재사항이므로 취업규칙을 작성 · 신고할 때 소정근로시간 및 대상 근로 등을 명시한다.

구 분	내 용
통상 필요한 시간으로 보는 경우	• 해당 업무를 수행하기 위하여 통상적으로 소정근로시간을 초과하여 근로할 필요가 있는 경우에는 그 업무의 수행에 통상 필요한 시간을 근로한 것으로 인정한다. • 통상 필요한 시간은 통상적 상태에서 그 업무를 수행하기 위해 객관적으로 필요한 시간을 말한다. • 통상 필요한 시간 중 법정근로시간을 초과하는 시간은 연장근로가 된다. • 취업규칙을 통해 그 업무의 수행에 통상 필요한 시간을 산정하는 방법을 특정하는 것이 바람직하다.
노·사가 서면 합의한 시간으로 보는 경우	• 해당 업무를 수행하기 위하여 통상적으로 소정근로시간을 초과하여 근로할 필요가 있는 경우에 사용자와 근로자대표가 서면합의한 시간을 그 시간을 업무수행에 통상 필요한 시간으로 인정한다. • 합의는 서면으로 작성하여 권한 있는 노·사 당사자가 서명, 날인해야 하며, 서면합의 서류는 서면합의 한 날부터 3년간 보존해야 한다. • 서면합의로 정한 시간 중 법정근로시간을 초과하는 시간은 연장근로가 된다.

간주근로시간제가 적용되지 않는 경우

① 여러 명이 그룹으로 사업장 밖에서 근로하더라도 그 구성원 중 근로시간 관리를 하는 자가 있는 경우

② 사업장 밖에서 업무를 수행하는 사람이 정보통신기기 등에 의하여 수시로 사용자의 지시를 받으면서 근무하는 경우

③ 미리 회사로부터 방문처와 귀사 시간 등 당일 업무를 구체적으로 지시받은 다음 사업장 밖에서 업무를 수행하고 사업장에 돌아오는 경우

근로시간 산정이 어려운 업무로 영업직, A/S 업무, 출장 업무, 택시
운송업, 재택근무 등

사업장 밖의 근로에 대한 간주근로시간제는 출장 기타의 사유로 근
로시간의 전부 또는 일부를 사업장 밖에서 근로하여 근로시간을 산
정하기 어려운 경우(예컨대 영업사원, 신문·잡지 등의 기자, A/S
기사 등) 소정근로시간을 근로한 것으로 보는 제도인데, 만약 사업
장 밖에서 소정근로시간을 초과하여 근무해야 한다면 그 업무수행에
통상 필요한 시간을 근로한 것으로 보거나 서면에 의한 노사합의로
업무에 필요한 시간을 정하여 그 시간을 근로한 것으로 간주할 수
있다.

? Tip   사업장 밖 간주 근로시간제 도입 시 취업규칙을 변경해야 하나요?

통상근로자와 비교하여 근무 장소 외의 다른 근로조건에 변경이 없는 경우 사업장 밖 근로
를 하게 될 근로자의 개별적 동의를 받아 실시하는 것으로 가능하며, 반드시 취업규칙을
변경할 필요는 없다. 다만, 통상 근로자와 비교하여 근무 장소 외에 근로시간 산정방법
및 임금 · 수당의 결정 및 계산 방법을 달리하거나 별도의 성과평가, 인사관리, 교육 · 연수
제도를 적용하는 등 다른 근로조건의 변경이 있다면 제도운영 과정에서의 혼란을 방지하
기 위해 취업규칙에 관련 내용을 명시하는 것이 바람직하다.

서면합의 내용은 실제로 근로한 시간과 관계없이 사용자와 근로자대표가 합의하여 '근
로시간으로 간주하는 시간' 뿐이다. 다만, 운영 과정에서 혼란을 방지하기 위해 대상 업
무, 합의의 유효기간 등을 상세히 정하는 것이 바람직하다.

사업장 밖 간주 근로시간제 노사합의서 예시

주식회사 ○○ 대표이사와 근로자대표는 취업규칙 제○○조에 따라, 근로자에 대하여 사업장 밖 근로를 시키는 경우의 근로시간 산정에 관하여 다음과 같이 합의한다.

제1조(대상의 범위) 이 합의서는 영업부 및 판매부에 속하는 사업으로 주로 사업장 밖의 업무에 종사하는 자에게 적용한다.

제2조(인정근로시간) 제1조에 정한 직원이 통상근로시간의 전부 또는 일부를 사업장 밖에 있어서의 업무에 종사하고, 근로시간을 산정하기 어려운 경우에는 휴게시간을 제외하고 1일 9시간을 근로한 것으로 본다.

제3조(휴게시간) 제1조에 정한 직원에 대해 취업규칙 제○○조에 정한 휴게시간을 적용한다. 다만, 업무에 따라서는 정해진 휴게시간에 휴게할 수 없는 경우는 별도의 시간대에 소정의 휴게를 부여하는 것으로 한다.

제4조(휴일근로) 제1조에 정한 직원이 특별한 지시에 따라 취업규칙 제○○조에 정한 휴일에 근무한 경우에는 회사는 취업규칙 제○○조에 기초하여 휴일근로 가산수당을 지급한다.

제5조(야간근로) 제1조에 정한 직원이 특별한 지시에 따라 야간(22:00~06:00)에 근무한 경우에는 취업규칙 제○○조에 기초하여 야간근로 가산수당을 지급한다.

제6조(연장근로) 제2조에 따라 근무로 인정된 시간 중 소정근로시간을 넘는 시간에 대해서는 취업규칙 제○○조에서 정한 연장근로 가산수당을 지급한다.

제7조(유효기간) 이 합의서의 유효기간은 ○○○○년 ○월 ○일부터 1년간으로 한다.

20○○.   .   .

주식회사 ○○ 대표이사 (인) 근로자대표 (인)

? Tip 사업장 밖 간주 근로시간제를 도입한 경우 연장 · 야간 · 휴일 가산수당을 지급해야 하나요?

사업장 밖 간주 근로시간제를 도입하더라도 간주한 근로시간에 연장 · 야간 · 휴일근로가 포함되어 있다면 해당 시간에 대해서는 가산수당을 지급해야 한다. 또한, 간주한 근로시간에 야간 · 휴일근로가 포함되어 있지 않더라도 사용자의 특별한 지시나 승인으로 실제 연장 · 야간 · 휴일근로가 발생하였다면 이러한 시간에 대해서는 가산수당을 지급해야 한다.

? Tip 사업장 밖 간주 근로시간제를 도입한 경우 주휴일과 연차유급휴가는 어떻게 적용하나요?

근로시간 계산의 특례를 인정하는 것은 근로시간의 산정에 관한 부분이므로 유급주휴일, 연차유급휴가는 통상의 근로자들과 동일하게 적용된다.

외근업무의 특성상 소정근로일, 시업 및 종업시각, 소정근로시간 등에 관하여 노 · 사가 사전에 특정하지 않은 경우 특별한 사정이 없으면 연차유급휴가 산정을 위한 출근율 계산 시 개근한 것으로 보아야 한다(근기68207-287, 2003.3.13.).

특별한 사정이 없으면 소정근로시간을 근로한 것으로 보며, 소정근로시간을 초과하여 근로할 필요가 있는 경우에는 그 업무수행에 통상 필요한 시간(노 · 사 서면 합의에서 정하는 경우 그 정한 시간)을 근로한 것으로 본다.

이 경우 사업장 및 출장지가 소재하는 지역 간 이동에 통상 소요되는 시간을 포함하여 통상적으로 필요한 시간을 근로한 것으로 보나, 사용자의 지시에 의해 휴일에 출장 업무를 수행하는 것이 명백한 경우가 아닌 단순히 휴일에 이동하는 경우라면 이를 휴일근로로 보기 어려울 것이다.

---

4 재량근로에 대한 간주 근로시간제

재량근로에 대한 간주 근로시간제는 전문적·재량적 업무에 종사하는 노동자에 대해 노사 합의에 의해서 정한 시간만큼 근로한 것으로 간주하는 제도이다.

🗐 도입요건

가. 재량근로 대상 업무에 해당할 것

재량 근로시간제의 대상으로 할 수 있는 업무는 다음의 업무에 한정된다.

- 신상품 또는 신기술의 연구개발이나 인문 사회과학 또는 자연과학 분야의 연구 업무
- 정보처리시스템의 설계 또는 분석 업무
- 신문, 방송 또는 출판 사업에서의 기사의 취재, 편성 또는 편집 업무
- 의복 · 실내장식·공업제품·광고 등의 디자인 또는 고안 업무
- 방송 프로그램·영화 등의 제작 사업에서의 프로듀서나 감독 업무
- 회계·법률사건·납세·법무·노무관리·특허·감정평가 등의 사무에 있어 타인의 위임·위촉을 받아 상담·조언·감정 또는 대행을 하는 업무

나. 대상 업무수행의 재량성이 인정될 것

대상 업무를 수행함에 있어 재량성이 담보되어야 한다.

재량근로 대상 업무에 해당하고 사용자와 근로자대표 사이의 서면합의가 있더라도, 업무 성질에 내재하는 재량성이 없다면 재량근로로 볼 수 없다.

❶ 업무에 재량성이 있기 위해서는 수행 수단에 대하여 구체적인 지시를 받지 않아야 한다. 다만, 사용자가 근로자에게 업무의 기본적인 지시를 하거나 일정 단계에서 진행 상황을 보고할 의무를 지우는

것은 가능하다.

❷ 근로자가 시간 배분에 관하여 구체적인 지시를 받지 않아야 재량
근로에 해당한다.

사용자가 시업 및 종업 시각을 준수하도록 지시하고, 지각·조퇴를
하면 주의 주거나 임금을 삭감하는 것은 재량근로에 해당하지 않는
다. 또한, 자발적인 시간 배분을 방해할 정도로 업무 보고·지시·감독
을 위한 회의 참석 의무를 정하는 경우도 재량근로의 본질에 어긋난
다. 다만, 근로자의 동의를 얻는 경우 업무협조 등의 필요에 의해
예외적으로 회의시각을 정하는 것은 가능하다.

업무수행과 직접 관련이 없는 직장 질서 또는 기업 내 시설 관리에
관한 사항은 지시·감독이 가능하다.

다. 근로자대표와 서면합의가 있을 것

재량 근로시간제를 도입하려면 사용자가 근로자대표와 아래의 내용
을 서면합의를 통해 명시해야 한다.

❶ 대상업무
❷ 업무의 수행 수단, 시간배분 등을 근로자의 재량에 맡긴다는 내용
❸ 근로시간의 산정은 그 서면합의로 정하는 바에 따른다는 내용

근로자대표와 서면 합의 서류는 서면 합의한 날로부터 3년간 보존해
야 한다.

📄 연장 · 휴일 · 야간근로 및 휴일 · 휴가

간주근로시간으로 대체하는 것은 실근로시간 산정에 관한 근로시간

이므로, 연장·휴일·야간근로에 관한 규정은 그대로 적용된다.

따라서 서면합의에서 정한 간주근로시간이 법정근로시간을 초과하는 경우는 연장근로 가산수당을 지급해야 한다.

다만, 휴일·야간근로의 남용으로 인한 노·사간 분쟁 또는 근로자의 휴식·건강권 훼손 방지 등을 위한 휴일·야간근로에 대해서는 사전에 승인받도록 절차를 마련하는 것이 바람직하다.

재량 근로시간제를 도입한 경우도 사용자는 근로기준법 제70조의 임산부와 연소자의 야간근로 및 휴일근로의 제한 규정, 제71조의 산후 1년 미만 여성 근로자의 시간외근로 제한 규정을 준수해야 한다.

재량 근로시간제하에서도 휴일·휴가·휴게는 별도로 부여해야 한다. 즉, 재량 근로시간제가 적용되는 기간동안 근로자가 소정근로일에 출근한 것으로 보고, 휴일·휴가를 부여해야 한다.

재량 근로시간제 노사합의서 예시

주식회사 ○○ 대표이사와 근로자대표는 근로기준법 제58조 제3항에 기반하여 재량 근로시간제에 관하여 다음과 같이 합의한다.

제1조(적용대상 업무 및 근로자) 본 합의는 각호에서 제시하는 업무에 종사하는 근로자에게 적용한다.

1. 본사 연구소에서 신상품 또는 신기술의 연구개발 업무에 종사하는 근로자

2. 본사 부속 정보처리센터에서 정보처리시스템의 설계 또는 분석의 업무에 종사하는 근로자

제2조(업무의 수행 방법) ① 제1조에서 정한 근로자에 대해서는 원칙적으로 그 업무수행의 방법 및 시간 배분의 결정 등을 본인에 위임하고 회사 측은 구체적 지시를 하지 않는다. 다만, 연구과제의 선택 등 종사할 기본적인 업무 내용을 지시하거나 일정 단계에서 보고할 의무를 지울 수 있다.

② 이 조 제1항에도 불구하고, 업무수행과 직접 관련이 없는 직장 질서 또는 회사 내 시설 관리상의 지시는 할 수 있다.

제3조(근로시간의 산정) 제1조에서 정한 근로자는 취업규칙 제○조에서 정하는 근로시간과 관계없이 1일 9시간(간주근로시간) 근로한 것으로 본다.

제4조(연장근로수당) 제3조의 간주근로시간이 취업규칙 제○조에서 정한 소정근로시간을 초과하는 부분에 대해서는 연장근로로 취급하여 가산수당을 지급한다.

제5조(휴일 및 야간근로) ① 제1조에서 정한 근로자가 회사에 출근하는 날에는 입·퇴실 시에 ID카드에 의한 시간을 기록해야 한다.

② 제1조에서 정한 근로자가 휴일 또는 야간(22:00~06:00)에 업무를 행하는 경우는 미리 소속 부서장의 허가를 받아야 한다.

③ 전항에 따른 허가를 받고서 휴일 또는 야간에 업무를 행한 경우 회사는

취업규칙 제○조의 정한 바에 따라 가산수당을 지급한다.

제6조(휴게, 휴일 및 휴가) 제1조에서 정한 근로자의 휴게, 휴일 및 휴가는 취업규칙에서 정하는 바에 따른다.

제7조(재량근로의 적용 중지) 제1조에서 정한 근로자에 대하여 사용자는 다음 각호의 어느 하나에 해당하는 경우 해당 근로자에게 재량근로제를 적용하지 않을 수 있다.

1. 업무의 변경 등으로 인해 재량 근로시간제를 적용하는 것이 적정하지 않다고 판단된 경우

2. 근로자가 재량근로제의 적용 중지를 신청한 경우

제8조(유효기간) 이 합의서의 유효기간은 ○○○○년 ○월 ○일부터 1년간으로 한다.

20○○.   .   .

주식회사 ○○ 대표이사 (인) 근로자대표 (인)

탄력적 근로시간제

탄력적 근로시간제는 어떤 근로일, 어떤 주(週)의 근로시간을 연장시키는 대신에 다른 근로일, 다른 주(週)의 근로시간을 단축하게 함으로써, 일정 기간의 평균 근로시간을 법정근로시간(1주 40시간) 내로 맞추는 근로시간제를 말한다. 예를 들어, 2주 단위 탄력적 근로시간제에서 첫째 주에 45시간(9시간 × 5일), 둘째 주에 35시간 (7시간 × 5일) 근무 시 주당 평균 근로시간이 40시간이므로, 첫째 주에 법정근로시간을 초과한 5시간에 대한 가산수당이 발생하지 않는다.

운영이 가능한 단위기간은 취업규칙으로 정하여 실시할 수 있는 2주 이내, 근로자대표와 서면합의가 필요한 3개월, 6개월 이내가 있다.

1 활용 가능한 업종 · 직무

- 근로시간을 연속하여 근로하는 것이 효율적이거나 고객의 편리를 도모할 수 있는 업종(운수, 통신, 의료서비스업 등)
- 계절적 업종(빙과류 · 냉난방 장비 제조업 등) 또는 업무량이 주기적으로 많은 업종(음식 서비스, 접객업 등)
- 기계를 쉬지 않고 가동시키기 위하여 근로가 연속하여 필요한 업종(철강, 석유화학 등)

2 │ 2주 이내 탄력적 근로시간제

구 분	내 용
취업규칙 등에 규정	취업규칙 또는 이에 준하는 것에 규정해야 한다. 다만, 취업규칙 작성의무가 없는 상시 10인 미만의 근로자를 사용하는 사업장은 취업규칙이 있는 경우에는 그 '취업규칙', 취업규칙이 없는 경우에는 '취업규칙에 준하는 것'으로 규정해야 한다.
대상 근로자	대상 근로자를 특정하거나 전체 근로자를 대상으로 제한 없이 도입이 가능하나, 대상 범위를 명확히 하여 논란이 없도록 하는 것이 바람직하다.
근로일별 근로시간	근로자가 자신의 근로를 예상할 수 있도록 근로일 및 근로일별 근로시간을 명확히 정하는 것이 바람직하다.
유효기간	유효기간을 명시할 의무는 없으나, 그 기간을 명확히 하여 논란이 없도록 하는 것이 바람직하다.
제한	특정한 주의 근로시간은 48시간을 초과할 수 없음(연장·휴일근로시간 제외) 특정한 날의 근로시간에 대한 제한은 없으나, 철야근무 등 지나친 장시간 근무는 근로자의 건강을 해칠 우려가 크므로 자제하는 것이 바람직하다.

3 │ 3개월 이내 탄력적 근로시간제

구 분	내 용
근로자대표와 서면합의	사용자와 근로자대표가 아래 내용을 포함하여 서면으로 작성하여 서명·날인 해야 한다. ① (대상 근로자) 반드시 전체 근로자를 대상으로 하는 것은 아니며, 일정 사업 부문, 업종, 직종별로도 적용이 가능하다.

구 분	내 용
	② (단위기간) 1일 근로시간과 1주 근로시간의 평균을 내는 단위기간을 3개월 이내로 정해야 한다(예 : 1개월, 3개월 등). ③ (근로일별 근로시간) 근로자가 자신의 근로를 예상할 수 있도록 근로일 및 당해 근로일별 근로시간을 명확히 정해야 한다. 노·사간 다툼 방지 등을 위해 구체적인 근무표를 공표·게시하는 것이 바람직하다. ④ (유효기간) 서면합의의 유효기간을 명확히 정해야 하며, 노·사가 합의하는 한 유효기간의 길이(3개월, 6개월, 1년 등)에 대해서는 특별한 제한이 없다. ⑤ (서면합의 서류의 보존) 근로기준법 제42조 및 시행령 제22조에 따라 서면합의 서류는 서면 합의한 날로부터 3년간 보존해야 한다.
제한	특정한 주의 근로시간은 52시간을, 특정일의 근로시간은 12시간을 초과할 수 없다(연장·휴일근로시간 제외).

4 6개월 이내 탄력적 근로시간제

6개월 단위 탄력근로제는 최장 6개월 동안 주 52시간을 초과해 근로하게 할 수 있다. 6개월 단위 탄력근로제에서는 1주 52시간을 초과해 최대 64시간까지 근로하게 할 수 있다. 특정한 날에는 12시간을 초과할 수 없다. 또한, 특정한 날 소정근로를 초과해 근로한 경우는 다음 날까지 연속해 11시간 이상의 휴식 시간을 보장해 줘야 한다. 다만, 천재지변 등 대통령령으로 정하는 불가피한 사유가 있는 경우에는 근로자대표와 서면합의를 통해 휴식시간을 단축할 수 있다.

3개월 단위 탄력근로제와 가장 큰 차이점은 임금 보전방안을 강구해야 한다는 것이다. 탄력근로제에서는 초과된 근로에 대해 가산수당을 지급하지 않기 때문이다. 가산수당 대신에 대체휴일을 부여하는 방식이기에 자칫 급여 수준이 낮아질 수 있다. 그러므로 임금 보전방안을 강구해 고용노동부에 신고해야 한다. 단 근로자대표와 서면합의로 임금 보전방안을 마련한 경우는 신고하지 않아도 된다.

6개월 단위 탄력근로제가 시행되면 기존 소정근로 주 40시간에 휴일근로 포함한 연장근로 주 12시간을 근로시키고 그 외에 12시간을 추가로 시킬 수 있다. 그럼 총 64시간을 1주에 시킬 수 있는 것이다. 급여는 52시간까지는 시급의 1배수만 지급하면 되지만 나머지 12시간에 대해서는 1.5배를 가산 지급해야 한다.

50인 이상 기업은 2021년 4월부터, 50인 미만 기업은 7월부터 적용된다.

위의 규정은 15세 이상 18세 미만의 근로자와 임신 중인 여성 근로자는 적용하지 않으며, 탄력적 근로시간제 규정에 의해서 당해 근로자를 근로시킬 경우는 기존의 임금수준이 저하되지 않도록 임금 보전방안을 강구해야 한다.

5 연장 · 휴일 · 야간근로 및 휴일 · 휴가와의 관계

📑 연장근로

탄력적 근로시간제의 도입 여부와 관계없이 당사자 간의 합의가 있는 경우 1주 12시간을 한도로 연장근로가 가능하다. 다만, 산후 1년이 지나지 않은 여성에 대해서는 1일 2시간, 1주 6시간, 1년 150시간을 초과하는 연장근로를 시킬 수 없다.

1주 최장 근로시간은 근로기준법 개정으로 휴일근로가 연장근로시간에 포함됨에 따라 통상근로자의 경우 3개월 이내 탄력적 근로시간제의 1주 최장 근로시간은 64시간이다.

구 분	1주 최장 근로시간	
	주 52시간 적용 이전	주 52시간 적용 이후
2주 이내	76시간(48 + 12 + 16(휴일2))	60시간(48 + 12)
3개월 이내	80시간(52 + 12 + 16(휴일2))	64시간(52 + 12)
6개월 이내	–	64시간(52 + 12)

📄 휴일·야간근로

탄력적 근로시간 제도를 도입하더라도 야간근로나 휴일근로에 대해서는 가산수당을 지급해야 한다.

📄 휴일·휴가 부여

탄력적 근로시간 제도를 도입하더라도 출근율에 따라 주휴일과 연차휴가를 부여해야 한다.

6 탄력적 근로시간제 적용 제외

15세 이상 18세 미만 근로자와 임신 중인 여성 근로자에 대해서는 탄력적 근로시간제를 적용할 수 없다(근기법 제51조 제3항).

취직인허증을 보유한 15세 미만 근로자에게 적용이 불가능하다.

7 임금 보전

사용자는 탄력적 근로시간제를 도입·운영하는 경우 기존의 임금수준이 낮아지지 않도록 임금 보전방안을 강구해야 한다(근기법 제51조 제4항).

임금 보전의 방법·시기·절차에 대해서는 특별한 제한이 없으며, 기본급 또는 수당의 조정, 소정근로시간 단축 등 근로자가 수용할 수 있는 방법이면 가능하다.

고용노동부 장관은 임금 보전방안을 강구하게 하기 위해서 필요한 경우에는 사용자에게 그 보전방안의 내용을 제출하도록 명하거나 직접 확인할 수 있다(근기법 시행령 제28조 제2항).

구분	2주 이내 탄력적 근로시간제	3개월 이내 탄력적 근로시간제
의의	2주 이내의 단위기간을 평균하여 1주간 근로시간이 40시간을 초과하지 않는 범위에서 특정주에 40시간, 특정일에 8시간을 초과하여 근로	3개월 이내의 단위기간을 평균하여 1주간의 근로시간이 40시간을 초과하지 않는 범위에서 특정주에 40시간, 특정일에 8시간을 초과하여 근로
실시 요건	① 취업규칙(10인 이상 사업장) 또는 이에 준하는 것(10인 미만 사업장)에 규정하여야 함 ② 특정주 48시간을 초과하지 못함	① 근로자대표와 서면합의 대상 근로자 범위, 단위기간, 근로일 및 근로일별 근로시간, 서면합의 유효기간 ② 3개월 이내(1개월, 3개월 등) ③ 특정주 52시간, 특정일 12시간을 초과하지 못함
유효 기간 설정	유효기간을 정할 의무는 없으나 취업규칙에 유효기간을 정하는 것이 바람직함	노·사 서면합의로 정함

구분	2주 이내 탄력적 근로시간제	3개월 이내 탄력적 근로시간제
연장 근로 가 되는 경우 (가산 임금 지급)	단위 기간을 평균한 1주 근로시간을 40시간으로 정한 경우 아래의 어느 하나에 해당하면 연장근로 ① 단위 기간을 평균한 1주간의 근로시간이 40시간 초과 ② 특정주의 근로시간이 48시간 초과	단위 기간을 평균한 1주 근로시간을 40시간으로 정한 경우 아래의 어느 하나에 해당하면 연장근로 ① 단위 기간을 평균한 1주간의 근로시간이 40시간 초과 ② 특정주의 근로시간이 52시간 초과 특정일의 근로시간이 12시간 초과 ③ 서면합의로 정한 단위 기간의 근로일 및 근로일별 근로시간 초과
적용 제외	① 연소자(15세 이상 18세 미만), 취직인허증을 보유한 15세 미만 ② 임신 중인 여성 근로자	
임금 보전 방안 강구	① 사용자는 탄력적 근로시간제를 도입할 경우 기존의 임금수준이 저하되지 않도록 임금 보전방안을 강구해야 함 ② 고용노동부 장관은 필요한 경우 임금 보전방안을 제출하게 하거나 이를 직접 확인할 수 있음	

8 연장근로시간 계산 방법

📑 2주 이내 탄력적 근로시간제

① 단위 기간을 평균하여 1주간의 근로시간이 40시간을 초과하거나,

② 특정주의 근로시간이 48시간을 초과한 경우 연장근로에 해당

〈예시 1〉 단위 기간을 평균하여 1주간의 근로시간이 40시간을 초과한 경우

(단위 : 시간)

주	구분	월	화	수	목	금	토	일	합계
1주	일정표	7	7	7	7	7			35
	실제 근로	7	7	8	8	7			37

주	구분	월	화	수	목	금	토	일	합계
2주	일정표	9	9	9	9	9			45
	실제 근로	9	9	9	9	9			45

➜ 2주간 총 근로시간이 82시간으로 단위 기간을 평균하여 1주간 40시간을 초과한 2시간이 연장근로에 해당

〈예시 2〉 단위 기간을 평균하여 1주간의 근로시간이 40시간을 초과하고, 특정주의 근로시간이 48시간을 초과한 경우

(단위 : 시간)

주	구분	월	화	수	목	금	토	일	합계
1주	일정표	7	7	7	7	7			35
	실제 근로	7	7	7	8	7			36
2주	일정표	9	9	9	9	9			45
	실제 근로	9	9	9	9	9	4		49

① 2주간 총 근로시간이 85시간으로 단위 기간을 평균하여 1주간 40시간을 초과한 5시간이 연장근로
② 둘째 주의 근로시간이 49시간으로 특정주의 근로시간이 48시간을 초과한 1시간이 연장근로(①에서 이미 포함)
➜ 따라서, 실제 연장근로는 ①과 ②를 합한 6시간에서 이미 계산에 포함된 1시간(②)을 제외한 5시간임

📄 3개월 이내 탄력적 근로시간제

단위기간 평균 1주의 근로시간을 40시간으로 정한 경우

① 근로일별 근로하기로 정한 시간을 초과한 시간

② 특정일, 특정주의 근로시간이 각각 12시간, 52시간을 초과한 시간

③ 단위 기간을 평균하여 1주간의 근로시간이 40시간을 초과한 시간은 연장근로에 해당

〈예시〉 4주 단위 탄력적 근로시간제에서의 연장근로시간의 계산

(단위 : 시간)

주	구분	월	화	수	목	금	토	일	합계
1주	일정표	7	7	7	7	7			35
	실제 근로	7	7	7	8	7			36
2주	일정표	7	7	7	7	7			35
	실제 근로	7	7	7	7	7			35
3주	일정표	9	9	9	9	9			45
	실제 근로	9	9	9	9	9	8		53
4주	일정표	9	9	9	9	9			45
	실제 근로	9	9	9	13	9			49

① 근로일별 근로하기로 정한 시간을 초과한 13시간이 연장근로

1주 화요일 1시간, 3주 토요일 8시간, 4주 목요일 4시간

② 특정일에 12시간을 초과한 1시간(4주 목요일)이 연장근로(①에 이미 포함), 특정주에 52시간을 초과한 1시간(3주)이 연장근로(①에 이미 포함)

③ 4주간 총 근로시간이 173시간으로 단위 기간을 평균하여 1주간 40시간을 초과한 13시간이 연장근로(①에 이미 포함)

➜ 따라서, 실제 연장근로는 ①부터 ③까지 합한 28시간에서 이미 계산에 포함된 15시간(②, ③)을 제외한 13시간임

2주 이내 탄력적 근로시간제 취업규칙 예시

제○○조(탄력적 근로시간제)

① 회사는 ○월부터 ○월까지 ○개월 동안 생산직 사원에 대하여 다음 각 호에 정하는 바에 따라 2주 단위의 탄력적 근로시간제를 시행한다.

1. 주당 근무시간 : 첫째 주 ○○시간, 둘째 주 ○○시간

2. 첫째 주의 1일 근무시간 : ○요일부터 ○요일까지 ○○시간(○○:○○부터 ○○:○○까지)

3. 둘째 주의 1일 근무시간 : ○요일부터 ○요일까지 ○○시간(○○:○○부터 ○○:○○까지)

② 회사는 제1항에 따라 사원이 첫째 주에 ○○시간을 근무한 경우 8시간을 초과한 시간에 대하여는 가산수당을 지급하지 아니한다.

③ 15세 이상 18세 미만의 사원과 임신 중인 여성 사원은 탄력적 근로시간제를 적용하지 아니한다.

④ 본 제도의 유효기간은 제도 적용 시점부터 1년으로 한다.

3개월 이내 탄력적 근로시간제 노사합의서 예시

주식회사 ○○ 대표이사와 근로자대표는 3월 단위 탄력적 근로시간제에 관하여 다음과 같이 합의한다.

제1조(목적) 이 합의서는 근로기준법 제51조 제2항에 따라 3월 단위 탄력적 근로시간제를 실시하는데 필요한 사항을 정하는 것을 목적으로 한다.

제2조(적용대상자) 이 합의서의 내용은 전체 생산직 근로자에 적용한다.

제3조(단위기간) 이 합의서의 단위기간은 매 분기 초일부터 매 분기 말일까지로 한다.

제4조(근로시간) 3월 단위 탄력적 근로시간제 단위기간에 있어서 1일의 근로 시간, 시업시간, 종업시간 및 휴게시간은 다음과 같다.

구분		1일 근로시간	시업시간	종업시간	휴게시간
○월	1일~말일	7시간(월~금)	09:00	17:00	12:00~13:00
○월	1일~말일	8시간(월~금)	09:00	18:00	12:00~13:00
○월	1일~말일	9시간(월~금)	09:00	19:00	12:00~13:00

제5조(휴일) 단위기간 중 주 2일(토 · 일요일)은 휴무하되, 휴일은 일요일로 한다.

제6조(적용 제외) 연소근로자(15세 이상 18세 미만)와 임신 중인 여성 근로자에게는 본 합의를 적용하지 아니한다.

제7조(연장근로 가산임금) 근로일별 근로하기로 정한 시간을 초과한 경우 통상임금의 50%를 가산임금으로 지급한다.

제7조(연장 · 야간 · 휴일근로) 연장 · 야간 · 휴일근로에 대해서는 근로기준법 제56조 및 취업규칙 제○○조에 따라 가산하여 지급한다.

제8조(유효기간) 이 합의서의 유효기간은 ○○○○년 ○월 ○일부터 1년간으로 한다.

20○○.　 .　 .

주식회사 ○○ 대표이사 (인) 근로자대표 (인)

🔖 3개월 초과 6개월 이내 탄력적 근로시간제

단위기간을 평균하여 1주 40시간 이내가 되면, 특정한 주의 소정근로시간을 최대 52시간까지 둘 수 있으므로 특정주에 최대한으로 근무를 할 경우 아래와 같이 근무계획을 작성할 수 있다.

이 경우 특정주에 52시간을 근무하더라도 전체 평균 근로시간이 40시간이므로 연장근로수당 지급 대상이 되는 연장근로는 발생하지 않는다.

주	구분	월	화	수	목	금	토	일	합계
1주	실제 근로	10	10	10	10	12			52
~	합 계	10	10	10	10	12			52
4주									
5주	실제 근로	8	4	6	6				24
~	합 계	8	4	6	6				24
8주									
9주	실제 근로	10	10	10	10	8	4		52
~	실제 근로	10	10	10	10	8	4		52
12주									
13주	실제 근로	4	8	8	8	4			32
~	합 계	4	8	8	8	4			32
16주									
16주 내 총근로시간									640
1주 평균 근로시간									40

선택적 근로시간제

일정 기간(1월 이내, 신상품 또는 신기술의 연구개발 업무의 경우에는 3개월)의 단위로 정해진 총근로시간 범위 내에서 업무의 시작 및 종료시간, 1일의 근로시간을 근로자가 자율적으로 결정할 수 있는 제도이다.

구 분	내 용
완전 선택적 근로시간제	정산 기간 중 업무의 시작 및 종료시간이 근로자의 자유로운 결정에 맡겨져 있고 사용자가 관여하지 않는 제도
부분 선택적 근로시간제	일정한 시간대를 정하여 그 시간(의무적 근로시간대)에는 근로자가 사용자로부터 시간적 구속과 구체적인 업무지시를 받고 나머지 시간(선택적 근로시간대)은 근로자가 자유롭게 결정하는 제도

1 활용 가능한 업종 · 직무

근로기준법에서는 대상 업무를 한정하고 있지는 않다.

근로일 및 근로시간 대에 따라 업무량 편차가 발생하여 업무조율이 가능한 소프트웨어 개발, 사무관리(금융거래·행정처리 등), 연구, 디자인, 설계 업무와 함께, 출·퇴근 등에 엄격한 제한을 받지 않는 관리·감독 업무종사자, 근로의 양보다 질이 중시되는 전문직 종사자도 제도 적용이 쉽다.

2 다른 제도와의 차이

선택적 근로시간제	자유 출퇴근제	시차출퇴근제
▶ 근로일별 근로시간의 배분과 업무의 시작 및 종료시간을 근로자의 재량에 맡기는 제도 ▶ 1일 8시간, 1주 40시간의 근로시간이 적용되지 않아 이 시간을 초과하더라도 연장근로 가산수당 미발생(1개월을 초과하는 정산기간을 정하는 경우는 50% 가산)	▶ 출근 시간이 일단 설정되면 그날의 근로시간에 따라 퇴근 시간이 자동으로 결정되므로 출근시각만 근로자의 재량에 맡기는 제도 ▶ 1일 8시간, 1주 40시간의 근로시간이 적용되어 이 시간을 초과하는 경우 연장근로 가산수당 발생	▶ 회사에서 정한 시간에 근무해야 하는 제도 ▶ 기존 09:00부터 18:00까지 근무했던 사업장이 1일 8시간을 유지하되, 출·퇴근 시간을 조정하는 경우 08:30~17:30, 09:30~18:30 등 ▶ 1일 8시간, 1주 40시간의 근로시간이 적용되어 이 시간을 초과하는 경우 연장근로 가산수당 발생

3 선택적 근로시간제의 도입요건

취업규칙 등에 규정

취업규칙 또는 이에 준하는 것에 업무의 시작 및 종료시간을 근로자

결정에 맡긴다는 내용과 맡기기로 한 근로자를 기재해야 한다.

취업규칙 작성의무가 있는 상시 10명 이상의 근로자를 사용하는 사용자는 취업규칙의 작성 및 변경을 통해 도입한다.

취업규칙 작성 · 신고 의무가 없는 상시근로자 10인 미만 사업장이 제도를 도입하기 위해서는 취업규칙이 있는 경우에는 그 취업규칙, 취업규칙이 없는 경우에는 취업규칙에 준하는 것으로 규정해야 한다.

취업규칙에 준하는 것은 특별한 형식을 요하지는 않으나, 최소한 서면으로 작성하여 동 제도의 도입을 해당 근로자에게 주지시켜야 한다.

📄 근로자대표와 서면합의

선택적 근로시간제를 도입하려면 사용자와 근로자대표가 아래의 내용들을 서면으로 작성하여 서명 · 날인해야 한다.

구 분	내 용
대상 근로자	업무의 시작 및 종료시간을 근로자의 결정에 맡기는 근로자의 범위 일반적으로 출퇴근을 엄격하게 제한받지 않는 외근직(외판 · 수금 등), 연구 · 조사직, 사무직 등이 대상 업무가 될 수 있으나 사업장의 필요에 따라 적절히 정할 수 있음
정산 기간 및 총근로시간	근로시간을 정산할 정산 기간과 정산기간 동안 근로해야 할 총 근로시간을 정해야 함 (정산기간) 2주, 4주 등으로 설정할 수 있음(3월 : 4주, 10주, 13주, 1개월, 2개월, 3개월 등) (총근로시간) 근로일별 근로시간이나 각주별 근로시간을 미리 정할 수 없으며, 정산 기간 전체를 대상으로 한 총근로시간만 정해야 함

구 분	내 용
	총근로시간을 정하게 되면 정산 기간의 총근로시간 범위 내에서 일·주 단위로는 법정근로시간을 초과하여 근로하더라도 연장근로가 되지 않음(1개월을 초과하는 정산기간을 정하는 경우는 50% 가산)
	1개월을 초과하는 정산기간을 정한 경우 근로일 종료 후 다음 근로일 시작 전까지 근로자에게 연속하여 11시간 이상의 휴식 시간을 줄 것. 다만, 천재지변 등 대통령령으로 정하는 불가피한 경우에는 근로자대표와의 서면 합의가 있으면 이에 따른다.
의무적 근로시간대 및 선택적 근로시간대	의무적 근로시간 대는 근로자가 반드시 근로해야 할 시간대이며, 선택적 근로시간 대는 근로자가 스스로 결정에 따라 근로 제공 여부를 결정할 수 있는 시간대를 말함
표준근로시간	주휴일, 유급휴가 등의 계산기준으로 사용하기 위해 사용자와 근로자대표가 합의하여 정한 1일의 근로시간
	표준근로시간을 8시간으로 정했다면 유급휴가 사용 시 1일 표준근로시간인 8시간을 사용한 것으로 취급

서면합의에 따라 도입·운영하는 한 개별근로자의 동의는 필요치 않다. 서면합의 서류는 서면 합의한 날로부터 3년간 보존해야 한다.

4 연장 · 휴일 · 야간근로 및 휴일 · 휴가와의 관계

🔒 연장근로

선택적 근로시간제하에서는 정산 기간에 있어 총근로시간만 정해지므로 일·주 단위로 연장근로는 계산할 수 없으며, 실제 연장근로를 하였는지? 여부는 정산 기간 이후에 알 수 있다.

연장근로가 필요한 경우에는 정산 기간 전 또는 정산 기간 도중 해당 근로자와 별도로 합의해야 한다.

사용자가 연장근로를 지시(요청)하였거나 근로자의 연장근로 통지에 대해 사용자가 승인(동의)한 경우에만 연장근로로 인정되며, 선택적 근로시간제하에서도 연장근로의 한도는 정산 기간을 평균하여 1주에 12시간을 초과할 수 없다.

연장근로로 계산되는 시간은 정산 기간에 있어 미리 정한 총근로시간을 넘는 시간으로, 이 경우 가산수당을 지급해야 하는 시간은 정산 기간에 있어 총 법정근로시간을 초과하는 시간이다.

노사 합의 총근로시간	실근로시간	법정근 로시간	임금 산정
154시간 (1일 7시간 × 근로일수 22일)	160시간	176시간	노·사 합의한 총근로시간(154시간)을 초과한 근로시간(6시간)은 법정근로시간(176시간) 내 근로에 해당하여 가산수당이 발생하지 않음 → 160시간 × 통상임금
176시간 (1일 8시간 × 근로일수 22일)	180시간		법정근로시간(176시간)을 초과한 180시간을 근로하여 가산수당이 발생함 → [176시간+(4시간×1.5)]×통상임금

📑 휴일·야간근로

의무적 근로시간 대가 휴일 또는 야간근로시간대(오후 10시~오전 6

시)에 걸쳐있는 경우는 그 시간에 대한 가산수당을 지급해야 한다. 또한, 선택적 근로시간 대가 휴일 또는 야간근로시간대에 걸쳐 있는 경우에도 그 시간대에 이루어진 근로에 대해서는 가산수당을 지급해야 한다.

선택적 근로시간 대에 휴일 또는 야간근로시간이 포함되어 있지 않은 경우는 사용자의 지시(요청) 또는 승인(동의)이 있는 경우 가산수당을 지급해야 하나, 근로자가 사용자의 지시(요청) 또는 승인(동의) 없이 자발적으로 근로한 경우는 가산수당 지급 의무가 없다.

📑 휴일·휴가 부여

선택적 근로시간제를 도입하더라도 출근율에 따라 주휴일과 연차휴가를 부여해야 한다.

휴일 · 휴가 수당은 표준근로시간에 해당하는 임금을 기초로 계산한다.

5 선택적 근로시간제의 적용 제외

15세 이상 18세 미만의 근로자에게는 적용할 수 없다. 취직인허증을 보유한 15세 미만 근로자에 대해서도 적용할 수 없다. 단, 탄력적 근로시간제와 달리 임신 중인 여성에 대해 별도의 제한 규정이 없다.

보다 자세한 자료는 https://cafe.naver.com/aclove/248427에서 받아보시면 됩니다.

선택적 근로시간제 노사합의서 예시

주식회사 ○○ 대표이사와 근로자대표는 선택적 근로시간제에 관하여 다음과 같이 합의한다.

제1조(목적) 이 합의서는 근로기준법 제52조와 취업규칙 제○조에 의해 선택적 근로시간제에 필요한 사항을 정하는 것을 목적으로 한다.

제2조(적용범위) 선택적 근로시간제는 과장급 이상의 기획 및 관리·감독 업무에 종사하는 자를 대상으로 한다.

제3조(정산기간) 근로시간의 정산 기간은 매월 초일부터 말일까지로 한다.

제4조(총근로시간) '1일 8시간 × 해당 월의 소정근로일수(휴일·휴무일은 제외)'로 계산한다.

제5조(표준근로시간) 1일의 표준근로시간은 8시간으로 한다.

제6조(의무시간대) 의무시간대는 오전 10시부터 오후 4시까지로 한다. 다만, 정오부터 오후 1시까지는 휴게시간으로 한다.

제7조(선택시간대) 선택시간대는 시작시간대 오전 8시부터 10시, 종료시간대 오후 4시부터 7시로 한다.

제8조(가산수당) 업무상 부득이한 경우에 사용자의 지시 또는 승인을 받고 휴일 또는 야간시간대에 근무하거나, 제4조의 근무시간을 초과하여 근무한 시간에 대해 가산수당을 지급한다.

제9조(임금공제) 의무시간대에 근무하지 않은 경우 근무하지 않은 시간만큼 임금을 공제하며, 의무시간 시작시간을 지나 출근하거나 의무시간 종료 전에 퇴근한 경우는 지각, 조퇴로 처리한다.

제10조(유효기간) 이 합의서의 유효기간은 ○○○○년 ○월 ○일부터 1년간으로 한다.

20○○.   .   .

주식회사 ○○ 대표이사 (인) 근로자대표 (인)

임신기 근로시간 단축제도

2025년 2월 23일부터는 임신 12주 이내 또는 32주 이후에 있는 근로자가 1일 2시간의 근로시간을 단축할 수 있다. 근로시간 단축을 통해 임신 근로자는 업무에 대한 부담을 덜 수 있다. 근로시간이 단축되었다 하더라도 임금은 이전과 동일하게 지급받는다. 예를 들어 월 임금 200만 원인 임신 근로자가 법정기간(임신 12주 이내, 32주 이후)에 한 달 동안 2시간 단축하여 1일 6시간 근무해도 임금 감소 없이 200만 원을 받을 수 있다.

1 신청대상

12주 이하	12주 초과~32주 미만	32주 이상
법으로 보장	사업자 재량	법으로 보장

임신 후 12주 이내 또는 32주 이후에 있는 여성 근로자라면 신청할 수 있으며, 13주~31주 임산부는 근로자와 사업주가 협의를 거쳐 근

로시간을 단축할 수 있다.

2 | 지원내용

1일 2시간의 근로시간을 단축할 수 있으므로 출·퇴근 시간을 조정해 6시간만 근무할 수 있다. 단, 1일 근로시간이 8시간이 안 된다면 2시간 단축이 아니라 6시간 근무를 기준으로 조정해야 한다. 만약 근로자가 임신기 근로시간 단축 신청을 했는데 사업주가 이를 허용하지 않았다면, 500만 원 이하의 과태료가 부과된다(법 제116조).

사용방식

임신기 근로자가 원하는 방식으로 자유롭게 단축근무 사용 가능
- 출근 시간을 2시간 늦추는 방식
- 퇴근 시간을 2시간 앞당기는 방식
- 출근 시간을 1시간 늦추고 퇴근시간을 1시간 앞당기는 방식
- 중간에 휴식시간을 추가하는 방식

---

3 | 신청 방법

단축근무 개시 예정일의 3일 전까지 '임신기간, 근로시간 단축 개시 예정일 및 종료 예정일, 근무개시 시각 및 종료시간' 등을 적은 문서 (전자문서 포함)와 함께 의사 진단서를 첨부하여 회사에 제출한다. 한번 신청한 단축근무 시간은 임신기간 내내 지속되는 게 아니고 변경할 수 있다. 만약 출산 이전에 단축근무 일정을 변경하고자 할 경우 신청서를 다시 제출해야 하지만 진단서는 중복첨부하지 않아도 된다.

제3장

휴일과 근태관리

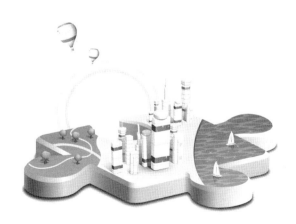

법정휴일과 약정휴일
법정공휴일

휴일은 법정휴일과 법정공휴일, 약정휴일로 크게 나누어 볼 수 있다.

구 분	내 용	적용대상
법정휴일	주휴일, 근로자의 날	민간기업
약정휴일	회사의 단체협약이나 취업규칙 등에서 정하여 부여하는 휴일	민간기업
법정공휴일	관공서의 공휴일에 관한 규정에 따른 휴일(빨간 날)	민간기업

5인 이상인 사업장은 법정공휴일도 쉬는 발이지만 5인 미만 사업장은 법정공휴일은 관공서만 적용이 되므로 민간기업은 법정공휴일을 약정휴일로 지정되지 않는 한 쉬는 날이 되지 못한다.

구 분	규 모	적용시기
관공서 공휴일 민간적용	300인 이상	2020년 1월 1일
	30~299인	2021년 1월 1일
	5~29인	2022년 1월 1일

이날 일한 사람은 일했으니 당연히 휴일근로수당으로 통상시급의 50%를 추가로 지급해야 한다.

1 법정휴일

법정휴일은 근로기준법상의 주 1회 유급휴일과 '근로자의 날 제정에 관한 법률'에 따라 쉬는 날(5월 1일)을 말한다. 근로기준법에 따르면 사용자는 근로자에게 1주일에 평균 1회 이상의 유급휴일을 주어야 한다(주휴일). 만약 유급휴일을 주지 않는 경우는 2년 이하의 징역 또는 1,000만 원 이하의 벌금에 처할 수 있다.

그렇지만 고용주가 근무시킬 수도 있다. 다만, 통상임금의 50%를 가산해서 지급해야만 한다. 근로기준법은 "사용자는 근로자가 연장근로와 야간근로 또는 휴일근로를 할 경우 통상임금의 50% 이상을 가산해서 지급해야 한다."고 명시하고 있다.

근로자의 날은 매년 5월 1일로 근로자의 노고를 위로하고 하루 쉬는 것으로 근무 의욕을 더욱더 높이기 위해 만들어졌다. 이날 쉴 수 있는 법적 근거는 '근로자의 날 제정에 관한 법률'이다.

이 법의 내용에 따르면 '매년 5월 1일을 근로자의 날로 하고 이날을 근로기준법에 따른 유급휴일로 한다.'고 돼 있다. 이에 따라 은행 등 금융기관들은 문을 닫고 주식시장도 휴장한다.

하지만 일을 한다고 해서 모두가 근로자는 아니므로 이날 쉬지 못하는 사람들도 있다. 그 대표적인 예가 공무원이다.

- 근로기준법에 따른 '주휴일'과 공휴일
- 근로자의 날(5월 1일)

2 법정공휴일

우리가 일반적으로 생각하는 모두가 쉬는 날은 법정공휴일이다.

법정공휴일은 '관공서의 공휴일에 관한 규정'에 의해 쉴 수 있다.

법정공휴일은

1. 일요일(제외)

2. 국경일 중 3·1절, 광복절, 개천절 및 한글날

3. 1월 1일

4. 설날 전날, 설날, 설날 다음날(음력 12월 말일, 1월 1일, 2일)

5. 석가탄신일(음력 4월 8일)

6. 5월 5일 어린이날

7. 6월 6일 (현충일)

8. 추석 전날, 추석, 추석 다음 날(음력 8월 14일, 15일, 16일)

9. 12월 25일(크리스마스)

10. 공직선거법 제34조에 따른 임기만료에 의한 선거의 선거일

따라서 보궐선거일은 법정공휴일이 아니며, 유급으로 투표시간만 보장해 주면 된다.

11. 기타 정부에서 수시 지정하는 날

🔒 5인 미만 사업장

5인 미만 사업장은 법정공휴일에 대해 약정휴일로 지정되지 않았으면 쉬지 않아도 문제가 되지 않았다. 즉, 법정공휴일은 관공서가 지켜야 하는 의무가 있는 공휴일 규정임으로, 일반 기업들은 유급으로 쉬어야 할 의무가 없다. 또한, 일하더라도 별도의 휴일수당이 지급될 필요가 없다. 따라서 관공서의 공휴일에 관한 규정에 의한 공휴일이 약정휴일로 지정되어 있지 않은 5인 미만 사업장은 추석이나 설 명절 등도 쉬지 못하는 문제점이 있다.

🔒 5인 이상 사업장

그러나 5인 이상 사업장의 근로자는 「관공서의 공휴일에 관한 규정」에 따라 공휴일과 대체공휴일이 적용되어 무조건 쉴 수 있다.
→ 상시근로자 수 5인 이상 : 2022년 1월 1일부터 단, 관공서의 공휴일에 관한 규정 제2조 제1호의'일요일'은 제외

❓ Tip 　대체공휴일

대체공휴일이란 특정 공휴일이 다른 공휴일 등과 겹칠 경우 그다음 평일을 휴일로 보장하는 제도를 말한다.
● 설날, 추석 연휴가 다른 공휴일과 겹치는 경우
● 어린이날, 3.1절, 광복절, 개천절 및 한글날이 토요일 또는 다른 공휴일과 겹치는 경우
→ 그날 다음의 첫 번째 비 공휴일을 공휴일로 한다.

[대체공휴일(월요일) 쉬고 일요일 근무시]

요일	월	화	수	목	금	토	일 (평)	월	화	수 (휴)	목	금	토	일 (휴)
실근로시간 (연장근로시간)	–	8	8	8	8	8	8 (8)	10 (2)	–	10 (2)	10 (2)	10 (2)	–	
총근로시간 (연장근로시간)	40시간 (8 휴일근로)							40시간 (8 연장근로)						

➜ 월요일 대체휴일로 토요일 근무 시 (화~토) 40시간을 넘지 않으므로 토요일 연장근로가 아님. 일요일 8시간 휴일근로

➜ 월요일 대체휴일로 토요일 근무 시 (화~토) 40시간을 넘지 않으나 일 8시간 초과로 2시간씩 연장근로가 발생하며, 총 8시간 연장근로

3 약정휴일

약정휴일은 법정 (공)휴일 외에 회사의 단체협약이나 취업규칙 등에서 정하여 부여하는 휴일을 의미한다. 약정휴일에 관해서는 근로기준법에서 규정하고 있지 않으며, 의무화되어 있는 것이 아니므로, 노동자는 회사와의 협약에 따라 준수해야 한다. 또한, 약정휴일 부여 여부나 날짜, 임금 지급 여부, 부여 요건 등에 대해서도 노동자와 사용자가 자율적으로 결정할 사항이다. 다만, 노동조합 및 노동관계조정법 제34조에 따라 협약에 대해 관계 당사자 간에 의견의 불일치가 있을 때는 당사자 쌍방 또는 단체협약에 정하는 바에 의하여 어느 일방이 노동위원회에 그 해석 또는 이행 방법에 관한 견해의 제시를 요청할 수 있다.

 • 관공서의 공휴일에 관한 규정에 따른 '법정공휴일'

➜ 상시근로자 수 5인 이상 2022년부터 민간기업도 쉬는 법정휴일

- 회사 창립 기념일
- 노조 창립 기념일
- 주 40시간을 주 5일제로 운영할 경우, 근로일과 유급주휴일을 제외한 나머지 1일(통상은 토요일)
- 국경일 중 공휴일에 해당하지 않는 날(제헌절)

4 명절에 근무한 직원이나 아르바이트생

🔓 명절은 법정휴일이 아니다.

5인 미만 사업장은 명절에 근무한 아르바이트생들에게 휴일근무수당을 따로 더 주지 않았다고 불법은 아니다. 이는 '법정휴일' 개념 때문에 벌어지는 일인데, 법정휴일이란 근로기준법 등 노동 관련 법에서 근로자의 휴일로 정한 날을 말한다. 이날엔 근로자가 일하지 않아도 급여를 줘야 한다. 종류는 2가지이다.

먼저 근로기준법 제55조(휴일)에서는 1주일 소정근로시간이 15시간 이상인 근로자에게 유급휴일을 줘야 한다고 나와 있다. 1주일에 1회 이상이어야 한다. 대개 일요일을 유급휴일로 친다. 만약 유급휴일을 주지 않는 사업주는 2년 이하의 징역 또는 1,000만 원 이하의 벌금형을 받을 수 있다.

또한, 근로자의 날 제정에 관한 법률은 매년 5월 1일 '근로자의 날'을 유급휴일로 지정했다.

법정휴일에는 일할 의무가 없다. 그런데도 이날 일을 했다면 대가를 받아야 한다. 임금의 1.5배인 '휴일근로수당'이 그 대가이다.

🔒 명절에 일해도 원칙적으로 휴일근로수당은 없다.

5인 미만 사업장은 명절은 법정휴일이 아니다. 설날·추석 연휴는 물론 삼일절, 어린이날 같은 법정공휴일도 마찬가지이다. 여기서 한 가지 짚고 넘어갈 부분은 법정휴일과 법정공휴일이 다르다는 것이다. 법정공휴일은 '관공서의 공휴일에 관한 규정'에서 정한 공휴일로 근로자의 날과 유급휴일을 제외하고 달력에 표시된 '빨간 날'을 말한다. 빨간 날이라고 무조건 법정휴일은 아니다.

다시 말해, 통상적으로 유급휴일인 일요일은 법정휴일인 반면, 추석 연휴는 법정공휴일이다.

알바생이 아닌 회사원들은 그럼 명절에 일해도 수당을 받을 수 없다는 말인가? 라며 놀랄 수 있는데, 염려할 필요는 없다. 대부분 회사에선 근로계약서와 취업규칙에 토요일과 달력상 빨간 날을 휴일로 정해놓았다. 이를 법정휴일과 구분해 약정휴일이라 부른다. 이 경우 휴일에 나와 일한 근로자는 휴일근로수당을 받을 수 있다. 5인 미만 사업장에서는 공휴일을 유급휴일로 지정하지 않고 이날 쉬는 것을 급여에서 차감하기도 한다(2022년부터 5인 이상 사업장 법정공휴일로 변경되었으므로 차감 안 함).

🔒 명절도 법정휴일에 들어가게 법 개정, 시행은 단계적

그런데 알바생의 경우는 다르다. 통상 아르바이트 근로계약서는 고용노동부 표준근로계약서를 따르는데, 여기에는 유급휴일 관련 내용이 없다. 표준계약서는 사업주와 아르바이트생이 법을 위반하지 않도록 가이드라인을 제시할 뿐이기 때문이다. 앞서 설명한 바와 같이 공휴일을 휴일로 치지 않는 건 현행법상 문제가 없다.

그동안 민간 영세사업장 근로자는 법정공휴일에 출근하지 않으면 돈을 받을 수 없고, 나가서 일하더라도 휴일수당을 받을 수 없었다. 대기업 근로자·공무원과의 휴일 양극화를 해결하고자 정부는 2018년 6월 국무회의에서 민간기업이 유급휴일로 보장해야 하는 공휴일을 구체적으로 규정한 '근로기준법 시행령 개정안'을 심의·의결했다. 개정안은 법정공휴일을 비롯해 대체공휴일, 임시공휴일과 선거일도 민간기업의 유급휴일로 규정했다.

5인 이상 사업장에만 적용됨에 주의 요망

한 가지 더 주의해야 할 점이 있다. 설령 명절을 유급휴일로 결정한다 해도, 아르바이트생이 휴일수당을 받을 확률은 낮다. 상시근로자 수가 5인 미만인 사업장에는 휴일수당을 줘야 할 의무가 없기 때문이다.

상시근로자 수란 총근로자 수를 영업일 수로 나눈 수이다. 주로 아르바이트생이 일하는 카페·편의점 등은 상시근로자 수가 5명을 넘지 않는 경우가 많다. 5인 미만 사업장이라면 연장·야간·휴일근로수당의 지급의무도 없다.

휴일과 휴무일 및 휴일대체

1 휴일과 휴무일의 차이

📑 휴일

휴일은 근로 제공의무가 없는 날(쉬는 날)을 말한다. 휴일에 근로할 경우는 법적으로 휴일근로수당을 50% 가산하여 지급해야 한다. 휴일은 법적으로 아래의 경우에만 해당하며, 유급이다(소정근로일 포함).

❶ 근로기준법 제55조에 따른 주휴일(1주 근무 시 부여되는 1일의 휴일)

❷ 근로자의 날 제정에 관한 법률에 따른 근로자의 날(5월 1일)

❸ 사용자와 근로자와의 단체협약으로 정한 휴일

❹ 취업규칙으로 정한 휴일(회사 창립 기념일, 노조창립일 등)

❺ 2022년부터 5인 이상 사업장의 빨간 날

구 분	휴일근로의 허용요건
일반근로자	근로자 동의
연소근로자	근로자 동의 + 근로자대표와의 협의 + 고용노동부 장관의 인가
18세 이상 여성 근로자	근로자 동의
임신 중 여성 근로자	본인의 명시적 청구 + 근로자대표와의 협의 + 고용노동부 장관의 인가
산후 1년 미만 여성 근로자	근로자 동의 + 근로자대표와의 협의 + 고용노동부 장관의 인가

휴무일

휴무일은 원래 근로 제공의무가 있는 날이지만 노사합의로 근로가 면제된 날(쉬는 날)을 말한다. 따라서 휴무일은 소정근로일에 포함되지 않는다. 취업규칙 등에 별도로 유급으로 정하지 않는 이상 기본적으로 무급이다. 휴무일은 휴일이 아니므로, 휴무일의 근로는 연장근로가 되며, 따라서 연장근로수당을 50%를 가산하여 지급해야한다(참고로 휴무일은 법적으로 정의된 용어는 아님).

2022년 1월 1일부터 5인 이상 사업장도 공휴일(설날, 추석 등)이 법정휴일이다.

법정휴일	약정휴일
• 주휴일 • 근로자의 날(5월 1일) • 공휴일(설날, 추석 등) : 빨간 날	• 노동조합/회사 창립일

토요일은 휴일인가? 휴무일인가?

보통 회사는 월~금을 근로일로, 일요일을 휴일로 지정한다.

그리고 토요일은 회사에 따라 휴일 또는 휴무일로 지정할 수 있는데, 토요일을 무엇으로 지정하느냐에 따라 이날 근무하는 근로자가 지급받는 수당이 달라진다.

만약, 시급 1만 원인 김갑동씨가 토요일에 부득이 10시간 동안 근무를 하게 되었을 경우, 지급수당이 어떻게 달라지는지 비교해보겠다.

🔒 토요일을 휴일로 지정했을 경우

휴일근로수당 = (8시간 × 10,000원 × 50%) + (2시간 × 10,000원 × 100%) = 60,000원

토요일을 휴일로 지정했을 때 10시간을 근무했다면, 김갑동씨는 휴일근로수당을 받게 된다. 휴일근로수당은 통상임금의 50%를 가산하며, 8시간 이상 근무했을 시에는 통상임금의 100%를 가산해준다 (8시간 초과근무 시 연장근로라고 판단하여 연장근로수당을 합산하기 때문). 참고로, 휴일은 유급이므로, 위에서 계산된 금액은 통상임금과 합산하여 받는다.

🔒 토요일을 휴무일로 지정했을 경우

연장근로수당 = 10시간 × 10,000원 × 50% = 50,000원

반면, 토요일을 휴무일로 지정했다면 김갑동씨는 연장근로수당(통상임금의 50% 가산)만 적용받을 수 있다. 즉, 노사가 토요일을 휴일로 지정하느냐 휴무일로 지정하느냐에 따라 근로자가 받을 수 있는 수

당이 위와 같이 차이를 보일 수 있다(만약 밤 10시 이후에도 근무한다면 위의 금액에 야간근로수당을 50% 더 가산해서 지급받게 된다). 휴무일이 무급일 경우에는 연장근로수당만 지급받으며, 유급일 경우에는 통상임금 + 연장근로수당을 합산하여 지급받는다.

❓ Tip 토요일의 법적 성격

법정근로시간이 1주 40시간이라고 해서 토요일이 당연히 휴일로 되는 것은 아니다(즉, 토요일을 소정근로일에서 제외해도 그날을 반드시 유급으로 해야 하는 것은 아니다.).

근로기준법 제55조에서 사용자는 1주일에 평균 1회 이상의 유급휴일을 주도록 규정하고 있으므로 1주일 중 소정근로일이 5일(통상 월~금요일)의 경우 법상 유급휴일은 1일(통상 일요일)이며, 나머지 1일(통상 토요일)은 노사가 별도로 정하지 않는 이상 무급휴무일이다. 이 경우 토요일에 근로시키는 경우 휴일근로수당은 발생하지 않으며, 주 40시간, 1일 8시간을 초과한 경우 연장근로수당만 발생한다.

❓ Tip 토요일 근로와 연장근로수당 계산

토요일이 무급휴무일인 사업장에서 '화~금', 매일 8시간씩, 토요일 8시간 근로를 한 경우, 토요일 근무가 연장근로시간에 포함되나요?

실근로시간이 1일 8시간, 1주 40시간을 초과해야 연장근로에 해당한다.

무급휴무일인 토요일에 일했어도 1일 8시간, 1주 40시간을 초과하지 않았다면 연장근로에 해당하지 않으며, 가산임금도 발생하지 않는다. 다만, 무급휴무일은 근로자의 소정근로일이 아니므로 사업주가 휴무일 근로를 시키기 위해서는 근로자와 합의해야 한다.

구 분	연장근로수당 발생 여부
월~금 40시간을 채우고 토요일에 8시간 근로한 경우	연장근로 가산수당 발생(8시간)

구 분	연장근로수당 발생여부
월~금 32시간을 채우고 토요일에 8시간 근로한 경우	연장근로 가산수당 미발생

[주중에 휴일이 있어 근로하지 않은 경우]

요일	월	화	수	목	금	토	일
실근로시간 (연장근로시간)	–	8	8	8	8	8	
총근로시간 (연장근로시간)	40시간						

→ 토요일 근로는 법정근로시간(40시간) 내 근로에 해당

[월~금 40시간을 채우고 토요일에 근로한 경우]

요일	월	화	수	목	금	토	일
실근로시간 (연장근로시간)	8	8	8	8	8	8	
총근로시간 (연장근로시간)	48시간 (8)						

→ 토요일 근로는 법정근로시간(40시간)을 초과하여 연장근로에 해당

[연소근로자가 토요일에 근로한 경우]

요일	월	화	수	목	금	토	일
실근로시간 (연장근로시간)	7	7	7	7	7	5	
총근로시간 (연장근로시간)	40시간 (5)						

→ 연소근로자는 실근로시간이 1일 7시간, 1주 35시간을 초과하는 경우 연장근로에 해당하며, 1주 최대 5시간까지 연장근로가 가능하다.

월~금까지 1일 7시간씩, 1주 35시간 근로했다면 토요일 근로 5시간은 1주 35시간을 초과한 것이므로, 연장근로에 해당하며 50% 연장 가산수당을 지급해야 한다. 다만, 휴일·야간근로는 당사자 동의 및 고용노동부 장관의 인가를 받아야 한다.

3 휴일대체

유급휴일에 대해 근로자대표와 서면 합의한 경우 대체할 다른 날을 특정하여 유급휴일로 부여해야 한다.

휴일대체의 요건

- 근로자대표와 서면합의를 해야 한다.
- 근로자에게 교체할 휴일을 특정하여 미리 고지해야 한다(24시간 전).

근로자대표란 근로자의 과반수로 조직된 노동조합이 있는 경우에는 그 노동조합, 근로자의 과반수로 조직된 노동조합이 없는 경우에는 근로자의 과반수를 대표하는 자를 말한다(근로기준법 제24조 제3항).

휴일대체를 하는 경우 원래의 휴일은 통상의 근로일이 되고 그날의 근로는 휴일근로가 아닌 통상의 근로가 되므로 휴일근로 가산수당이 지급되지 않는다. 단, 변경된 대체휴일에 불가피하게 근로한 경우 휴일근로 가산수당을 지급해야 한다.

휴일대체 근로시간을 포함하여 주 52시간 범위 이내에서 근로할 수 있다.

구 분	업무처리
휴일이 일요일에서 월요일로 대체된 경우	일요일은 통상의 근로일이 되고, 월요일이 휴일이 된다.
대체휴일인 월요일 근로를 한 경우	휴일근로수당을 지급해야 한다.

휴일대체가 인정되지 않는 경우

• 대체휴일을 특정해서 고지하지 않고, 임의로 사용하게 할 때

• 근로자의 날(5월 1일)

근로자의 날은 휴일로 대체할 수 있는 규정이 없으므로 휴일대체 불가. 따라서 근로자의 날에 근로한 경우 근로기준법 제56조에 따라 휴일근로 가산수당을 지급해야 한다.

직원이 병가를 낸 경우
휴가와 급여 처리

근로자가 업무와는 관계없이 개인적으로 다친 경우는 산재요양신청을 할 수가 없으므로 회사에서 어떻게 처리해 줘야 하는지 궁금해하는 경우가 많다.

근로기준법에는 업무 외적으로 부상이나 질병이 발생한 경우 회사에서 특정한 처우를 하도록 정한 기준이 없다. 이런 경우 근로자의 처우를 어떻게 할지는 회사에서 자율적으로 정할 수 있다.

취업규칙으로 병가기간이나 병가 기간동안의 급여에 대해 정하는 경우가 대부분이다.

법으로 정해진 기준이 없으므로 병가기간 동안 근로자에게 급여를 지급하지 않아도 무방하다. 다만, 근로자의 생활을 보장해주기 위해 일정 기간은 유급으로 정하는 경우가 많다.

취업규칙에 유급으로 정해진 경우 정해진 기간동안은 유급으로 병가를 부여해야 한다. 그 이상의 기간에 대해 병가를 부여할지? 여부나, 급여를 지급할지? 여부는 회사의 결정에 따라야 한다.

- 개인적 질병으로 병가를 신청하는 경우 남은 연차휴가 일수에서 우선 차감할 수 있으며, 병가기간은 무급이 원칙이므로 병가 일수에 해당하는 통상임금을 임금에서 공제한다. 다만, 업무상 사유에 의한 병가 시에는 최소 평균임금의 70% 이상을 지급해야 한다(산재보험에서 지급하는 경우는 이를 공제한 차액이 있는 경우 지급한다.). 단, 병가를 대신해서 연차휴가를 사용하는 것은 병가가 무급을 원칙으로 하고 있으므로 본인의 선택사항이지 회사의 강제사항은 아니다.
- 업무상 재해로 통원 치료일에 소정의 임금을 지급하고 있다면 별도의 휴업보상을 하지 않아도 무방하다(근기 1451-2072, 1984. 10. 12).
- 업무상 요양 중인 근로자에 대해서 휴업수당과 별도로 상여금을 지급할 것인지는 취업규칙 등이 정하는 바에 따른다(근기 01254 -8647, 1987.06.29). 여기서 휴업수당은 임금에 해당한다(근기 01254 -11057, 1986.07.07).

지각 · 조퇴 · 외출 · 결근 처리 방법

지각·조퇴·외출 시간에 대해서 근로기준법 상에 구체적으로 규율된 바는 없다. 다만, 무노동·무임금의 원칙에 따라 근로자가 개인 사정으로 지각·조퇴해서 근로하지 못한 시간에 대해서는 급여를 지급하지 않을 수 있으며, 취업규칙에 편의상 근무시간 1/2 이상 근무 후 조퇴 시 1/2에 해당하는 급여만 지급하도록 규정하는 경우도 있고, 이는 합리성이 있는 한 인정된다.

그러나 지각·조퇴와 관련된 사규가 없는 경우 근무한 시간에 해당하는 급여는 지급해야 하며, 별도로 근로자의 동의가 있는 경우 연차휴가를 사용한 것으로 처리해도 가능할 것이다. 한편 지각·조퇴가 있다고 하더라도 이것이 근로기준법상 휴가산정에 있어 결근으로 처리되는 것은 아니며, 사규에 따라 조퇴 시 해당 시간만큼 임금을 차감하는 것 등은 가능하다고 할지라도 조퇴 또는 지각을 결근으로 처리해서 연차 산정에 있어 이를 결근으로 보아 휴가에 불이익을 줄 수는 없다.

즉, 지각·조퇴·외출 등의 사유로 소정근로일의 근로시간 전부를 근로하지 못하였다 하더라도 소정근로일을 단위로 그날에 출근해서 근로를 제공하였다면 이를 결근으로 처리할 수 없는 것이므로 단체협약, 취업규칙 등에 지각, 조퇴, 외출을 몇 회 이상하면 결근 1일로 취급한다고 규정하고, 일정 횟수 이상의 지각·조퇴·외출 시 결근 1일로 취급은 할 수 있으나 이것을 이유로 주휴일, 연차유급휴가 등에 영향을 미치게 하는 것은 근로기준법 취지에 비추어 타당하지 않다고 보는 것이 고용노동부의 일관된 해석이다.

구 분	근로기준법상 처리
지각 · 조퇴 · 외출 시 결근 1일 취급	가능하다(해당 시간만큼 임금 차감)
주휴일, 연차유급휴가 시 불이익	지각 · 조퇴 · 외출을 결근으로 보아 휴가에 불이익을 주는 것은 불가능하다.
지각 · 조퇴 · 외출 시 급여에서 차감	합리적인 기준에 의해서 차감하는 것은 가능하다(해당 시간만큼 임금 차감).

근로시간 중 사적 용무를 위한 외출 및 면회의 통제는 필요하나 질병의 치료와 산모의 수유시간 등 특히 필요한 경우에는 소정의 절차에 따라 외출, 면회가 이루어질 수 있도록 해야 한다.
그러므로 외출도 상사의 허가 또는 승인과 소정의 신고를 의무화한다.

무단결근의 경우 대처방법과 급여, 주휴수당, 퇴직금

가령 근로자는 인수인계하고 나가겠다. 그 기간은 2주면 충분하다 해서 2주 후에 나간다고 이야기하였으나, 사업주는 근로자 채용을 해야 하고 들어오면 인수인계를 해야 하니 그 기간은 너무 짧아 적어도 1개월하고도 2주는 더 근무할 것을 요구하는 때도 있는데, 이때에는 퇴사일이 언제로 확정이 될까요?

또 극단적인 예를 들자면 사용주는 악의를 가지고 사직서를 제출하면 3개월 후에 효력이 발생한다고, 계약서에 명시한다거나, 후임자가 뽑히지 않았기 때문에 몇 달 동안 계속 근무할 것을 강요할 가능성도 있다. 마찬가지로 근로자는 인수인계하지 않고 바로 퇴사를 할 수도 있다.

회사는 근로자가 원하는 날짜에 사직서를 수리해야 할 의무는 없다. 회사가 사직서를 수리해주지 않는 동안 출근을 안 하면 퇴직금이 깎이게 된다.

퇴직금은 마지막 3달 치 월급을 평균 내서 계산하는 것인데, 결근하면 공제되고 결근일이 많아질수록 평균임금도 계속 깎이게 된다.

> → 무단결근의 경우 퇴직금을 실제 금액보다 적게 받을 수 있다.
> → 무단결근의 경우 실업급여를 받지 못할 수도 있다.
> → 무단결근의 경우 회사에서 고용보험 상실 신고를 안 해주는 경우
>   고용보험 이중 가입으로 다른 회사 취직이 곤란할 수 있다.
> → 무단결근으로 인한 손해에 대해 회사에 손해배상 책임을 질 수 있다.

1 무단결근 시 대처 방법

근로자가 사전 또는 당일에 아무런 연락 없이 무단으로 출근하지 않는 경우 혹시라도 나중에 있을지도 모를 다툼에 대비하기 위해 일단 문자나 전화로 연락을 하고, 문자와 전화 수신내역을 자료로 보관한다.

3일 이상 무단결근하는 경우는 내용증명으로 정상적 출근을 요청하고, 정상 출근하지 않을 경우 결근한 일수에 대한 임금이 지급되지 않고, 퇴직금도 감액되며, 며칠 이상 무단결근할 경우 해고할 수밖에 없다는 내용을 문서로 보내두는 것이 좋다.

5인 미만 사업장의 경우 무단결근이 없더라도 언제든지 해고예고만 하면 해고할 수 있으므로 문제가 없지만, 1년 이상 근로한 경우 평균임금이 줄어드는 등 퇴직금 산정에 문제가 생길 수 있다.

2 무단결근 시 무조건 해고가 가능한가?

사안을 개별적으로 살펴야겠지만 단 한 차례의 무단결근 자체만으로

는 바로 해고가 가능한 것은 아니다. 여러 번 무단결근이 긴 기간 동안 이어지고, 사업주의 시정요구에도 근로자가 같은 행위를 반복한다면 해고 사유로 볼 수 있다.

어떤 경우를 무단결근한 것으로 취급할 것인가? 는 법원에서 구체적·개별적으로 이뤄진다. 왜냐하면, 근로자가 결근하지 못하는 이유는 매우 다양하고 결근 사실이 있다 하더라도 그것을 무단결근으로 평가할 수 있는지는 그 사업자의 관행이나 취업규칙, 단체협약 등을 구체적으로 따져보아야 하기 때문이다.

예를 들어 결근계만 제출하면 무단결근으로 처리하지 않는다는 규정이 있다면, 무단결근 여부는 결근계 제출 사실 여부에 좌우될 것이다. 반면에 결근계 제출 후 기업의 승인이 필요하다고 규정된 경우는 결근계 제출과 승인 사실 모두를 살펴야 한다는 의미이다.

무단결근이 기업 경영에 미치는 영향 역시 기업의 업종, 규모, 근로자의 인원수, 시기적 특성에 따라 차이가 있다. 즉, 어떤 경우가 무단결근에 해당하고, 무단결근 시 무조건 해고해도 된다. 안 된다는 다툼의 소지가 있으며, 명확히 무단결근은 해고해도 법적인 문제가 없다고 판단할 사항은 아니다.

회사와 해당 직원의 주장이 틀릴 수 있으므로 명확히 해고해도 된다. 안 된다는, 판단하기 곤란하다. 법적인 다툼을 통해 법원의 판단 사항이다. 따라서 해고를 하고자 한다면 해고 후 법적인 문제가 발생할 것을 대비해 우선, 해고의 정당한 사유에 해당하는 증거들을 최대한 많이, 그리고 명료하게 수집해 놓아야 하며, 해고의 서면통보 및 징계 절차가 있는 경우 해고의 절차적 요건들을 빠짐없이 지키도록 해야 한다. 따라서 무단결근을 한 직원에 대해서 문자나 전화 연락을 하고, 그에 대한 증빙자료를 보관하며, 3일 이상 무단결근을 하는 경우는 내용증명으로 출근 독려를 하는 등 정상적인 출근을 요청하는 노력을 해야 한다.

3 무단결근 시 임금공제와 주휴수당, 휴가 문제

무단결근 시 해당일의 일급 통상임금을 공제하며, 해당주의 휴일은 부여하되 주휴수당을 공제할 수 있다. 즉, 주휴일을 무급으로 부여하면 된다.

4 무단결근 시 퇴직금 계산을 위한 평균임금 계산

무단결근에 따른 해고 시 퇴직금의 계산은 동 결근 기간을 포함해서 평균임금을 산정한다. 다만, 무단결근 일수와 무단결근 기간 중의 임금을 반영하여 평균임금을 산정함으로써 그 금액이 통상임금보다 낮다면 통상임금을 평균임금으로 보아 퇴직금을 계산해야 한다.

？ Tip   임금의 일할 계산 방법(며칠만 근무하고 퇴사한 경우)

한 달을 다 채우지 못하고 퇴사를 하는 경우 근무한 일수만큼 급여를 계산해서 지급해야 한다. 예를 들어 8월 1일부터 10일까지 근무(퇴사)한 경우의 8월분 임금의 계산은?

❶ 월급 : 250만 원(기본급 210만 원, 면허수당 20만원, 식대 20만원)

❷ 계산법 : (해당 월 총급여 ÷ 해당 월 총일수) × 근무일수(유급처리 되는 휴일수 포함)

= (250만 원 ÷ 31) × 10

= 806,451원(8월분 임금)

제4장

휴가와 임금 수당관리

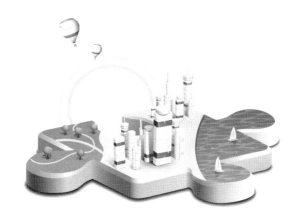

최저임금의 계산 방법

최저임금과 관련해서는 최저임금법의 적용을 받는데 최저임금법은 근로자의 생활 안정과 노동력의 질적 향상을 위해 최저임금 제도를 시행해서 사용자가 최저임금액 이상의 임금을 지급하도록 강제하고 있다.

최저임금액(최저임금으로 정한 금액을 말한다.)은 시간·일(日)·주(週) 또는 월(月)을 단위로 해서 정한다. 이 경우 일·주 또는 월을 단위로 해서 최저임금액을 정할 때는 시간급으로도 표시해야 한다(최저임금법 제5조).

1 최저임금의 적용 대상

최저임금은 동거의 친족만을 사용하는 사업과 가사사용인을 제외하고 근로자를 사용하는 모든 사업 또는 사업장에 적용된다. 다만, 정신 또는 신체장애로 근로 능력이 현저히 낮아 고용노동부 장관의 인가를 받은 자에 대해서는 이를 적용하지 않는다.

2 최저임금의 효력

사용자는 최저임금의 적용을 받는 근로자에 대해서 최저임금액 이상의 임금을 지급해야 하며, 최저임금액에 미달하는 임금을 정한 근로계약은 그 부분만 이를 무효로 하고, 무효로 된 부분은 최저임금액과 동일한 임금을 지급하기로 정한 것으로 본다.

3 최저임금의 계산 방법

3개월 이내의 수습 사용 중인 근로자는 최저임금액의 10%를 감액한 금액을 지급할 수 있다. 단, 근로계약 기간이 1년 미만인 수습사용근로자 및 1~2주의 직무훈련만으로 업무수행이 가능한 단순노무종사자는 최저임금액을 감액하지 않고 100%를 적용한다. 사용자가 최저임금보다 낮은 급여를 지급하기 위해서는 근로계약서 또는 취업규칙에 수습기간을 명시해야 하고, 수습기간 중에는 급여도 감액되어 지급된다는 것을 규정하고 있어야 한다. 따라서 근로계약서 또는 취업규칙에 수습기간을 명시 또는 규정되어 있지 않은 경우 이는 법률위반에 해당한다.

월급제의 경우 최저임금에 산입하지 않는 임금을 제외한 임금을 1월의 소정근로시간수(월에 따라 소정근로시간수가 다른 경우에는 1년간의 1개월 평균 소정근로시간)로 나누어 시간당 임금으로 환산해서 고시된 시간급 최저임금과 비교함으로써 최저임금 미달 여부를 판단한다.

Tip 월급제 근로자의 최저임금 미달 여부 판단사례

주당 소정근로시간이 40시간인 근로자가 1주 40시간(주 5일, 1일 8시간)을 근로하고 급여명세서는 다음과 같다.

[급여명세서]

급여항목		최저임금에 포함되는 임금액	
급여	200만 원	200만 원	2,000,000원
정기상여금	30만 원	2024년부터 아래 표와 같이 전액 인정	300,000원
현금성 복리후생비	20만 원	2024년부터 아래 표와 같이 전액 인정	200,000원
합 계			2,500,000원

연도	2020년	2021년	2022년	2023년	2024년~
정기상여금	20%	15%	10%	5%	0%
현금성 복리후생비	5%	3%	2%	1%	0%

월 기준시간

[(주당 소정근로시간 40시간 + 유급 주휴 8시간) ÷ 7 × 365] ÷ 12월 ≒ 209시간

다른 계산 방법 : 48시간 × 4.345주 ≒ 209시간

시간당 임금 = 2,500,000원 ÷ 209시간 ≒ 11,962원

시간당 임금 11,962원은 2025년도 최저임금 10,030원보다 많으므로 최저임금법 위반이 아니다. 주당 소정근로시간이 40시간인 근로자의 월 환산 최저임금

= 10,030원 × 209시간 = 2,096,270원

최저임금 모의 계산

〈https://www.moel.go.kr/miniWageMain.do#div6〉

수습기간 동안 급여 지급

수습근로자는 수습사용 중인 자로서 수습 사용한 날로부터 3개월 이내인 자를 말한다. 다만, 1년 미만의 기간을 정하여 근로계약을 체결한 근로자는 제외한다.

수급 근로자는 시간급 최저임금액의 100분의 10을 뺀 금액을 그 근로자의 시간급 최저임금액으로 지급해도 된다. 다만, 아르바이트생들에게는 해당 사항이 없다.

> 수습 기간의 급여 = 법정 최저시급 × 90%

1년 미만의 근로계약을 체결했다면 최저시급의 90%가 아닌 100%를 전부 지급해야 한다. 보통 아르바이트생의 경우 1년 동안 하는 경우는 드물다. 방학 기간 혹은 휴학 기간동안 짧게 하는 경우가 많으므로 근로계약도 1년 미만으로 하는 경우가 많다. 따라서 아르바이트생들에게 수습 기간이라고 최저임금보다 더 낮은 급여를 주는 것은 불법이다.

① 수습직원(3개월 미만)은 최저시급의 90%에 해당하는 급여를 지급할 수 있다.
② 단, 근로계약 1년 미만의 경우(단순노무직 아르바이트 등)에는 최저시급을 100% 다 지급해야 한다.
[정규직 또는 1년 이상 계약직 채용의 경우]
수습기간 3개월까지 최저임금의 90%까지 지급해도 최저임금법에 위반되지 않는다.
[해고예고]
사업주가 근로자를 해고할 때 30일 이전에 해고를 서면으로 예고해야 하는 의무가 있다. 이때 수습기간 3개월 이내인 자에게는 해고예고의 의무가 적용되지 않는다.

수습은 3개월이라고 법에 정해져 있는 건 아니다. 노동법상 '해고예고 의무 기간'이나 최저임금법이 정하는 기준 등에 따라 '3개월'로 진행하는 경우가 대부분이다.

수습기간을 연장하고자 하는 때는 연장 전 근로자의 동의를 받거나 취업규칙에 근거가 마련되어 있어야 하고, 수습기간 연장의 합리적 이유가 있어야 한다(서울지법 남부지원 1987.7.16.선고, 87가합 390). 그리고 근로자의 동의가 있거나 근로자에게 통보되어야 효력이 있다(서울행법 20655, 2006.9.26. 선고). 즉 수습기간을 연장은 가능하나 사용자의 일방적 연장은 인정되지 않고 수습기간 연장 관련 취업규칙에 규정이 있거나 연장 관련 근로자의 동의가 필요하고 수습기간 규정을 근거로 근로자에게 수습기간 연장에 대한 통보가 있어야 효력이 있다.

임금에서 사업주 마음대로 차감 가능한 금액

1 근로소득세

일반적으로 가장 먼저 공제되는 것이 근로소득세이다. 근로소득세는 국세청이 정한 근로소득 간이세액표에 따라 정해지는데, 이때 공제금액을 결정하는 기준은 근로소득 중 비과세를 제외한 금액 수준과 부양가족 수가 된다. 이 기준에서 볼 때 같은 신입사원이라도 급여 수준은 동일하지만, 공제 대상이 되는 부양가족수가 다를 수 있으므로 근로소득 공제금액에서 차이가 발생할 수 있다.

2 4대 보험

두 번째로 우리가 흔히 4대 보험이라고 부르는 사회보험료 공제이다. 근로자 부담분이 발생하는 것은 국민연금, 건강보험(장기요양보험 포함), 고용보험인데, 산재보험료는 사업주가 100% 부담하므로 급여에서 공제되지 않는다. 사회보험료는 근로소득 중 비과세를 제외한 보수에 따라 결정되는데, 급여가 같다면 비과세 항목에서 차이가 발생할 수 있다. 비과세 항목으로는 식대, 자가운전보조비, 보육수당 등이 있다.

3 노동조합비

노조가 있는 경우에는 단체협약에서 공제항목을 정해서 임금의 일부를 공제할 수 있다. 노동조합비 등이 여기에 해당한다.

4 결근·지각, 초과 지급된 임금

결근, 출근정지, 징계로 임금이 삭감된 경우는 임금채권 자체가 발생하지 않으므로 이로 인해 임금액이 적어지는 것은 전액 지급원칙에 위배되지 않는다. 또 계산 착오로 임금이 초과 지급된 경우 차기에 이를 공제해도 문제가 없다.

5 가불한 금액

전액 지급원칙하에서는 사용자가 근로자에 대해서 가지고 있는 채권을 가지고 동의 없이 일방적으로 근로자의 임금채권을 상계하는 것이 금지된다. 하지만 가불 임금은 이미 제공한 근로에 대해 임금 지급일이 되기 전에 지급한 것이므로 가불액을 제외한 나머지 임금만을 지급하더라도 법 위반이 되지 않는다.

결론적으로 삭감할 수 있다.

연봉계약을 체결했더라도 근로자의 업무상 과실이나, 업무 활동으로 회사에 상당한 손해를 끼칠 수 있는 경우가 발생하면 회사는 근로자의 동의를 얻어 손해액에 상당한 연봉의 삭감을 요구하고 새로운 계약서를 작성할 수 있다.

사전에 연봉계약서나 취업규칙에 연봉계약 기간 중에 연봉액을 조정할 수 있는 사유가 명시되어 있어야 하고, 명시된 내용에 해당이 된다면 연봉의 삭감은 가능하다.

즉, 연봉계약서나 취업규칙에 연봉계약 기간 중에 연봉액을 조정할 수 있는 사유가 명시되어 있어야 하고, 근로자의 동의가 있다면 연봉삭감도 가능하다.

참고로 근로자의 동의가 없는 사용자의 일방적인 임금 삭감은 체불임금에 해당한다.

 Tip 연봉제인데 별도로 특근수당을 주어야 하나요?

연봉제 계약(안)에 주말 근무 등 특근을 예정해서 예정 근로시간 및 급여를 명시한 경우는 (포괄 근로계약 등) 지급하지 않아도 되지만, 이러한 내용이 없고, 업무의 특성을 반영해서 연장근로 및 휴일근로에 대한 가산임금을 어떻게 처리할 것인지에 대한 특약이 없다면 지급해야 한다.

평균임금의 계산 방법
(퇴직금 계산에 적용)

평균임금이란 이를 ① 산정해야 할 사유가 발생한 날 ② 이전 3개월 동안에 그 근로자에 대해서 ③ 지급한 임금의 총액을 ④ 그 기간의 총일수로 나눈 금액을 말한다(근로기준법 제2조 제1항 제6호). 근로자가 취업한 후 3개월 미만인 경우도 이에 준한다(근로기준법 제2조 제1항 제6호 단서).

$$평균임금 = \frac{평균임금의\ 산정\ 사유\ 발생일\ 이전\ 3개월간의\ 총임금}{사유\ 발생일\ 이전\ 3개월간의\ 총일수}$$

1 평균임금이 적용되는 경우

근로기준법에서 평균임금이 적용되는 경우는 다음과 같다.

● 퇴직급여(근로기준법 제34조)
● 휴업수당(근로기준법 제46조)

- 연차유급휴가수당(근로기준법 제60조)
- 재해보상 및 산업재해보상보험급여(근로기준법 제79조, 제80조, 제82조, 제84조 및 산업재해보상보험법 제36조)
- 감급 제재의 제한(근로기준법 제95조)
- 구직급여(고용보험법 제45조)

2 평균임금에 포함되는 임금과 포함되지 않는 임금

임금에 포함되거나 포함되지 않는 예시 규정이므로 실제로 임금의 실태를 고려해서 그 포함 여부를 결정해야 한다(평균임금산정에 포함되는 임금의 범위예시와 확인 요령 제3조 제1항).

평균임금 산정기초인 임금에 포함되는 것(평균임금산정에 포함되는 임금의 범위예시와 확인 요령 제3조 제2항).

구 분	환급방법
통화로 지급되는 것	• 기본급 • 연차유급휴가 수당 • 연장, 야간, 휴일근로수당 • 특수작업 수당, 위험작업 수당, 기술수당 • 임원, 직책 수당 • 일 · 숙직수당 • 장려, 정근, 개근, 생산 독려 수당 • 단체협약 또는 취업규칙에서 근로조건의 하나로서 전 근로자에게 일률적으로 지급하도록 명시되어 있거나 관례적으로 지급되는 다음의 것

구 분	환급방법
	상여금
	통근비(정기승차권)
	사택수당
	급식대(주식대보조금, 잔업식사대, 조근식사대)
	월동비, 연료수당
	지역수당(냉, 한, 벽지수당)
	교육수당(정기적·일률적으로 전 근로자에게 지급되는 경우)
	별거수당
	물가수당
	조정수당
	• 가족수당이 독신자를 포함해서 전 근로자에게 일률적으로 지급되는 경우
	• 봉사료를 사용자가 일괄 집중 관리해서 배분하는 경우 그 배분 금액
현물로 지급되는 것	법령, 단체협약 또는 취업규칙의 규정에 의해서 지급되는 현물급여(예 : 급식 등)

평균임금 산정기초인 임금에 포함되지 않는 것(평균임금 산정에 포함되는 임금의 범위예시와 확인 요령 제3조 제3항).

구 분	환급방법
통화로 지급되는 것	• 결혼축하금
	• 조의금
	• 재해위문금

구 분	환급방법
통화로 지급되는 것	• 휴업보상금 • 실비변상적인 것(예 : 기구손실금, 그 보수비, 음료수 대금, 작업 용품 대금, 작업상 피복 제공이나 대여 또는 보수비, 출장 여비 등)
현물로 지급되는 것	• 근로자로부터 대금을 징수하는 현물급여 • 작업상 필수적으로 지급되는 현물급여(예 : 작업복, 작업모, 작업화 등) • 복지후생시설로서의 현물급여(예 : 주택 설비, 조명, 용수, 의료 등의 제공, 급식, 영양식품의 지급 등)
그 밖에 임금 총액에 포함되지 않는 것	퇴직금(단체협약, 취업규칙 등에 규정함을 불문)
임시로 지급되는 임금	임시 또는 돌발적인 사유에 따라 지급되거나 지급조건은 사전에 규정되었더라도 그 사유 발생일이 불확정적, 무기한 또는 희소하게 나타나는 것(예 : 결혼 수당, 사상병 수당)

3 | 평균임금의 산정에서 제외되는 기간과 임금

평균임금 산정기간 중에 다음의 어느 하나에 해당하는 기간이 있는 경우에는 그 기간과 그 기간중에 지급된 임금은 평균임금 산정 기준이 되는 기간과 임금의 총액에서 각각 뺀다(근로기준법 시행령 제2조 제1항).

• 수습사용 중인 기간(근로기준법 제35조 제5호)
• 사용자의 귀책 사유로 휴업한 기간(근로기준법 제46조)
• 출산휴가 기간(근로기준법 제74조)
• 업무상 부상 또는 질병으로 요양하기 위해서 휴업한 기간(근로기준법 제78조)

- 육아휴직 기간(남녀고용평등과 일·가정 양립 지원에 관한 법률 제19조)
- 쟁의행위 기간(노동조합 및 노동관계조정법 제2조 제6호)
- 병역법, 향토예비군 설치법 또는 민방위기본법에 따른 의무를 이행하기 위해서 휴직하거나 근로하지 못한 기간. 다만, 그 기간 중 임금을 지급받은 경우에는 평균임금 산정 기준이 되는 기간과 임금의 총액에서 각각 빼지 않는다.
- 업무 외 부상이나 질병, 그 밖의 사유로 사용자의 승인을 받아 휴업한 기간

4 평균임금의 계산 방법

평균임금은 이를 산정해야 할 사유가 발생한 날 이전 3월간에 그 근로자에 대하여 지급된 임금의 총액을 그 기간의 총일수로 나누어 계산한다.

$$평균임금 = \frac{평균임금의\ 산정\ 사유\ 발생일\ 이전\ 3개월간의\ 총임금}{사유\ 발생일\ 이전\ 3개월간의\ 총일수}$$

📑 산정해야 할 사유가 발생한 날

산정해야 할 사유가 발생한 날은 예컨대 퇴직금의 경우는 퇴직한 날, 산재보상 시 업무상 사고는 사고가 발생한 날, 직업병은 직업병으로 확인된 날을 말한다.

📄 퇴직 이전 3개월 동안

퇴직 이전 3개월 동안은 항상 90일이 아니라 실제 근로를 제공했는지? 여부와 관계없이 퇴직 사유가 발생한 날부터(산정사유 발생일은 제외) 소급한 달력상의 3개월을 의미한다. 따라서 해당 기간은 실제 달의 크기에 따라 3개월을 합산하면 89일~92일 사이가 된다.

📄 지급한 임금의 총액

임금의 총액에는 근로기준법상 임금에 해당하는 모든 금품은 어떤 것이든 포함된다.

기본급은 물론이고 연장근로수당, 휴일근로수당, 야간근로수당도 모두 포함된다. 여기서 1년 단위로 지급되는 상여금이 문제가 되는데 고용노동부 예규에 따르면 12개월 중에 지급받은 상여금 전액을 그 기간동안 근로 개월 수로 분할 계산해서 평균임금 산정기초에 산입한다. 예를 들어, 퇴직일 전 12개월 동안 300%의 상여금을 지급했다면, 퇴직금 계산을 위한 평균임금 산정 시 300% 상여금 총액 × 3/12의 금액을 퇴직한 날 이전 3개월 동안의 임금 총액에 포함시켜서 계산한다.

> **❓ Tip** 상여금이 있는 경우 평균임금의 계산 방법
>
> 상여금이 단체협약, 취업규칙 기타 근로계약에 미리 지급조건 등이 명시되어 있거나 관례로서 계속 지급해 온 사실이 인정되는 경우는 평균임금 산정 시 평균임금에 포함해야 한다. 그 계산방식은 상여금 지급이 평균임금을 산정해야 할 사유가 발생한 때로부터 이전

12개월 중에 지급받은 상여금 전액을 그 기간동안의 근로 월수로 분할 계산해서 평균임금 산정 시 포함한다.

예를 들어 9월 30일에 퇴직한 근로자의 경우에는 퇴직일을 기점으로 1년간 지급받은 상여금을 퇴직금 산정을 위한 평균임금에 포함해야 한다. 즉, 1년간 300만 원을 상여금으로 받았다면,

300만 원 ÷ 12개월 × 3개월 = 75만 원

75만 원이 평균임금 계산 시 평균임금에 포함되는 금액이다.

> 성과상여금(성과급)의 경우 고정적으로 일정 지급률에 의해 계속 지급되었다면 평균임금에 포함된다. 평균임금에 포함되지 않는 성과상여금은 기업경영실적에 따라 매년 지급률 및 지급유무가 변동되는 것을 의미한다. 또한, 정기적·일률적으로 지급하는 경우라면 평균임금에 포함하고 출근일 수에 따라 변동적으로 지급하거나 일부 근로자에게 지급하는 경우는 평균임금에 포함하지 않는다.

？ Tip 연차수당이 있는 경우 평균임금의 계산 방법

연차수당도 상여금과 같이 3개월분을 포함시켜야 한다.

연차수당은 전전 연도에 발생한 연차수당 보상 분을 퇴직금의 평균임금에 산입하고, 퇴사와 동시에 발생하는 연차수당은 퇴직금 산정에서 제외한다.

1. 퇴직하기 전 이미 발생한 연차유급휴가 미사용 수당

퇴직 전전연도 출근율에 의해서 퇴직 전년도에 발생한 연차유급휴가 중 미사용하고 근로한 일수에 대한 연차유급휴가 미사용 수당의 3/12을 퇴직금 산정을 위한 평균임금 산정 기준임금에 포함한다.

2. 퇴직으로 인해 비로소 지급 사유가 발생한 연차유급휴가 미사용 수당

퇴직 전 연도 출근율에 의해서 퇴직 연도에 발생한 연차유급휴가를 미사용하고 퇴직함으로써 비로소 지급 사유가 발생한 연차유급휴가 미사용 수당은 평균임금의 정의상 산정

사유 발생일 이전에 그 근로자에 대해서 지급된 임금이 아니므로 퇴직금 산정을 위한 평균임금 산정 기준임금에 포함되지 않는다.

구 분		처리방법
1년 미만 월차 개념의 연차(1년~2년 사이의 퇴직)		3 ÷ 12를 퇴직금 산정을 위한 평균임금 산정 기준임금에 포함한다.
1년이 되는 시점에 발생하는 연차수당	퇴직 전전연도 출근율에 의해서 퇴직 전년도에 발생한 연차유급휴가 중 미사용 수당	3 ÷ 12를 퇴직금 산정을 위한 평균임금 산정 기준임금에 포함한다.
	퇴직전연도 출근율에 의해서 퇴직연도에 발생한 연차유급휴가를 미사용하고 퇴직함으로써 비로소 지급사유가 발생한 연차유급휴가 미사용 수당	퇴직금 산정을 위한 평균임금 산정 기준임금에 포함되지 않는다.

다만, 사업장에서 근로기준법 제61조에 따라 연차휴가사용촉진을 하였음에도 근로자가 연차휴가를 사용하지 않은 경우라면 사용자는 그 사용하지 않은 휴가에 대해서 보상할 의무가 없는바, 이 경우 보상할 연차휴가 미사용 수당이 없다면 평균임금 산정에 포함되지 않는다.

? Tip 평균임금의 종합계산사례

김갑동의 평균임금을 계산하는 데 필요한 자료는 다음과 같다.

1. 평균임금 계산 사유발생일 8월 20일
2. 기본급료(3개월 내 변동 없음) 월 800,000원
3. 직급수당 월 100,000원
4. 8월에 있어서의 시간외수당 50,000원

5. 상여금(연 기본급의 300%) 연 2,400,000원

6. 연차휴가수당 통상임금의 10일분 연 300,000원

7. 월차 휴가수당 매월 통상임금의 1일분 월 30,000원

해설

1. 평균임금 계산 사유가 발생한 전일부터 3개월이므로 달력상의 날짜로 계산한다.

- 8월 20일(1일부터 20일까지)

- 7월 31일(전월)

- 6월 30일(전월)

- 5월 11일(21일부터 31일까지)

🔁 5월 21일부터 8월 20일까지 평균임금을 계산할 기간임.

2. 다음에 평균임금에 포함할 수 있는 임금을 월별로 계산한다.

- 5월 기본급 80만원 + 직급수당 10만원 = 90만 원 × 11/31 = 319,355원

- 6월 기본급 80만원 + 직급수당 10만원 = 90만 원

- 7월 기본급 80만원 + 직급수당 10만원 = 90만 원

- 8월 기본급 80만원 + 직급수당 10만원 = 90만 원 × 20/31 = 580,645원

3. 상여금은 지급시기에 불구하고 규정된 지급액을 분할해서 포함시켜야 한다.

- 기본급 : 80만 원 × 300% × 3/12 = 60만 원

4. 연차휴가수당은 지급시기에 불구하고 지급된 금액을 분할하여 포함시켜야 한다.

- 10일분 : 30만 원 × 3/12 = 75,000원

이상에서 계산된 총금액을 합산하여 3개월의 역일로 제한다.

5. 임금의 총액(3개월간)

5월(319,355원) + 6월(90만 원) + 7월(90만 원) + 8월(580,645원) + 60만원(상여금)
+ 75,000원(연차휴가수당) + 9만원(월차수당) + 5만원(시간외수당) = 3,515,000원

6. 3개월간의 역일수 92일

임금의 총액에서 역일로 나눈 것이 김갑동의 1일의 평균임금이 된다. 즉 3,515,000원 ÷
92일 = 38,207원

📑 그 기간의 총일수로 나눈 금액

이상과 같이 산정사유 발생일 이전 3개월 동안의 임금총액이 계산되었다면 이를 그 기간의 총일수로 나누어야 한다. 그 기간의 총일수란 위에서 설명했던 산정사유 발생일 이전 3개월을 의미하고, 이는 90일이 아니라 달력상 3개월을 의미한다. 따라서 몇 월에 평균임금 산정사유가 발생하는지에 따라 총일수가 달라진다.

예컨대 퇴직금 산정 시 12월 말일(12월 : 31, 11월 : 30일, 10월 : 31일)일까지 근무하고 퇴직한 근로자는 3개월 동안의 총일수는 92일이 되고, 4월 말일까지 근무하고 퇴직한 근로자는 89일(4월 : 30, 3월 : 31일, 2월 : 28일)이 된다.

5 평균임금의 최저한도

평균임금이 그 근로자의 통상임금보다 적으면 그 통상임금을 평균임금으로 한다(근로기준법 제2조 제2항).

통상임금의 계산 방법
(수당계산에 적용)

통상임금은 근로자의 근로에 해당하는 만큼 정기적으로 지급하는 시간급, 일급, 주급, 월급을 말한다(근로기준법 시행령 6조1항). 우리가 흔히 알고 있는 임금의 개념과 같다. 이러한 기본급 외에도 직무수당, 물가수당, 위험수당 등 임금에 상관없이 사업주가 고정적·일률적으로 지급하는 임금도 통상임금에 포함된다. 하지만 상여금이나 연차수당, 연장근로수당 등과 같이 근로 실적에 따라 지급 여부와 지급액이 달라지는 임금은 통상임금에 포함되지 않는다.

통상임금은 평균임금의 최저한도, 해고예고수당, 연장·야간·휴일근로수당, 연차유급휴가수당, 출산전후휴가급여 등을 산정하는데 기초가 된다.

1 통상임금이 적용되는 경우

통상임금은 평균임금의 최저한도 보장(근로기준법 제2조 제2항 : 산정된 평균임금이 그 근로자의 통상임금보다 적으면 그 통상임금액을 평균임금으로 한다.), 해고예고수당(근로기준법 제26조), 연장·야간·휴일근로수당(근로기준법 제56조), 연차유급휴가수당(근로기준법 제60조 제5항) 및 출산휴가급여(고용보험법 제76조) 등을 산정하는데 기초가 된다.

- 평균임금 최저한도(근로기준법 제2조 제2항)
- 해고예고수당(근로기준법 제26조)
- 연장근로수당(근로기준법 제56조)
- 야간근로수당(근로기준법 제56조)
- 휴일근로수당(근로기준법 제56조)
- 연차유급휴가수당(근로기준법 제60조)
- 출산전후휴가급여(고용보험법 제76조)
- 그 밖에 유급으로 표시된 보상 또는 수당

통상임금으로 지급하는 수당	지급액 및 지급률
해고예고수당	통상임금의 30일분
연장·야간·휴일근로수당	통상임금의 50% 가산
연차유급휴가 미사용 수당	통상임금(또는 평균임금)의 100%

2 통상임금의 판단기준

야간, 휴일, 연장근무 등 초과근로수당 산정 등의 기준이 되는 통상임금이 되기 위해서는 초과근무를 하는 시점에서 보았을 때, 근로계약에서 정한 근로의 대가로 지급될 어떤 항목의 임금이 일정한 주기에 따라 정기적으로 지급이 되고(정기성), 모든 근로자나 근로와 관련된 일정한 조건 또는 기준에 해당하는 모든 근로자에게 일률적으로 지급이 되며(일률성), 그 지급여부가 업적이나 성과 기타 추가적인 조건과 관계없이 사전에 이미 확정되어 있는 것(고정성)이어야 하는데, 이러한 요건을 갖추면 그 명칭과 관계없이 통상임금에 해당한다.

첫째, 통상임금은 노사계약에 명시된 근로에 대한 대가로 받는 것이다. 가령, 근로계약서상에 청소만 하기로 계약을 했으면, 청소했을 때만 통상임금으로 포함되는 임금을 받는 것이다.

둘째, 통상임금은 정기적으로 근로자에게 지급되는 임금이다.

셋째, 통상임금은 모든 근로자에게 지급되는(일률성) 것이다.

넷째, 통상임금에는 사전에 확정한 금액(고정성)이라는 조건이 있다.

🔒 소정근로의 대가

소정근로의 대가는 근로자가 소정근로시간에 통상적으로 제공하기로 정한 근로에 관해서 사용자와 근로자가 지급하기로 약정한 금품을 말한다.

소정근로의 대가로 볼 수 없는 임금은 아래와 같다.

- 근로자가 소정근로시간을 초과해서 근로를 제공해서 지급받는 임금
- 근로계약에서 제공하기로 정한 근로 외의 근로를 특별히 제공함으로써 사용자로부터 추가로 지급받는 금품
- 소정근로시간의 근로와는 관련 없이 지급받는 금품

🔒 정기성

정기성은 미리 정해진 일정한 기간마다 정기적으로 지급되는지 여부에 관한 것으로서, 1개월을 초과하는 기간마다 지급되더라도 일정한

간격을 두고 계속적으로 지급되는 것이면 통상임금이 될 수 있다. 예를 들어 정기상여금과 같이 일정한 주기로 지급되는 임금의 경우 단지 그 지급주기가 1개월을 넘는다는 사정만으로 그 임금이 통상임금에서 제외되지 않는다. 따라서 1개월을 넘어 2개월, 분기, 반기, 연 단위로 지급되더라도 정기적으로 지급되는 것이면 통상임금에 포함된다.

일률성

일률성은 모든 근로자에게 지급되는 것뿐만 아니라 일정한 조건 또는 기준에 달한 모든 근로자에게 지급되는 것도 포함하는 개념으로서 일률적으로 지급되어야 통상임금이 될 수 있다. 일률적으로 지급되는 것에는 모든 근로자에게 지급되는 것뿐만 아니라 일정한 조건 또는 기준에 달한 모든 근로자에게 지급되는 것도 포함된다.

일정한 조건 또는 기준은 작업내용이나 기술, 경력 등과 같이 소정근로의 가치평가와 관련된 조건이어야 한다. 여기서 일정한 조건이란 시시때때로 변동되지 않는 고정적인 조건이어야 한다.

고정성

고정성은 초과근로를 제공할 당시에 그 지급여부가 업적, 성과 기타 추가적인 조건과 관계없이 사전에 이미 확정되어있는 것으로 통상임금에 포함된다.

고정적 임금은 명칭을 묻지 않고 소정근로시간을 근무한 근로자가 그다음 날에 퇴직한다고 하더라도 근로의 대가로 당연하고도 확정적으로 지급받게 되는 최소한의 임금을 말하며, 이는 통상임금에 포함된다.

3 통상임금에 포함되는 임금의 범위

통상임금에 포함되는 임금의 범위는 다음의 예시에 따라 판단한다 (통상임금 산정지침 제5조의2 본문 및 별표).

▤ 소정근로시간 또는 법정근로시간에 대해 지급하기로 정해진 기본급 임금

법정근로시간이란 성인 근로자의 경우 1일에 휴게시간을 제외한 8시간, 1주에 휴게시간을 제외한 40시간(근로기준법 제50조), 15세 이상 18세 미만인 자의 경우 1일에 7시간, 1주일에 35시간(근로기준법 제69조 본문), 유해·위험작업에 종사하는 근로자의 경우 1일 6시간, 1주 34시간(산업안전보건법 제46조)을 말한다(통상임금 산정지침 제2조 제2호).

소정근로시간이란 법정근로시간의 범위에서 근로자와 사용자 간에 정한 근로시간을 말한다(통상임금 산정지침 제2조 제3호).

▤ 일·주·월 기타 1임금 산정기간 내의 소정근로시간 또는 법정근로시간에 대해 일급·주급·월급 등의 형태로 정기적·일률적으로 지급하기로 정해진 고정급 임금

- 담당업무나 직책의 경중 등에 따라 미리 정해진 지급조건에 의해 지급하는 수당 : 직무수당(금융수당, 출납수당), 직책수당(반장수당, 소장수당) 등

- 물가변동이나 직급 간의 임금격차 등을 조정하기 위해서 지급하는 수당 : 물가수당, 조정수당 등
- 기술이나 자격·면허증소지자, 특수작업종사자 등에게 지급하는 수당 : 기술수당, 자격수당, 면허수당, 특수작업수당, 위험수당 등
- 특수지역에 근무하는 근로자에게 정기적·일률적으로 지급하는 수당 : 벽지수당, 한냉지 근무수당 등
- 버스, 택시, 화물자동차, 선박, 항공기 등에 승무하여 운행·조종·항해·항공 등의 업무에 종사하는 자에게 근무일수와 관계없이 일정한 금액을 일률적으로 지급하는 수당 : 승무수당, 운항수당, 항해수당 등
- 생산기술과 능률을 향상시킬 목적으로 근무성적과 관계없이 매월 일정한 금액을 일률적으로 지급하는 수당 : 생산장려수당, 능률수당 등
- 그 밖에 위에 준하는 임금 또는 수당 : 통상임금에 포함되는지는 그 명칭만으로 판단해서는 안 되며, 통상임금의 의의, 근로계약·취업규칙·단체협약 등의 내용, 직종·근무 형태, 지급 관행 등을 종합적으로 고려해야 한다(통상임금 산정지침 제5조의2 단서).

임금명목	임금의 특징	통상임금의 해당 여부
기술수당	기술이나 자격보유자에게 지급되는 수당(자격수당, 면허수당 등)	통상임금 ○
근속수당	근속기간에 따라 지급여부나 지급액이 달라지는 임금	통상임금 ○

임금명목	임금의 특징	통상임금의 해당 여부
가족수당	부양가족 수에 따라 달라지는 가족수당	통상임금 ✕ (근로와 무관한 조건)
	부양가족 수와 관계없이 모든 근로자에게 지급되는 임금	통상임금 ○ (명목만 가족수당, 일률성 인정)
성과급	근무실적을 평가해서 지급여부나 지급액이 결정되는 임금	통상임금 ✕ (조건에 좌우됨, 고정성 인정✕)
	최소한도가 보장되는 성과급	그 최소의 한도만큼만 통상임금 ○ (그만큼은 일률적, 고정적 지급)
상여금	정기적인 지급이 확정되어있는 상여금(정기상여금)	통상임금 ○
	기업실적에 따라 일시적, 부정기적, 사용자 재량에 따른 상여금(경영성과분배금, 격려금, 인센티브)	통상임금 ✕ (사전 미확정, 고정성 인정✕)
특정 시점 재직 시에만 지급되는 금품	특정 시점에 재직 중인 근로자에게만 지급받는 금품(명절 귀향비나 휴가비의 경우 그러한 경우가 많음)	통상임금 ✕ (근로의 대가✕, 고정성✕)
	특정 시점이 되기 전 퇴직 시에는 근무일수에 비례해서 지급되는 금품	통상임금 ○ (근무일수에 비례해서 지급되는 한도에서는 고정성 ○)

Tip **400% 정기상여금의 통상임금 계산**

사업장에서 지급하는 400% 상여금이 정기상여금이라면, 이는 2013.12.18.의 대법원 전

원합의체의 판결에 의한 통상임금에 포함된다고 볼 수 있을 것이다. 상여금 400%를 통상임금에 산입한다면, 연간상여금 총액을 12월로 나누어, 이를 통상임금 산정을 위한 월 소정근로시간으로 다시 나누어 계산함이 적절하다.

따라서 연간 고정상여금 4,180,000원을 12분할 한 348,333원(1월당 상여금 상당액)을 월 소정근로시간(1주 40시간 근무하는 경우, 209시간)으로 나눈 1,667원만큼 통상임금(시간급)의 증액 요인이 발생한다고 봄이 타당하다.

당초의 통상임금(시급) 5,000원 + 상여금 반영 분 통상임금(시급) 1,667원 = 6,667원

? Tip 통상임금으로 지급하는 제 수당에 대한 관리방안

통상임금으로 지급해야 하는 제 수당 중 인건비 증가 부담에 있어서 가장 큰 비중을 차지하는 것은 연장 · 야간 · 휴일근로수당과 연차휴가 미사용 수당이므로 이에 대한 관리가 필요하다. 첫째, 연장 · 야간 · 휴일근로수당 관리를 위해서

● 포괄 임금제도를 법정한도 내에서 최대한 가능 한도(연장근로 주당 12시간, 월 한도 52시간)까지 이용하거나

● 사무 관리직의 경우 연장 · 야간 · 휴일근로 시 취업규칙에 사전 승인제도를 규정화함으로써 연장 · 야간 · 휴일근로 시 사전 신청 및 승인된 근무에 대해서만 연장 · 야간 · 휴일근로로 인정하는 시스템적 보완이 필요하며

● 연장 · 야간 · 휴일근로와 관련해서 무엇보다 중요한 것은 관례적이고 윗사람의 눈치를 보고 퇴근하지 못하는 조직문화를 없애는 것이 중요하다고 사료 된다.

둘째, 연차유급휴가 미사용수당 관리를 위해서

근로기준법 제61조(연차유급휴가 사용 촉진) 제도 및 근로기준법 제62조(유급휴가의 대체) 제도의 활용과 연차휴가를 상시 상사의 눈치를 보지 않고 자유롭게 사용하는 특히, 연차휴가를 연속적으로 3~5일 사용해서 소진하는 등 자유스러운 휴가 사용문화를 구축하는 것이 중요하다고 사료 된다.

Tip 정기상여금, 명절(설, 추석) 상여금, 여름휴가비, 자격수당, 가족수당

구 분	통상임금 여부
정기상여금	월, 분기, 반기, 연말, 명절 등 정기적으로 지급되는 상여금은 통상임금에 포함된다.
자격수당	일정한 자격을 갖춘 자에게만 지급되는 자격수당도 일률적으로 지급되는 것으로 통상임금에 해당할 수 있다.
가족수당	부양가족 수와 관계없이 모든 근로자에게 지급되는 임금은 통상임금에 해당하지만, 부양가족 수에 따라 달라지는 가족수당은 통상임금에 해당하지 않는다.
명절(설, 추석) 상여금, 여름휴가비	특정 시점에 재직 중인 근로자에게만 지급받는 금품(명절 귀향비나 휴가비의 경우 그러한 경우가 많음)은 통상임금에 포함되지 않고, 특정 시점이 되기 전 퇴직 시에는 근무일수에 비례해서 지급되는 금품은 통상임금에 포함된다.
식대나 자가운전보조금	식대를 급여에 포함해 매월 일정액을 지급했고, 차량 소유자에게 자가운전보조금 명목으로 매월 일정액을 지급한 경우 이는 통상임금에 포함한다.

4 통상임금의 계산 방법

시간급, 주급, 월급 통상임금의 계산

통상임금을 시간급 금액으로 산정할 경우는 다음의 방법에 따라 산정된 금액으로 한다(근로기준법 시행령 제6조 제2항).

❶ 시간급 금액으로 정한 임금은 그 금액

❷ 일급금액으로 정한 임금은 그 금액을 1일의 소정근로시간 수로 나눈 금액

> 시간급 통상임금 = 일급금액 ÷ 1일 소정근로시간수(8시간)

❸ 주급 금액으로 정한 임금은 그 금액을 주의 통상임금 산정 기준 시간 수로 나눈 금액

주의 통상임금 산정 기준시간 수는 주의 소정근로시간과 소정근로시간 외에 유급으로 처리되는 시간을 합산한 시간을 말한다.

> 시간급 통상임금 = 주급 금액 ÷ (1주일 소정근로시간수 + 1일 유급 근로시간 수)

1. 주 5일 근무에 1일 무급휴일(일반적)
1주 = [(8시간 × 5일) + 8시간] = 48시간
2. 주 5일 근무에 1일 4시간 유급휴일
1주 = [(8시간 × 5일) + (8시간 + 4시간)] = 52시간

❹ 월급 금액으로 정한 임금은 그 금액을 월의 통상임금 산정 기준 시간 수(주의 통상임금 산정 기준시간 수에 1년 동안의 평균주의 수를 곱한 시간을 12로 나눈 시간)로 나눈 금액

> 시간급 통상임금 = 월급 금액 ÷ 209시간
>
> 1. 주 5일 근무에 1일 무급휴일(일반적)
> 1월 = (40시간 + 주휴 8시간) × 4.345주 = 209 또는
> 1월 = [(48시간 ÷ 7일) × (365일 ÷ 12월)] = 209시간
> 2. 주 5일 근무에 1일 4시간 유급휴일
> 1월 = [(52시간 ÷ 7일) × (365일 ÷ 12월)] = 226시간

구 분		토요일 유급시간수	기준근로시간수
휴 무	유급	4	226
		8	243
	무급	–	209
휴 일	유급	4	226
		8	243
	무급	–	209

❺ 일·주·월 외의 일정한 기간으로 정한 임금은 ❷부터 ❹까지에 준해서 산정된 금액

❻ 도급 금액으로 정한 임금은 그 임금 산정 기간에서 도급제에 따라 계산된 임금의 총액을 해당 임금 산정 기간(임금 마감일이 있는 경우에는 임금 마감 기간)의 총근로시간 수로 나눈 금액

❼ 근로자가 받는 임금이 ❶부터 ❻까지에서 정한 둘 이상의 임금으로 되어 있는 경우에는 ❶부터 ❻까지에 따라 각각 산정된 금액을 합산한 금액

📑 일급 통상임금의 계산

통상임금을 일급금액으로 산정할 때는 위의 산정 방법에 따라 산정된 시간급 통상임금에 1일의 소정근로시간 수를 곱해서 계산한다 (근로기준법 시행령 제6조 제3항).

2023년도 매월 월급 200만 원(기본급 170만원, 직책수당 20만원, 연장근로수당 10만원),
상여금 연 기본급의 400%, 산정 사유 발생일 2024년 1월 1일

❶ 통상임금 : [(기본급 + 직책수당 + 정기상여금) ÷ 월 통상임금 산정기준시간수] ×
8시간

= (170만원 + 20만원 + 566,667원) ÷ 209시간 × 8시간 = 94,417.87원

💹 정기적 상여금 170만원 × 400% × 1/12 = 566,667원

❷ 평균임금 : 3월간 임금 총액 ÷ 3월간 총일수

= [(2023년 10월분 임금 + 11월분 임금 + 12월분 임금) + (직전 1년간 상여금 × 3/12)]
÷ 92일

= [(170만원 + 170만원 + 170만원) + (170만원 × 400% × 3/12)] ÷ 92일

= (510만원 + 170만원) ÷ 92일 = 73,913.04원

중도입사(퇴사)자 급여계산 (일할 계산 방법)

다음 중 큰 금액(1, 2, 3)

1. 취업규칙에서 규정한 방법

2. 최저임금

3. 근로기준법에서는 급여 일할계산 방법에 대해 규정하고 있지 않으므로 실무에서는 최저임금법을 어기지 않는 범위 내에서 회사마다 다음의 3가지 방법 중 1가지 방법을 사용한다. ❶과 ❷는 일수에 토요일 포함, ❸은 토요일 제외(단, 토요일이 유급인 경우 포함)

❶ 급여 ÷ 30일 × 근무일 수

❷ 급여 ÷ 역에 따른 일수(그달의 달력 날짜인 28~31일) × 근무일수

❸ 급여 ÷ 209시간 × 실제 유급 근무일 수 × 8시간

사례

일	월	화	수	목	금	토
	1	2	3	4	5	6
7	8	9	10	11	12	13
14	15	16	17	18	19	20
21	22	23	24	25	26	27
28	29	30	31			

월급이 3,000,000원이고, 15일 입사한 경우

`해설`

1. 급여 ÷ 30일 × 근무일 수로 계산하는 방법 : 큰 금액[❶, ❷]

❶ 최저임금(시급 2025년 기준 10,030원)

일급 = 10,030원 × 8시간 × 15일 = 1,203,600원

15일 = (15일~19일 + 21~26일 + 28~31일)

❷ 급여 ÷ 30일 × 근무일 수로 계산하는 경우

일급 = 3,000,000원 ÷ 30일 × 17일 = 1,700,000원

2. 급여 ÷ 역에 따라(그달의 달력 날짜인 28~31일) × 근무일 수로 계산하는 방법 : 큰 금액[❶, ❷]

❶ 최저임금(시급 2025년 기준 10,030원)

일급 = 10,030원 × 8시간 × 15일 = 1,203,600원

❷ 급여 ÷ 31일 × 근무일 수로 계산하는 경우

일급 = 3,000,000원 ÷ 31일 × 17일 = 1,645,161원

3. 급여 ÷ 209시간 × 실제 유급 근무일 수 × 8시간으로 계산하는 방법 : 큰 금액[❶, ❷]

❶ 최저임금(시급 2025년 기준 10,030원)

일급 = 10,030원 × 8시간 × 15일 = 1,203,600원

❷ 급여 ÷ 209시간 × 실제 유급 근무일 수 × 8시간으로 계산하는 경우

일급 = 3,000,000원 ÷ 209시간 × 15일(15일~31일(17일) − 15일~31일 기간 중 토요일 2일) × 8시간 = 1,722,488원

209시간 = (주 40시간 + 8시간(주휴시간) × 4.345주

실제 유급 근무 일수 = 달력상 실제로 근무한 날 중 월~금요일 + 일요일(일반적으로 달력상 토요일 제외한 날)

연장 · 야간 · 휴일근로수당 계산 방법

연장근로 시에는 수당을 추가로 받을 수 있다는 것이 법으로 정해져 있다.

그러나 현실적인 부분에서는 이 부분이 무시되고 있는 경우가 허다하다. 연장근로 계약서 등이 없어 고정적인 월급 및 일급 또는 시급만을 받고 일하는 상황이다. 이는 직장을 잃을 것에 대한 두려움 때문이기도 하고, 수당계산에 대해 무지한 데서 오는 것이기도 하다. 따라서 입사 전 근로계약서를 반드시 작성하여 세부 사항을 논의하는 것이 바람직하고, 스스로 근무 일정과 수당 관련 사항을 숙지하는 것이 좋다.

우리나라 근로기준법 제50조 근로시간을 보면 1주간의 근로시간은 휴게시간을 제외하고 40시간을 초과할 수 없다고 명시되어 있다. 또 1일 근로시간은 휴게시간을 제외하고 8시간을 초과할 수 없다고도 되어 있다. 만일 근로시간을 초과하여 연장근로와 야간근로, 휴일근로를 할 경우는 통상임금의 50% 이상을 가산하여 지급해야 한다고 근로기준법 제56조에 나와 있다. 즉, 실근로시간이 1주 40시간, 1일 8시간을 초과해야 연장근로에 해당한다. 무급휴무일인 토요일에 근무하였더라도 1주 40시간, 1일 8시간을 초과하지 않았다면 연장근로에 해당하지 않고 가산임금도 발생하지 않는다. 한편 무급휴무일은 근로자의 소정근로일이 아니므로 휴무일에 근로자를 근로시키기 위해서는 근로자와의 합의가 필요하다.

근무시간의 연장인 시간외근로는 근로기준법상 연장근로, 야간근로, 휴일근로로 나누어 판단할 사항이다.

참고로 5인 이상 사업장, 1주 소정근로시간 15시간 이상인 자에게 법적으로 그 지급이 강제되는 수당으로 시간외근무수당(연장근로수당, 야간근로수당, 휴일근로수당), 연차수당, 생리수당, 출산전후휴가수당, 휴업수당, 주휴수당 등이 있다.

구 분	근로시간 판단 방법
기 본 용 어	• 일 소정근로시간 : 근로계약에 따라 정해진 1일 근로시간 • 통상시급 : 기본급(총 월급에서 비과세금액이 제외된 금액)을 209시간으로 나눈 값
연장근무수당	일 8시간, 주 40시간 이상 근무하게 될 경우 지급한다. • 5인 이상 사업장 : 통상시급 × 1.5배 × 연장근로 한 시간 • 5인 미만 사업장 : 통상시급 × 1배 × 연장근로 한 시간

휴일근무수당	근로제공 의무가 아닌 휴일에 근무할 경우 지급한다.
	• 5인 이상 사업장 :
	  통상시급 × 1.5배 × 휴일근로 한 시간(8시간까지)
	  통상시급 × 2배 × 휴일근로 한 시간(8시간 초과)
	• 5인 미만 사업장 : 통상시급 × 1배 × 휴일근로 한 시간

구 분	근로시간 판단방법
야간근무수당	밤 10시부터 오전 6시 사이에 발생한 근로에 대해 지급한다.
	• 5인 이상 사업장 : 통상시급 × 0.5배 × 야간근로 한 시간
	야간근무인 동시에 연장근무인 경우 가산임금은 "통상시급 ×
	(0.5배 + 0.5배) × 연장·야간근로 한 시간" 을 지급한다.
	• 5인 미만 사업장 : 가산임금이 없다.

1 상시근로자 5인 미만 사업장은 제외된다.

모든 사업장에서 다 연장근로수당·야간근로수당 및 휴일근로수당을
받을 수 있는 것은 아니니 주의해야 한다.

상시근로자가 5인 미만(4인까지)인 사업장에서는 밤에 일하거나 휴
일에 나와 일해도 가산임금을 받지 못한다.

그러므로 이것에 관심 있는 사람은 본인이 일한 또는 일했던 사업장
의 상시근로자 수가 몇 명이나 되는지를 알아보아야 한다.

2 연장근로수당의 지급요건, 금액, 계산 사례

연장근로란 1일 8시간 이상 근무하거나 1주 40시간 이상 근무하는
경우를 말한다.

연장근로를 하는 경우는

첫째, 당사자 간의 합의에 의해야 하고,

둘째, 1주일에 12시간을 한도로 해야 하며,

셋째, 통상임금의 50% 이상을 가산하여 수당으로 지급해야 한다.

즉, 연장근로의 경우 통상임금의 1.5배를 지급해야 한다.

법정수당	시간외근로수당	연장근로수당	1일 8시간 이상 근무하거나 1주 40시간 이상 근무하는 경우 → 통상임금의 50%를 가산임금으로 추가 지급한다.
		야간근로수당	하오 10시(22시)부터 오전 06시까지의 근로를 제공한 경우 → 통상임금의 50%를 가산임금으로 추가 지급한다.
		휴일근로수당	휴일날 근로를 제공한 경우 → 통상임금의 50%를 가산임금으로 추가 지급한다(8시간 초과는 100%).

수당

| | 연차수당 | 연차휴가를 사용하지 않은 경우
→ (월급여액 ÷ 209시간) × 8시간 × 연차일수로 계산
☞ 1년 미만 근속자로 1월 개근의 경우 1일의 연차휴가를 주어야 한다. |

[근속연수별 연차휴가 산정 예(주 40시간)]

1년	2년	3년	4년	5년	10년	15년	20년	21년	25년
15일	15일	16일	16일	17일	19일	22일	24일	25일	25일

| 비법정수당 | 법적으로 강제적으로 지급할 의무는 없으나 회사규정이나 관행상으로 지급되어지는 수당을 말한다. |

[시간외수당 적용을 위한 근로시간의 범위]

	09	10	11	12	13	14	15	16	17	18	19	20	21	22~06
평일	8시간 근무(점심시간 1시간 제외)										연장시간근로			
														야간시간근로
휴일	휴일근무(점심시간 1시간 제외)										휴일연장시간근로(100% 가산)			
														야간시간근로

☞ 연장근로 및 야간근로 시에도 저녁 식사시간 1시간은 제외 가능

☞ 12시간 연장근로에 주중 근로뿐만 아니라 별도의 휴일근로도 포함하는 것으로 하고 있다. 그리고 수당과 관련해서는 연장근로와 동일하게 50%의 가산임금을 지급하고, 8시간 초과분에 대해서는 휴일연장근로 100%의 가산임금을 지급한다.

📑 법위반은 법위반이고 연장근로수당은 지급해야 한다.

앞에서 연장근로의 최대한도인 12시간을 초과해서 연장근로를 한 경우 법 위반에 해당하나 총연장 근로시간에 대한 연장근로수당은 지급해야 한다.

예를 들어 1주간 총 60시간을 일한 경우 주 40시간을 초과한 20시간의 연장근로가 발생한다. 이는 주 12시간 한도를 초과해 법 위반에 해당하지만 이와는 별도로 20시간분의 연장근로수당은 지급해야 한다.

📑 일·숙직 근무 시 연장근로수당의 지급

일·숙직 근무는 일·숙직 근무내용이 평상시 근로의 내용과 같다면 연장근로로 인정되어 연장근로수당을 지급해야 하나 사무직에 종사하는 사람이 숙직근무를 하는 경우로서 평상시 근로의 내용과 상이한 경우에는 숙직시간에 대한 연장근로수당을 지급하지 않아도 된다.

📑 지각 시 연장근로수당

근로자가 지각해서 지각한 시간만큼 연장근무를 시킨 때는 비록 지각한 시간에 대해서는 급여에서 공제할 수 있으나 연장근로시간에 대한 연장근로수당은 지급해야 한다.

📑 토요일 근무 시 연장근로수당

주 40시간은 무조건 월~금요일의 기간 안에 40시간을 채워야 하는 것이 아니라 월~토요일 동안 채워도 문제는 없다.

예를 들어 월~금요일 7시간을 근무하고, 토요일에 5시간 근무를 하는 경우 1주간 총 40시간으로 연장근로수당이 발생하지 않는다.

구 분	토요일 근무시 연장근로수당
월~금 40시간을 채우고 토요일에 8시간 근로한 경우	연장근로 가산수당 발생(8시간)
월~금 32시간을 채우고 토요일에 8시간 근로한 경우	연장근로 가산수당 미발생
월요일이 휴일이고 화~토 40시간을 근로한 경우	연장근로 가산수당 미발생

연장근로수당과 관련한 유의 사항

1주 40시간 초과는 연장근로

실제 근로한 시간을 기준으로 연장근로 해당 여부를 판단하므로, 1주 동안 실제 근로시간 총 40시간이 넘는 경우, 연장근로에 해당한다. 단 연차나 약정휴일 등은 근로시간에 포함되지 않는다.

1주 총근로시간이 40시간보다 적더라도, 1일 8시간을 초과하면 연장근로에 해당하므로 총 12시간을 넘으면 근로기준법 위반이다(1일 연장근로 한도는 없음).

자발적 연장근로의 연장근로수당 지급 의무

원칙적으로 사용자의 지시 또는 승인 없이 근로자가 자발적으로 행한 연장근로에 대하여는 임금을 추가 지급할 의무는 없다. 다만, 예외적으로 사용자의 승인 또는 지시가 명시적으로 이루어지지 않았더라도, ❶ 현실적인 연장근로의 필요가 있고 그에 따른 연장근로시간이 입증될 수 있으며, ❷ 사용자가 근로자의 자발적 연장근로를 알고도 중지시키지 않은 채 방치하는 등 사실상 묵시적으로 용인하는 경우는 연장근로로 인정될 가능성이 있으니 유의한다. 회사는 자발적 연장근로에 대한 분쟁을 방지하기 위해서 ① 취업규칙 또는 근로계약서상'사용자의 승인 없는 자발적 연장근로 등은 근로시간으로 인정하지 아니한다.'고 명확히 명시하고, ② 사내 게시판 등 근로자가 볼 수 있는 장소에 해당 사실을 주지시켜 소정근로시간 외 근로 및 자발적 연장근로의 제한을 명시, ③ 연장근로 사전승인제도를 공식 운영하여 사업장 내에서 가급적 불필요한 연장근로가 발생하지 않도록 엄격한 관리가 이루어져야 한다.

📋 연장근로수당의 계산 사례

사례

회사는 채용 시 근로자에게 근로시간 09시부터 20시까지(토요일은 13시까지이고, 일요일은 휴일), 임금 200만 원을 주기로 약속했다. 이 경우 A회사가 지급해야 할 연장근로수당의 합계액은?

해설

1. 1일 실제 근로시간 : 10시간(중식 및 휴게시간 포함 1시간 공제)
2. 1주 실제 근로시간 : 10시간 × 5일 + 4시간 = 54시간
3. 1주 연장근로시간 : 14시간
4. 월 연장근로수당 : 200만 원/209 × 60.8시간(14시간 × 약 4.345주) × 1.5 = 872,720원

3 │ 야간근로수당의 지급요건, 금액, 계산 사례

야간근로란 하오 10시(22시)부터 오전 06시까지의 근로를 말한다. 임신 중인 여성이거나 18세 미만자의 경우 특히 야간근로가 금지되어 있으나 업무의 특성에 따라 여성 근로자 본인의 동의와 고용노동부 장관의 인가를 받으면 가능하다.

야간에 근로했을 경우는 주간에 비해서 육체적 피로가 가중되기 때문에 이에 대해서 통상임금의 50%를 가산해서 지급해야 한다.

사례

임금 200만 원을 받는 근로자가 근로시간 09시부터 17시까지 근무하기로 계약을 한 후, 18시부터 24시까지 근무한 경우 1일 지급해야 하는 수당은?

해설

1. 1일 연장근로시간 : 6시간(18시부터 24시까지)
2. 1일 야간근로시간 : 2시간(22시부터 24시까지)
3. 연장근로 임금 : 200만 원/209 × 6시간 × 1 = 57,416원
4. 1일 연장근로수당 : 200만 원/209 × 6시간 × 0.5 = 28,708원
5. 1일 야간근로수당 : 200만 원/209 × 2시간 × 0.5 = 9,569원
6. 임금 합계 : 95,693원

구 분	중복 적용 가능
연장근로	오후 10시(22시)부터 다음날 오전 06시까지 연장근로와 야간근로
야간근로	의 중복 적용이 가능하다.

4 │ 휴일근로수당의 지급요건, 금액, 계산사례

휴일이란 주유급휴일(1주일에 근무하기로 정해진 날을 개근할 경우 부여되는 유급휴일, 통상 일요일인 경우가 많다)외에 취업규칙이나 단체협약상 휴일(무급휴일, 유급휴일)로 정해진 날, 관공서의 공휴일에 관한 규정에 따른 공휴일, 일요일을 제외한 공휴일, 근로자의 날(5월 1일)을 말한다. 따라서 휴일근로수당은 주휴일(일요일) 근로는 물론 관공서의 공휴일에 관한 규정에 따른 공휴일(흔히 빨간 날), 단체협약이나 취업규칙에 의해서 휴일로 정해진 날 근로의 경우에도 지급되어야 한다.

주 5일제 사업장의 경우 일반적으로 토요일은 무급휴무일, 일요일은 유급휴일에 해당한다. 따라서 토요일에 근로를 제공한다고 해서 별도의 휴일근로수당이 발생하는 것은 아니고, 일요일 근로에 대해서만 휴일근로수당이 발생한다.

구 분	휴일근로수당
유급휴일근로	휴일근로에 대한 임금(100%) + 휴일근로에 대한 가산임금(50%)이 지급된다. 다만, 8시간 초과의 경우 8시간 초과 시간당 가산수당은 100%이다. • 일요일에 8시간을 일했으면 통상임금의 150% 　8시간까지 = 휴일근로임금(100%) + 가산임금(50%) • 일요일에 8시간을 초과해서 일했으면 200% 　휴일근로임금(100%) + 8시간분 가산임금(50%) + 8시간 초과분(총 근무시간 - 8시간) 가산임금(50%)
무급휴일근로	무급휴일 근로에 대한 임금(100%) + 휴일근로에 대한 가산임금(50%)이 지급된다.

시급 10,000원인 근로자가 주유급휴일에 8시간 근로한 경우 받을 수 있는 임금은?

해설

1. 10,000원 × 8시간 : 80,000원(유급휴일에 근무하지 않아도 지급되는 임금)
월급제 근로자는 월급에 주유급휴일 수당이 포함되어 있다고 보므로 동 금액은 일반 회사의 경우 추가로 지급해야 하는 금액이 아니다. 다만, 아르바이트나 일용직 근로자의 경우 하루 단위로 급여를 계산해서 받는 경우가 일반적이므로, 아르바이트 일당이나 일용근로자 일당에 주휴수당이 포함되어 있지 않다고 보아, 휴일근로 시 동 금액을 추가로 받아야 한다.

2. 10,000원 × 8시간 : 80,000원(유급휴일 근로에 대한 대가)

3. 10,000원 × 8시간 × 50% : 40,000원(휴일근로가산임금)

4. 임금합계 : 200,000원(월급에 주휴수당이 포함된 경우 120,000원)

구 분	휴일근로 시 받는 임금
월급제 근로자	휴일근로에 따른 임금(100%) + 가산임금(50%) 월급제의 경우 월급에 이미 주휴수당 1일분이 포함되어 있으므로 아르바이트와 달리 주휴수당 100%를 추가 지급하지 않는다.
아르바이트, 일용직 근로자	월급에 포함되지 않은 주휴수당 임금(100%) + 휴일근로에 따른 임금(100%) + 가산임금(50%)

 Tip　**시간외근로수당(연장근로, 야간근로, 휴일근로)의 계산 절차**

✔ 매달 고정적으로 받는 모든 금액(통상임금)을 더한다.

● 기본급, 직책수당, 직무수당 등 매달 고정적으로 명세서에 찍히면 포함

● 식대나 교통비 등은 실비변상적인 금액(영수증 첨부하는 등)이면 제외하고, 전 직원

공통(예 : 식대 20만)으로 지급되면 포함

- 상여금 등 기타 논란이 되는 항목은 회사규정이나 근로계약서를 확인해야 함

✔ 통상임금을 더한 금액을 209로 나눈다(시급 계산).

- 209는 하루 8시간 근무하는 사람의 한 달 평균 근로시간을 의미한다.

  (하루 8시간 X 5일 = 주 40시간) + 주휴일 8시간 = 주 48시간 X 4.345주 = 약 209시간

- 4.345주는 4주인 달도 있고 5주인 달도 있어 1년 평균한 것임

- 주휴수당은 월급제의 경우 포함 되어있는 것으로 계산하므로 별도로 청구할 수 있는 것은 아니다.

✔ 통상시급을 연장근로 시 1.5배, 야간근로 시 2배, 휴일근로 시 1.5배 가산한다.

- 연장근로수당 계산 방법

  하루 8시간 이상 근로 시 1.5배

  원래 임금 100% + 연장근로수당 50% = 총 150%

- 야간근로수당 계산 방법(연장근로 시)

  밤 10시부터 다음날 오전 6시까지 근무 시 2배

  원래 임금 100% + 연장근로수당 50% + 야간근로수당 50% = 총 200%

- 휴일근로수당 계산 방법

  일요일(주휴일) 근무 시 통상시급의 1.5배

  원래 임금 100% + 휴일근로수당 50% = 총 150%

？ Tip 휴일, 연장, 야간근로 중복 시 가산임금 계산 공식(방법)

일요일에 8시간을 일했으면 통상임금의 150%

일요일에 8시간 초과 일했으면 200%의 수당을 지급받는다.

여기서 '휴일근로수당 중복할증'이 있는데, 주중에 40시간 이상을 근무한 근로자가 휴일에 일하면 기본 수당(통상임금의 100%)에 휴일근로수당(50%)과 연장근로수당(50%)을 각각 더해 200%를 지급받게 된다. 즉, 주 40시간을 초과하는 8시간 이내의 휴일근로에 대해서는 통상임금의 150%, 8시간을 초과에 대해서는 200%를 지급하게 된다.

예시1 평일에 연장, 야간근로 시 법정수당 계산방법

시간	근로의 대가	연장	야간	합계
18:00~22:00	100%	50%	–	150%
22:00~06:00	100%	50%	50%	200%
06:00~09:00	100%	50%	–	150%

평일의 수당계산 = ❶ + ❷ + ❸(단, (−)가 나오는 경우 0으로 처리한다)

❶ [(총 근무시간 – 총 휴게시간) × 통상시급]

❷ [(총 근무시간 – 8시간 – 총 휴게시간) × 통상시급 × 50%]

❸ [(22시~06시까지의 근로시간 – 22시~06시 사이의 휴게시간) × 통상시급 × 50%]

구분	시간	누적시간	비고
① 근무시간	00:00~24:00	24시간	
② 휴게시간	03:00~04:00		야간근로시간에 1시간
	12:00~13:00	3시간	이 들어있다고 가정
	18:00~19:00		
③ 근무시간	–	21시간	①−②
최저임금			10,030원
100%	정상 근로	21시간	210,630원
50%	연장 가산	13시간	65,195원
50%	야간 가산	7시간	35,105원
임금 합계			310,930원

휴일에 연장, 야간근로 시 법정수당 계산방법

시간	근로의 대가	휴일	휴일연장	야간	합계
09:00~18:00	100%	50%	–	–	150%
18:00~22:00	100%	50%	50%	–	200%
22:00~06:00	100%	50%	50%	50%	250%
06:00~09:00	100%	50%	50%	–	200%

휴일의 수당계산 = ❶ + ❷ + ❸ + ❹ (단, (−)가 나오는 경우 0으로 처리한다)

❶ [(총 근무시간 − 총 휴게시간)] × 통상시급)

❷ [(총 근무시간 − 총 휴게시간) × 통상시급 × 50%]

❸ [(총 근무시간 − 8시간 − 총 휴게시간) × 통상시급 × 50%]

❹ [(22시~06시까지의 근로시간 − 22시~06시 사이의 휴게시간) × 통상시급 × 50%]

구분	시간	누적시간	비고
① 근무시간	00:00~24:00	24시간	
② 휴게시간	03:00~04:00		야간근로시간에 1시간
	12:00~13:00	3시간	이 들어있다고 가정
	18:00~19:00		
③ 근무시간	–	21시간	①−②
최저임금			10,030원
100%	정상 근로	21시간	210,630원
50%	휴일 가산	21시간	105,315원
50%	휴일 연장 가산	13시간	65,195원
50%	야간 가산	7시간	35,105원
임금 합계			416,245원

우선, 아르바이트생들을 주로 고용하는 5인 미만 사업장은 근로기준법의 대상이 아니다. 이에 따라 5인 미만 사업장에서 근무하는 근로자는 1일 8시간 이상 일하거나 휴일 또는 야간에 일해도 연장근로수당, 야근수당, 휴일수당 등의 추가 근무수당을 받을 수 없다.

15~18세 미만인 미성년자도 원칙적으로 추가근무수당을 받을 수 없다. 단, 미성년자의 근로시간은 근로기준법 시행령에 따라 1일 7시간, 1주 35시간 이하이고, 합의에 따라 1일에 1시간, 1주에 5시간 한도로만, 연장이 가능하다. 만약, 이 기준을 넘게 되면 근로시간에 대한 법적인 권리를 요구해야 한다.

결과적으로, 5인 미만 사업장은 사업자가 재량으로 베풀지 않는 이상 애초에 추가 근무수당이 적용되는 규정이 없는 게 현실이다. 또한, 직장인들도 추석 연휴에 근무한다고 하더라도 원칙적으로는 추가수당이 지급되지 않는다.

그동안 직장인들이 토요일과 일요일 이른바 '쉬는 날' 근무했을 시 추가적으로 수당을 지급받는 이유는 연장근무를 했기 때문이다.

법정근로시간 40시간 이외에 금주 토, 일을 근무하면 12시간 이내로 연장근로가 가능하다.

추석 연휴도 이와 같다 보면 된다. 일요일과 국경일, 음력 1월 1일(설날), 추석 연휴 등 달력상 '빨간 날'은 관공서의 공휴일에 관한 규정(대통령령)에 의해 공휴일이 된 날이다. 대체공휴일, 선거일, 임시공휴일 등도 포함된다.

공휴일 규정은 원칙적으로 적용대상이 공무원이다. 그러나 대기업 등은 취업규칙이나 단체협약 등에 따라서 약정휴일로 부여하는 경우가 많아 '빨간 날'은 모두가 쉬는 날로 인식하고 있다. 즉, 민간 사업장에서는 추석 연휴에도 휴무 없이 정상 근무를 진행해도 추석까지 주 40시간을 넘기지 않으면 추가수당을 지급하지 않아도 된다는 얘기다. 단, 40시간을 넘길 때는 연장근무수당은 지급해야 한다.

문제는 중소기업 이하는 인력 부족 현상으로 대부분 명절에도 출근하는 경우가 많아, 아르바이트생과 마찬가지로 사업주의 재량이 아니면 특별수당은 법적으로 보장이 안 되는 현실이다.

Tip 토요일 근무 형태에 따른 임금 지급 방법

구분	토요일 근무 성격	근로미제공시	근로제공시
무급휴무일	연장근로	0%	임금 100% + 연장근로 할증 50%
유급휴무일	연장근로	유급 100%	유급 100% + 임금 100% + 연장근로 할증 50%
무 급 휴 일	휴일근로	0%	임금 100% + 휴일근로 할증 50%
유 급 휴 일	휴일근로	유급 100%	유급 100% + 임금 100% + 휴일근로 할증 50%

토요일을 '휴일'로 할 것인지 아니면 단순히 근로의무가 면제된 '무급휴무일'로 할 것인지는 취업규칙 또는 단체협약 등으로 정할 수 있다. 일반적으로 실무에서는 토요일을 무급휴무일로 많이 설정하며, 고용노동부에서도 토요일에 대하여 아무런 설정을 하지 않은 경우 무급휴무일로 이해하고 있다. 다만, 주중 (월~금) 발생한 연장근로가 12시간에 육박하는 경우는 토요일에 발생하는 근무를 연장근로로 처리할 수 없으므로 무급휴일로 설정하여 휴일근로로 처리하고 있다.

 Tip 포괄임금제 계약을 하면 연장, 야간 근로수당은 별도로 안 줘도 되나?

일정한 금액을 임금으로 지급하기로 약정하고, "이 금액은 야간, 연장, 유급주휴일 등 기타 금액을 모두 포함한 것으로 한다."라고 정하는 것을 포괄임금제라고 한다.
포괄 임금계약을 했다고 해서 시간과 관계없이 모든 연장근로수당이 포함되는 것은 아니다. 근로계약서가 있다면 계약한 문서에 적혀있는 근로시간을 기준으로 판단해야 하며, 그 시간을 초과한 경우에 대해서는 추가수당을 지급해야 한다. 즉, 실제 연장근로 등에 따라 산정된 금액이 미리 지급된 금액보다 많은 경우 그 차액은 지급해야 한다.
따라서 포괄임금제를 시행하는 경우, 포괄임금제에 따른 근로계약이 유효하게 성립되었음을 입증할 수 있는 서류(취업규칙, 근로계약서)를 구비해야 한다.

- 포괄연봉제라 하더라도 약정한 법정 제 수당을 법정 기준 미만으로 지급하는 것은 위법이다. 따라서 약정된 연장 · 야간 · 휴일근로시간을 초과하는 실제 근로자가 있는 경우에는 그 초과분을 별도로 지급해야 한다.
- 근로자와의 합의에 따라서 법정 제 수당을 포함하는 포괄임금제를 시행했다면 별도의 연장 · 야간 · 휴일 및 휴가 수당을 지급할 의무는 없다(임금 68207-586, 1993. 09. 16).
- 미리 정해진 근로시간에 따라 지급되는 임금이 실제 근로시간에 따른 임금을 상회하고 단체협약이나 취업규칙에 비추어 근로자에게 불이익이 없다면 이러한 방법의 임금지급도 무방하다(임금 68207-388, 1993.06.18).
- 미사용 연차유급휴가보상금을 월급여액에 포함해서 미리 지급하는 근로계약을 체결하고 휴가사용을 허가하지 않는 것은 인정될 수 없다(근로기준과-7485, 2004.10.19).

? Tip 어느 회사나 휴일근로수당을 받을 수 있는 날은?

어느 회사나 법적으로 가산수당을 받을 수 있는 날은 '법정휴일'이다. 즉, 주휴일 및 근로자의 날에 근무했을 경우 가산수당을 받을 수 있다. 단체협약, 취업규칙 등에 노동자와 사용자 간 협의가 있을 경우는 약정휴일 및 공휴일에도 가산수당을 받을 수 있다. 따라서 법정휴일 외에 자신이 가산수당을 받을 수 있는지? 여부에 관해서는 회사규정을 확인해보아야 한다.

? Tip 단시간 근로자의 연장근로수당 계산 방법

1일 8시간 근무하는 직원과 달리 파트타임으로 근로하는 직원의 경우 원래 근로하기로 정한 시간 외에 초과하여 근로한 경우, 추가 근로시간은 연장근로에 해당되어 1.5배를 지급해야 한다. 즉, 단시간 근로자가에 해당하는 경우 1일 8시간, 1주 40시간을 초과하지 않더라도 사전에 정한 근로시간을 초과하였다면 연장근로에 해당하여 가산 지급해야 한다(기간제 및 단시간근로자보호법 제6조 3항).

연차휴가일수 계산과 연차수당 지급액 계산

1 입사 1년 차 근로자에 대한 연차휴가와 연차수당

📑 연차휴가의 계산 방법

2017년 5월 29일 입사자까지는 다음 연도에 입사 1년 차로 발생하는 총 15일의 연차에서, 입사 1년 미만 기간동안 발생한 연차휴가 중 사용한 일수를 차감했다. 즉, 매월 발생한 휴가를 모두 사용하여 11일의 휴가를 사용하였다면 2년 차에 사용할 수 있는 휴가일수는 4일(15일 - 11일)밖에 되지 않았다.

그러나 2017년 5월 30일 입사자부터는 앞서 설명한 바와 같이 1월 개근 시 1일의 연차가 발생해 1년에 총 11일의 연차가 발생한 상태에서 연차휴가를 매월 사용하여 11일의 휴가를 모두 사용하였다고 해도, 입사 1년 차로 발생하는 15일의 연차에서 이를 차감하지 않는다. 따라서 입사 후 1년간 근무를 하면 입사 1년 미만 기간동안 발생한 연차휴가를 사용하지 않는 경우 2년 차에 최대 26일(1년 미만 연차사용 촉진 시 15일)의 연차휴가를 사용할 수 있다.

연차수당의 계산 방법

1년 미만 근로한 근로자는 연차휴가가 1년 뒤에 발생하는 것이 아니라 1개월 개근 시 매월 1일의 연차휴가가 발생한다. 예를 들면, 1월 1일 입사자의 경우 1년간 최대 11개(2월 1일~12월 1일)의 연차휴가가 발생하며, 사용하지 않았다면 1년이 지난 시점부터 1일씩 단계적으로 연차수당청구권이 발생한다. 단, 2020년 3월 31일 발생분부터는 입사일로부터 1년 안에 연차휴가를 모두 사용해야 하고, 연차휴가 사용 미 촉진시 1년이 되는 시점에 미사용 연차수당이 발생한다.

2 입사 2년 차 근로자에 대한 연차휴가와 연차수당

연차휴가의 계산방법

1주간 기준근로시간이 40시간인 경우 사용자는 근로자가 1년간 80% (출근율)이상 출근 시 15일의 연차유급휴가를 주어야 한다. 다만, 1년간 80% 미만 출근 근로자에 대해서도 1개월 + 1일 근무 시 1일의 연차유급휴가를 부여한다(근기법 제60조).

1년에 80% 이상 출근이란 1년간 법정휴일(주휴일, 근로자의 날, 관공서 공휴일(개정법 적용기업)) 및 약정휴일(노사 간에 휴일로 정한 날 : 명절 전후, 법정공휴일 등)을 제외한 사업장의 연간 총 소정근로일수에서 출근한 날이 80% 이상인 경우를 말한다.

그리고 주 52시간을 새롭게 실시해도 종전의 근속연수는 계속 인정되며, 연차휴가일수를 산정하는 방법만 달라진다.

▶ 1년 미만자 및 1년간 80% 미만 출근 시 1월 개근 시마다 1일이 발생하고 발생한 휴가는 다음날(1개월 + 1일, 2개월 + 1일 .....)까지 근무해야 실제로 부여

▶ 1년 80% 이상 출근 시 15일이 발생하고 다음 날 (1년 + 1일, 2년 + 1일 .....)까지 근무해야 실제로 부여

▶ 근속 2년당 가산휴가 1일(25일 상한)

▶ 휴가사용촉진제도 : 휴가를 사용하지 않은 경우 휴가사용촉진

구 분	연차휴가부여
1년 미만 근속한 자 또는 1년간 80% 미만 출근자	1월간 개근 시 1일의 유급휴가가 발생하고, 다음날(1개월 + 1일, 2개월 + 1일.....)까지 근무해야 부여
1년 이상 근속한 자	최초 1년간의 근로에 대해서 15일의 연차휴가가 발생하고, 다음날(1년 + 1일.....)까지 근무해야 부여

예시 1년간 15일의 연차가 발생한 근로자가 매달 1일의 휴가를 사용(총11일)한 경우 연차휴가는 15일을 사용할 수 있다. 단, 2017년 5월 29일 입사자까지는 매월 사용한 연차를 15일에서 차감해서 4일(15일 − 11일)만 사용 가능했었다.

1년	2년	3년	4년	5년	10년	15년	20년	21년
15일	15일	16일	16일	17일	19일	22일	24일	25일

📑 연차휴가일수의 계산공식

연차휴가 자동계산 방법

연차휴가 일수 = 15일 + (근속연수 − 1년)/2로 계산 후 나머지를 버리면 된다.

예를 들어 입사일로부터 10년이 경과 한 경우

연차휴가 일수 = 15일 + (10년 - 1년)/2 = 15일 + 4.5일 = 19일

월차개념의 연차휴가 자동 계산 방법

월차개념의 연차휴가 = 만 근무개월수 − 1일

예를 들어 1월 2일 입사자의 경우 12월 월차 = 12개월 − 1일 = 11일

🔖 연차수당의 계산방법

연차수당은 미사용한 연차휴가에 대해 지급하는 수당으로 연차수당의 계산은 연차휴가청구권이 소멸한 달의 통상 임금수준이 되며, 그지급일은 휴가청구권이 소멸된 직후에 바로 지급해야 함이 마땅하나, 취업규칙이나 근로계약에 근거해서 연차유급휴가청구권이 소멸된 날 이후 첫 임금지급일에 지급해도 된다.

예를 들어 2023년 1월 1일~2023년 12월 31일까지 개근하여 2024년 1월 1일~2024년 12월 31일까지 사용할 수 있는 15개의 연차휴가가 발생하였으나 이를 사용하지 않았다면 2024년 12월 31일자로 연차휴가청구권은 소멸되고, 휴가청구권이 소멸되는 다음날(2025년 1월 1일)까지 근무하면 연차유급휴가 근로수당이 발생하게 되는 것이다.

그리고 연차수당산정의 기준임금은 연차휴가청구권이 최종적으로 소멸하는 월(2024년 12월 31일)의 통상임금을 기준으로 한다.

연차수당 = 연차휴가청구권이 소멸한 달의 통상임금 ÷ 209시간📱 × 8시간 × 미사용 연차일수

여기서 통상임금은 기본금, 각종 수당(가족수당, 직무수당 등), 상여금의 합계를 말한다.

📑 월 통상임금 산정 기준시간 예시

❶ 주당 소정근로시간이 40시간이며(하루 8시간 근무), 유급 처리되는 시간이 없는 경우 : 209시간 = [(40 + 8(주휴)) ÷ 7] × [365 ÷ 12]

❷ 주당 소정근로시간이 40시간이며, 주당 4시간이 유급 처리되는 경우 : 226시간 = [(40 + 8(주휴) + 4(유급)) ÷ 7] × [365 ÷ 12]

❸ 주당 소정근로시간이 40시간이며, 주당 8시간이 유급 처리되는 경우 : 243시간 = [(40 + 8(주휴) + 8(유급)) ÷ 7] × [365 ÷ 12]

월 통상임금 209만 원이 김 갑동씨가 15개의 연차 중 10개만 사용해 5개의 연차수당 지급의무가 발생한 경우

해설

209만원 ÷ 209시간 = 10,000원(시간당 통상임금)

10,000원 × 8시간 = 80,000원(일일 통상임금)

80,000원 × 5일(15일 - 10일) = 400,000원이 연차수당이다.

? Tip 회계연도 단위로 연차부여 시 계산 방법

연차휴가 산정기간을 노무관리의 편의를 위해 회계연도를 기준으로 전 근로자에 일률적으로 적용하더라도 근로자에게 불리하지 않아야 한다. 따라서 퇴직 시점에서 총 휴가일수가 근로자의 입사일을 기준으로 산정한 휴가 일수에 미달하는 경우는 그 미달하는 일수에 대하여 연차유급휴가 미사용 수당으로 정산하여 지급해야 한다(근로기준과-5802, 2009.12.31).

예를 들어 회사가 회계연도 기준으로 연차휴가를 산정하는 경우, 퇴직 시점에서 총 연차휴가(수당 포함) 발생일 수가 70일인데, 근로기준법에 따라 입사일 기준으로 산정한 연차휴가(수당 포함) 발생일 수가 총 75일이라면, 유리한 조건 우선 원칙에 따라 5일분(입사일 기준 75일 - 회계연도 기준 70일)의 연차휴가 미사용 수당을 지급해야 하며, 만약, 근로기준법에 따라 입사일 기준으로 산정한 연차휴가(수당 포함) 발생일 수가 총 50일인데, 회사가 회계연도 기준으로 연차휴가를 산정하여 발생한 연차휴가(수당 포함)가 총 55일이라면, 유리한 조건 우선 원칙에 따라 5일분(회계연도 기준 55일 - 입사일 기준 50일)의 연차휴가 미사용 수당을 지급해야 한다.

회계연도 단위 연차휴가 부여 방법 계산식 =
다음 회계연도에 발생하는 연차휴가일수(15일 × 근속기간 총일수 ÷ 365) + 입사일부터 1년간 1월 개근 시 1일씩 발생하는 휴가일수)

2024년 7월 1일 입사자의 경우 회계연도 기준으로 연차휴가를 부여하고자 할 때 2024년과 2025년 부여해야 할 연차휴가 일수는?

1. 1년 미만 근무 일수에 대한 연차휴가

입사일부터 1년간 1월 개근 시 1일씩 발생하는 휴가일수 = 만 근무 개월 수 − 1일

= 6(7월~12월) − 1 = 5일(2024년에 사용해도 됨)

2. 1년 후 발생하는 연차휴가

15일 × 근속기간 총일수 ÷ 365 = 15일 × 184 ÷ 365 = 7.5(약 8일)

3. 2024년 12월 31일 = 5일 + 7.5일 = 12.5일(총 13일 발생시키면 문제가 없다.)

그리고 2025년 1월 1일부터 6월 1일까지 입사일 기준 1년 미만 입사분에 대해 매달 6개 (1년 미만 총 11일 − 5일) 추가 부여하면 된다.

구분	기간계산	연차휴가	산정식 및 사용
입사연도 (2024년)	월차 성격의 연차 (1년 미만자 휴가)	5일	만 근무 개월 수 − 1일 (2024년 사용 또는 2025년 사용)
비례휴가	2024.7.1~12.31 (비례 휴가)	7.5일	15일 × 입사 연도 재직일 ÷ 365일 = 15일 ×184일 ÷ 365일 (2025년 사용)
합 계(2024년 12월 31일) 계산 기준시점 : 12월 31일		12.5일	13일 부여하면 문제없음 (비례 휴가 + 1년 미만자 휴가)
입사익년도 (2025년)	2025.1.1~6.1 (1년 미만자 휴가)	6일 (11일 − 5일)	11일 − 입사 연도 월차 성격의 연차 휴가(2024년 12월 31일까지 5일) (2025년 사용)
연차휴가	2025.1.1~12.31	15일	입사 2년차 연차휴가(2026년 사용)
합계(2025년 12월 31일)		21일	남은 월차 + 2026년 연차휴가
2026년 : 15일, 2027년, 2028년 1월 1일 기준 : 16일, 2029년 1월 1일 기준 : 17일			

개인적 질병으로 인한 결근은 연차휴가에서 우선 차감한다.

✔ 개인적 질병으로 병가를 신청하는 경우 남은 연차휴가일수에서 우선 차감할 수 있으며, 병가기간은 무급이 원칙이므로 병가일수에 해당하는 통상임금을 임금에서 공제한다. 다만, 업무상 사유에 의한 병가 시에는 최소 평균임금의 70% 이상을 지급해야 한다(산재보험에서 지급하는 경우는 이를 공제한 차액이 있는 경우 지급한다.). 단, 병가를 대신해서 연차휴가를 사용하는 것은 병가가 무급을 원칙으로 하고 있으므로 본인의 선택사항이지 회사의 강제 사항은 아니다.

✔ 업무상 재해로 통원 치료 일에 소정의 임금을 지급하고 있다면 별도의 휴업보상을 하지 않아도 무방하다(근기 1451-2072, 1984.10.12).

✔ 업무상 요양 중인 근로자에 대해서 휴업수당과 별도로 상여금을 지급할 것인지는 취업규칙 등이 정하는 바에 따른다(근기 01254-8647, 1987.06.29). 여기서 휴업수당은 임금에 해당한다(근기 01254-11057, 1986.12.07).

출퇴근 누락 및 지각, 조퇴로 인한 연차유급휴가 공제

1. 출퇴근 3회 이상 누락 시 연차유급휴가 1일 공제

출퇴근 3회 이상 누락 시 연차유급휴가 1일을 공제하는 것은 개근한 것으로 보지 않는 것을 의미한다. 이는 근로기준법 제60조 제1항에서 1년간 개근이라는 내용과 그 의미가 다르다.

1년 개근이란 단체협약이나 취업규칙에서 정한 소정근로일의 개근을 말한 것으로 소정근로일의 근로시간에 대한 개근을 의미하는 것이 아니므로 출퇴근 3회 이상 누락 시 이를 단체협약 또는 취업규칙에서 정하여 지각 또는 조퇴로 처리하는 것은 가능하나, 연차유급휴가 1일을 공제하는 것은 위법이다. 즉, 연차유급휴가를 공제한다는 것을 결근을 의미하므로 연차유급휴가를 공제할 수 없다(근거: 근기 01254-3153, 1990.03.03.).

지각, 조퇴 몇 회 이상 시 연차유급휴가 1일을 공제하는 것도 상기 내용과 동일이다. 다만, 빈번한 출퇴근에 누락에 따른 징계(정직, 급여 감액 등)는 가능하다.

2. 출퇴근 누락 또는 지각 및 조퇴에 따른 누계시간으로 연차유급휴가 1일 공제

근로기준법 제60조(연차유급휴가)의 휴가의 부여 단위인 '일'의 개념은 일하기로 정한 근무일을 휴가로 대체함을 의미하며, 일 소정근로시간은 8시간으로 연차유급휴가는 이를 휴가로 대체함을 의미한다.

단체협약 또는 취업규칙 등에서 지각, 조퇴 누계 8시간을 연차유급휴가 1일로 계산한다는 규정을 두는 것은 노사 특약으로 볼 수 있으며, 부여받은 연차유급휴가 1일을 공제하는 것은 위반이라 볼 수 없다는 행정해석이 있다(근거: 근기 68207-157, 2000.01.22.). 출퇴근 3회 이상 누락 후부터는 지각으로 처리하고, 이를 30분 지각 또는 30분 퇴근으로 간주한다는 내용을 포함하여 규정에 명시하였다면 이는 곧 지각 30분 또는 조퇴 30분으로 처리되므로 누계 8시간이 되는 경우 연차유급휴가 1일을 공제하는 것이 가능하다.

지각, 조퇴 등을 하였더라도 소정근로일에 개근(출근)하였다면 이를 결근으로 처리할 수는 없으나 그 시간을 누계하여 8시간이 되는 경우는 1일을 공제하는 것이 가능하다.

❓ Tip 연차휴가를 미리 사용할 경우 업무처리

현재 가용 연차가 Zero인 직원이 휴가 사용을 원할 경우, 급여공제동의서를 받은 후 선사용을 허가해 주고, 급여공제동의서 내용에는 선사용 휴가를 사용하고 나서 발생 연차로 정리가 안 될 경우, 급여 또는 퇴직금에서 공제하는 것에 동의한다는 내용의 자필 요청을 받아 처리하면 문제가 없다. 미리 사용하는 직원은 늘 당겨쓰게 된다.

● 참고할 노동부 행정해석
연차휴가를 근로자의 편의를 위해 미리 가불 형식으로 부여할 수 있다(노동부 행정해석 : 1980.10.23, 법무 811-27576).
[요지] 연차유급휴가 제도는 근로자의 피로를 회복시켜 노동력의 유지 배양을 도모하는데, 그 목적이 있고, 원칙적으로 동 청구권의 발생은 연차청구 사유(개근, 계속근로) 등 발생 이후에 부여함이 원칙이나 사용자는 "근로자의 요구"와 편의를 위하여 연차휴가를 미리 가불 형식으로 부여할 수도 있다.

? Tip 연차수당 계산 방법과 연차수당 지급 시 기준이 되는 임금은?

연차유급휴가를 1년간 사용하지 않아서 휴가청구권이 소멸한 경우 미사용 휴가일수에 대해서 수당으로 대체 지급하고자 할 때 그 수당(임금)은 최종 휴가청구권이 있는 달의 임금 지급일의 통상임금을 기준으로 산정·지급한다.

1. 12월의 월 통상임금/통상임금 산정 시간 = 시간급 통상임금

통상임금이란 기본급만 포함되는 것이 아니라 직책수당, 근속수당 등 매월 정기적 혹은 일정하게 지급되었던 기본급과 상여금 및 수당을 말한다.

[월 통상임금 산정 기준시간 예시]

주당 소정근로시간이 40시간이며, 주당 4시간(토요일)이 무급 처리되는 경우 : 209시간 = [(40 + 8(일요일)) × 52주 + 8시간] ÷ 12

2. 시간급 통상임금 × 8시간 = 1일 통상임금
3. 연차수당 = 1일 통상임금 × 미사용 연차일수

연차수당의 계산 예를 살펴보면 다음과 같다.

- 기본급 2,000,000원
- 시간외 100,000원
- 직무수당 50,000원
- 기술수당 40,000원
- 연구수당 10,000원
- 직책수당 55,000원
- 가족수당 15,000원
- 통근수당 50,000원

매월 정기적, 일률적으로 지급하고 일 소정근로에 따라 지급되는 항목은 연차수당 계산 시 포함된다.

기본급 2,000,000원 + 시간외 100,000원 + 직무수당 50,000원 + 기술수당 40,000원 + 연구수당 10,000원 + 직책수당 55,000원 = 월 통상임금 2,255,000원 ÷ 30일 = 연차수당 75,170원(원 단위 반올림)

일용직은 일급이 정해져 있으므로 별다른 문제가 없겠지만 월급직의 경우 연차 산정에 필요한 일급을 구할 시에 취업규칙, 급여 규정 등에서 정한 내용에 따라 회사마다 다를 수 있다. 예를 들어 30일을 기준으로 하는 경우 '포함항목 ÷ 30일'이 연차수당이 된다. 시간급(직)의 경우에는 '시급 × 일 소정근로시간 = 일급'이 된다.

❓ Tip 중도 퇴사자의 연차수당 지급

중도퇴사를 하는 경우는 금품 청산을 해야 하므로 미사용 연차의 총일수(전전연도 분과 전연도 분)를 수당으로 지급해야 한다. 단, 사용가능일수가 없는 상황에서 퇴직하는 경우 회사에서 휴가를 주고 싶어도 못주는 상황이 되므로 사용가능일수가 부족하므로 발생일까지 근무한 경우 수당이 발생한다. 즉 1개월 + 1일 또는 1년 + 1일을 근무해야 한다.

❓ Tip 1년 미만 근로자에 대한 연차수당 지급

1. 1년 미만 근로자의 연차휴가 발생과 휴가사용기간 및 미사용 수당 지급시기와 산정 시 임금 기준

근로기준법 제60조 제2항 "사용자는 계속하여 근로한 기간이 1년 미만인 근로자에게 1개월 개근 시 1일의 유급휴가를 주어야 한다."는 규정에 의거 1개월 개근하면 1일의 연차 휴가가 발생하게 된다.

1개월 개근하여 발생한 연차휴가의 사용기간은 근로기준법 제60조 제7항 "제1항부터 제4항까지의 규정에 따른 휴가는 1년간 행사하지 않으면 소멸한다."는 규정에 의거 입사일로부터 1년간 사용할 수 있다.

예를 들어 2024년 5월 1일 입사해서 1개월간(5월 1일~5월 31일) 개근하면 2024년 6월 1일에 1일의 연차휴가가 발생하며, 2025년 5월 31일까지 1년간 사용할 수 있고, 미사용 시에는 2025년 6월 1일(6월 급여)에 연차미사용 수당으로 지급하게 된다.

2025년 6월 1일(6월 급여)에 지급하는 연차미사용 수당의 계산기초가 되는 임금의 기준은 최종 휴가청구권이 있는 달(5월)의 임금지급일이 속한 5월 급여의 통상임금으로 미사용 수당을 계산해서 지급한다. 단 입사일로부터 1년간 월 단위 연차를 사용할 수 있고, 미사용 연차에 대해 연차사용촉진을 하지 않은 경우 연차수당이 발생하나 연차사용 촉진을 했는데 미사용한 연차에 대해서는 수당 지급 의무를 면한다.

2. 회계연도 기준으로 연차를 운영하는 경우

회계연도(1월 1일~12월 31일)로 운영하는 사업장의 경우, 1개월 개근 시 발생하는 연차 휴가를 회사가 회계연도가 종료된 익년도 1월에 미사용수당으로 지급하면 근로자 입장에서는 아직 휴가 사용기간이 남아 있음에도 회사에서 일방적으로 수당을 지급한 것이 된다. 반면, 회사는 수당을 지급하였음에도 불구하고 근로자가 연차휴가청구권을 행사하게 되면 휴가를 추가로 부여할 수밖에 없게 된다.

이와 관련 고용노동부는 "아직 사용기간이 남은 유급휴가에 대해 당해 회계연도 말일 등 특정 시점에 미사용 수당으로 정산하는 것은 근로기준법 제60조 제7항의 취지에 맞지 않으므로 허용되지 않음"라고 설명하고 있다. 따라서 회계연도(1월 1일~12월 31일)로 연차휴가를 운영하는 사업장은 1년 미만자에 대해 회사가 일방적으로 다음연도 1월에 미사용 수당으로 지급하기보다는 미사용 휴가를 2년 차 종료시점까지 사용할 수 있도록 (연장 사용) 합의(취업규칙 등)를 하고, 미사용 시에는 2년 차 종료 익월에 수당으로 지급하도록 해야 할 것이다.

🔍 Tip 월차 개념 연차수당 지급

1년 차(1년 미만 근로자) 때는 매월 1일씩 발생하는 유급휴가는 입사일로부터 1년간 사용할 수 있다.

예를 들면 2024년 4월 1일 입사자의 경우 휴가가 발생하면 2025년 3월 31일까지 사용할 수 있고, 사용자가 연차휴가의 사용촉진을 안 한 경우 미사용 시에는 2025년 4월 1일에 4월 급여로 수당을 지급해야 한다.

당사자 간 개별 합의로 지급일을 유예하지 않는 한 지급일을 넘겨 지급하는 경우 임금체불에 해당하기 때문에 아직 사용기간이 남은 유급휴가에 대해 회계연도 말일과 같은 특정 시점에 미사용 수당으로 정산하는 것은 허용되지 않는다. 단, 회계연도 기준으로 연차를 적용하는 회사의 경우 입사일로부터 1년간 사용하지 않고 그 사용기한을 늘려 2년 차에 해당하는 12월 31일까지 사용하게 노사합의를 하는 것도 유효하다 하겠다.

예를 들어 2024년 4월 1일 입사자의 경우 2025년 3월 31일까지 1년 미만 연차에 대해서 사용해야 하나, 회계연도 기준을 적용하는 회사의 경우 회계연도에 맞추기 위해 노사합의에 의해 그 사용기한을 2025년 12월 31일까지로 늘리는 것은 가능하리라 본다.

이는 근로자의 연차 사용 가능 기간을 늘려주고, 미사용에 따른 연차휴가 수당이 발생한다고 해도 통상임금이 줄어들지 않는 한 근로자에 대한 유리한 변경이기 때문이다.

주휴일의 지급과
주휴수당의 계산 방법

1 주휴수당의 지급요건

주휴수당을 지급받기 위해서는 2가지 요건이 충족되어야 한다.

🔒 4주를 평균하여 1주 15시간 이상 일하기로 정해야 한다.

이를 소정근로시간이라고 하는데, 근로계약 시 1일 혹은 1주 며칠, 몇 시간을 일할지? 기본적으로 정해놓는 시간을 의미한다. 따라서 1주에 특정일에만 근로 제공하기로 정했다면 4주를 평균했을 때 1주 15시간 이상 근로 제공하기로 약속을 해야 한다. 만약 근로계약 등을 통해 이를 정하지 않았다면 실제 근로 제공한 시간을 평균 내어 1주 15시간 이상이 되는지? 살펴 15시간 이상이 된다면 주휴수당을 주어야 한다. 즉, 주휴수당은 상시근로자 또는 단시간근로자와 관계 없이 휴게시간을 제외한 소정근로시간이 주 15시간 이상인 때는 발생한다. 5인 미만 사업장도 같게 적용된다.

근로자의 사정에 따라 결근한 경우 주휴수당이 지급되지 않는다. 단, 지각 또는 조퇴가 있는 경우 결근으로 볼 수 없으므로 주휴수당을 지급해야 한다.

회사 측 사정에 따라 출근을 못 한 경우 나머지 소정근로일수를 출근했다면 그 주도 개근한 것으로 보고 주휴수당을 주어야 한다.

📑 1주 소정근로일을 개근해야 한다.

1주일 40시간 근무제의 경우 월~금요일까지, 한주에 토요일과 일요일에 각각 8시간 이상 근로 제공하기로 정한 경우 토요일과 일요일에 결근하지 말아야 한다.

예를 들어 토요일 8시간, 일요일 8시간 주 16시간 근무로 주휴수당이 발생한다.

근로계약서에 1주 근로시간과 그에 따른 월급을 정하고, 주휴수당을 별도로 표기하지 않았다면 1주 근로시간과 주휴시간을 더한 1주 근로시간 수를 해당 월의 주 수만큼 곱한 다음 월 급여총액을 해당 근로시간 수로 나누어 1시간의 시간급이 최저임금 시간급에 미달하는지? 를 따져 미달하지 않는다면 주휴수당이 포함된 것으로 봐야 한다.

그러나 1주 근로일과 시급만을 정했다면 당연히 별도의 주휴수당을 청구할 수 있다.

예로 주휴수당을 계산해보면

월요일 09:00~15:00(휴게시간 1시간 포함)

수요일 09:00~15:00(휴게시간 1시간 포함)

금요일 09:00~15:30(휴게시간 1시간 포함)

주 15.5시간을 근무한 경우 다음과 같이 계산하면 된다.

주휴수당 = 1주 총 소정근로시간/40시간 × 8 × 최저시급(또는 15.5시간 ÷ 5 × 최저시급

= 15.5시간 ÷ 40시간 × 8 × 10,030원 = 31,093원

또는 15.5시간 ÷ 5 × 10,030원 = 31,093원

월 주휴수당 = 1주 주휴수당 × 4.345주

2 주중 입사자의 주휴수당

근로기준법 제55조 및 같은 법 시행령 제30조에 따라 사용자는 1주 동안의 소정근로일을 개근한 근로자에게 1주일에 평균 1회 이상의 유급휴일을 주어야 하며, 여기서 '1주일'이란 연속된 7일의 기간을 의미하고, 그 기간 중 1일을 주휴일로 부여하면 되므로 주휴일 간의 간격이 반드시 7일이 되어야 하는 것은 아니다.

사업장의 취업규칙 등에서 특정일을 주휴일로 지정한 경우, 주중에 입사한 근로자가 입사 후 소정근로일을 개근하였다면 입사 후 처음 도래하는 주휴일을 유급으로 부여하는 것이 바람직할 것이나, 근로 계약이 성립되지 않아 1주간(7일)을 채우지 못하였으므로 이를 무급으로 부여하더라도 법 위반이라고 할 수는 없다. 다만, 입사 일을 기준으로 1주일에 평균 1회 이상의 주휴일을 부여하지 않았다면 이를 정산하여 추가로 유급휴일을 부여해야 한다.

한편, 주중인 화요일부터 근로를 제공한 경우, 근로계약, 취업규칙 등에서 일정한 날을 주휴일로 특정하지 않았다면 근로 제공일(화요일)로부터 연속한 7일의 기간중에 1일을 주휴일로 부여해야 한다는 것이 고용노동부 행정해석이다(근로기준과–918, 2010.4.30.).

3 | 공휴일이 낀 경우 주휴수당

해당 주에 공휴일이 끼어 있는 경우에도 무단결근이 아니라 해당 주에 회사가 쉼으로 인해 쉬는 경우 주휴수당은 발생하며, 이 경우 주휴수당의 계산은 비례해서 지급하지 않고 8시간(1일 소정근로시간)분을 지급해야 한다.

예를 들어 해당 주에 1일 약정휴일로 인해 32시간을 근무했다면 40 ÷ 40 × 8시간 × 시급(최저임금 이상이어야 함)으로 계산하면 된다.

4 | 주휴수당의 자동계산

주휴수당 = (월~금(또는 토요일) 총 소정근로시간(최대 주 40시간) ÷ 5 × 시급(최저임금 이상이어야 함)

주휴수당 자동계산 : http://www.alba.co.kr/campaign/Culture10.asp

- 예를 들어 시급 1만 원에 주 40시간을 일하는 알바의 경우

주휴수당 = 40시간 ÷ 5 × 1만 원 = 8만 원

- 예를 들어 시급 1만 원에 주 15시간을 일하는 알바의 경우

주휴수당 = 15시간 ÷ 5 × 1만 원 = 3만 원이 된다.

상용근로자의 경우 일반적으로 월급에 주휴수당이 포함된 것으로 보므로 공휴일이 끼면 주휴수당을 별도로 신경 쓸 필요는 없으며, 다만 시급, 일급, 주급의 경우 주휴수당의 계산과 관련해서 신경 쓸 부분이다.

생리휴가와 생리수당

사용자는 여성인 근로자가 청구하는 경우 월 1일의 생리휴가를 주어야 한다.

주간 기준근로시간이 40시간인 경우는 무급으로 부여할 수 있다. 즉, 종전에는 생리휴가 사용 시 휴가 사용일에 대해서 이에 상당하는 임금을 공제할 수 없었으나, 개정된 규정은 생리휴가 사용 시 임금을 공제할 수 있다.

예를 들어 통상임금이 월 210만 원인 여성 근로자가 생리휴가 사용 시 생리휴가 사용 일에 대한 통상임금(1일 7만 원(210만 원/30일))을 공제할 수 있다. 단, 단체협약, 취업규칙, 근로계약 등에 유급으로 되어 있는 경우는 공제하지 않는다.

기준근로시간이 주 40시간인 경우 : 월 1일을 무급 또는 유급으로 부여

구 분	생리휴가 사용 시 급여공제 여부
취업규칙이나 노조와의 단체협약상 유급으로 정한 경우	1일분의 급여를 공제하지 않음
취업규칙이나 노조와의 단체협약상 무급으로 정한 경우	1일분의 통상임금을 급여에서 공제 중도 입퇴사자 급여 일할계산과 동일한 계산방법으로 계산

생리휴가는 청구에 의해서 부여하는 것이므로 청구가 없으면 부여하지 않아도 된다. 또한, 휴가청구를 하였으나 부여하지 않았다고 사용자가 수당을 지급할 의무는 없다.

유급 생리휴가의 취지도 생리휴가 미사용 시 수당으로 대체 지급하기 위한 것이 아니고, 생리휴가 일에 근로의무가 면제되어 당해 휴가일에 대해서 임금을 삭감하지 않는다는 것을 의미한다(단, 단체협약, 취업규칙, 근로계약 등에 별도 수당 지급에 대해서 약정이 있는 경우는 그에 따라야 함).

보상휴가제도

사용자는 근로자대표와 서면 합의에 따라 연장근로, 야간근로 및 휴일근로에 대해서 임금을 갈음해서 휴가를 줄 수 있다(근로기준법 제57조).

이 조항이 신설된 것은 근로자와 사용자의 임금과 휴가에 대한 선택의 폭을 넓혀주고 실제 근로시간 단축에 기여하기 위함이다.

보상휴가제를 도입하기 위해서는 근로자대표와 서면 합의가 있어야 한다. 근로자대표는 근로자 과반수로 조직된 노동조합이 있으면 그 노동조합, 근로자 과반수로 조직된 노동조합이 없으면 근로자의 과반수를 대표하는 자를 의미한다.

서면 합의는 노사 당사자가 서명한 문서의 형태로 해야 한다.

관련 법 규정에는 노사가 서면합의로 보상휴가제를 도입할 수 있는 근거만 있으므로 세부적인 사항은 노·사가 자율적으로 서면합의에 반영할 수 있다.

먼저, 부여 방식과 관련해서 근로자의 청구에 의할 것인지 아니면 사용자가 일방적으로 지정할 것인지, 전 근로자에게 일률적으로 적용할 것인지 아니면 희망하는 근로자만 적용할 것인지가 합의 대상이다.

둘째, 휴가 사용권과 임금청구권을 선택적으로 인정할 것인지, 임금청구권을 배제하고 휴가 사용권만 인정할 것인지 등도 합의 대상이다.

셋째, 어느 정도의 기간동안 연장, 야간, 휴일 근로시간을 적치 해서 언제까지 휴가로 사용할 수 있는지 등도 합의 대상이다.

예를 들어, 노사가 서면 합의에 따라 전 근로자에게 일률적으로 적용하고 휴가 사용권만 인정하기로 할 수도 있다. 이 경우 개별근로자가 합의 내용에 반해서 가산임금의 지급을 청구하더라도 사용자는 이에 응할 의무가 없으며, 근로기준법 제56조(연장·야간 및 휴일 근로) 위반의 문제도 발생하지 않는다.

1 보상휴가 부여 대상 및 기준

보상휴가제의 대상은 연장·야간 및 휴일근로시간과 그 가산임금에 해당하는 시간이 된다(가산율을 적용한 근로시간 수). 즉, 연장·야간 및 휴일근로에 대한 임금과 이에 갈음해서 부여하는 휴가는 서로 같은 가치가 있어야 할 것이다.

예를 들어, 휴일근로를 2시간 한 경우 가산임금을 포함하면 총 3시간분의 임금이 지급되어야 하므로 3시간의 휴가가 발생한다. 따라서 50% 미만의 가산으로 환산된 보상휴가를 부여하는 합의는 근로기준법에 어긋나므로 위법, 부당하다.

연장·야간 및 휴일근로가 중복된 경우는 각각의 가산임금을 포함해서 산정된 임금에 해당하는 휴가가 발생한다.

보상휴가제의 적용 대상을 연장·야간 및 휴일근로 등에 대한 가산임금을 포함한 전체 임금으로 할지, 가산임금 부분으로 제한할지는 노사가 서면합의로 정한다. 다만, 교대제 운용을 위해 소정근로시간 중에 발생한 야간근로를 포괄임금제로 처리하는 경우는 보상휴가제를 적용하는 것이 적절하지 않다.

2 휴가 부여 방법

보상휴가는 소정근로시간 중에 부여되어야 한다. 소정근로시간이 아닌 시간에 부여되면 가산 부분에 대해 다시 가산이 붙어 복리 계산 방법에 따라 보상휴가가 발생할 수 있기 때문이다.

보상휴가를 시간 단위로 부여할지 이를 적치 해서 일 단위로 부여할지는 노사가 서면합의로 정할 수 있다. 부여되는 휴가는 유급으로 처리되어야 한다.

3 휴가 미사용과 임금 지급

보상휴가제는 임금 지급에 갈음해서 휴가를 부여하는 제도이다. 따라서 근로자가 휴가를 사용하지 않으면 해당 임금이 지급되어야 한다. 보상휴가에 대해서는 연차유급휴가와 달리 사용자가 휴가 사용 촉진 조치를 통해 임금 지급의무를 면제받을 수 없다.

임금청구권은 휴가를 사용할 수 없도록 확정된 날의 다음 날부터 행사할 수 있다.

따라서 휴가를 사용할 수 없도록 확정된 날의 다음 날부터 최초로 도래하는 임금 정기지급일에 해당 임금을 지급하지 않으면 근로기준법 위반이 된다.

휴가를 사용할 수 없도록 확정된 날은 노사가 서면 합의로 정한다. 휴가를 전부 사용하지 못하고 퇴직한 경우는 14일 이내에 잔여 휴가분에 대한 임금을 청산해야 한다.

Tip 보상휴가제도와 관련해서 유의할 사항

• 보상휴가제도를 실시할 때는 반드시 근로자대표와 서면합의로 실시해야 하며, 서면 합의는 당사자의 서명날인이 된 문서의 형태로 작성되어야 한다.

• 보상휴가는 소정근로일에 부여하되, 휴가를 "시간단위"로 부여할지 이를 적치 해서 "일" 단위로 부여할지는 서면 합의로 정할 수 있다.

서면 합의에 포함되어야 할 사항은

① 근로자의 청구에 의할 것인지, 사용자가 일방적으로 지정할 것인지, 전 근로자에게 일률적으로 적용할 것인지, 희망하는 근로자만 적용할 것인지 등

② 휴가 사용권과 임금청구권의 선택권을 인정할 것인지, 임금청구권을 배제하고 휴가 사용권만 인정할 것인지 등

③ 어느 정도 기간동안 연장, 야간, 휴일근로시간을 쌓아놓아서 언제까지 휴가로 사용할 수 있는지 등

보상 휴가 시행 합의서

㈜○○대표 ○○○와 근로자 대표(노동조합대표) ○○○는 근로기준법 제
57조(보상휴가제) 규정에 따라 보상휴가제 시행에 다음과 같이 합의한다.

제1조 보상휴가의 적용대상은 연장근로, 야간근로, 휴일근로의 기본임금과
가산임금을 포함한 전체 임금을 대상으로 한다(부분적용 가능).

제2조 보상휴가는 1일(8시간) 단위로 부여하며, 잔여 시간은 해당 임금을
지급한다.

제3조 보상휴가는 반기(분기)별로 적치 하여 다음 반기 이내에 사용한다.

제4조 보상휴가는 설 명절 3일, 하계휴가 3일, 추석 3일은 회사가 지정하
는 날에 사용하고 나머지는 근로자가 청구하는 날 부여한다.

제5조 보상휴가는 전체 근로자를 대상으로 일률적으로 적용한다.
단, 근로자가 청구하는 보상휴가는 개인별로 적용할 수 있다.

제6조 근로자가 보상휴가를 사용하지 않은 경우 해당 임금을 지급한다.

20   .   .   .

(주) 대표   (인)

(주) 근로자대표(노동조합대표)   (인)

휴직과 복직

1 휴직의 개념

휴직이란 근로 제공이 불가능하거나 부적당한 경우에 근로계약 관계를 유지하면서 일정 기간 근로 제공을 면제하거나 금지하는 것을 말한다.

휴직은 단체협약이나 취업규칙의 정함에 근거해서 사용자의 일방적 의사표시로 행해지는 때도 있고, 근로자와의 합의, 신청에 의한 승인 등에 의해서 행해지는 때도 있다.

휴직제도에는 그 목적이나 내용에 따라 상병휴직, 가사휴직, 기소휴직, 고용조정 휴직 등이 있다.

2 사용자의 휴직 처분의 유효성

사용자의 휴직 처분의 유효성은 취업규칙이나 단체협약상의 휴직 근거 규정의 합리적인 해석을 통해서 판단해야 한다.

사용자는 취업규칙이나 단체협약 등의 휴직 근거 규정에 정해진 사유가 있는 경우만 휴직 처분을 할 수 있고, 정해진 사유가 있는 경우에도 당해 휴직 규정의 설정 목적과 그 실제 기능, 휴직 명령권 발동의 합리성 여부 및 그로 인해서 근로자가 받게 될 신분상·경제상의 불이익 등 구체적인 사정을 모두 참작해서 근로자가 상당한 기간에 걸쳐 근로의 제공을 할 수 없다거나, 근로 제공을 함이 부적당하다고 인정되는 경우만 당해 처분에 정당한 사유가 된다.

3 질병 휴직

근로자가 업무 외 사유로 인한 부상이나 질병을 얻은 때 사용자는 취업규칙이나 단체협약에 따라 휴직 처분을 할 수 있다. 이 경우 휴직 만료 후 복직할 수 없는 경우를 퇴직 사유로 정했다면 정당한 사유가 필요하다. 즉, 사용자의 일방적인 의사표시에 따라서 단체협약 및 인사규정에 따라서 종업원과의 근로계약 관계를 종료시키는 경우, 그것이 정당한 것으로 인정되기 위해서는 종국적으로 근로기준법상 정당한 사유가 있어야 할 것이고, 그 정당성의 유무는 종업원의 휴직에 대한 회사의 귀책 사유, 업무상 부상인지 여부, 치료 기간, 휴직으로 말미암아 회사에 미치는 영향 등 제반 사정을 종합적으로 고려해서 합리적으로 판단해야 한다.

부상, 질병 등으로 휴직 후 복직한 근로자가 장애가 남아 있어 업무 수행 능력이 현저히 떨어지는 경우는 해고의 정당성이 있다.

질병 휴직과 요양 등에 관한 다양한 행정해석과 판례는 다음과 같다.

- 사용자는 근로자가 요양 종결 후 상당한 신체적 장해가 남은 경우 사회통념상 종전의 업무를 계속 수행하는 것을 기대하기 어렵고, 다른 적당한 업무의 배치전환도 곤란한 경우라면 해고의 정당한 이유가 있는 것으로 볼 수 있다.

- 업무상 재해가 아닌 사유로 장기간 휴직해서 취업규칙에 의거 해고한 것은 정당하고, 업무 외 사고로 인한 휴직 기간만료 후 별다른 조치를 하지 않았고 회사가 복직조건으로 제시한 기준도 충족시키지 못해서 면직한 것은 정당하다.

- 휴직 및 복직 시 필요한 서류를 제출하지 않은데, 대해 복직을 거부한 것은 정당하다고 보았으며, 출근 도중에 입게 된 부상으로 휴직하였으나 휴직 기간만료 후에도 휴직 사유가 해소되지 않았다면 복직원을 제출하지 않았다고 해도 형식적으로 단체협약을 적용해서 해고한 것은 부당하다.

- 회사 측이 단순 만성 활동성 간염 보균자라는 이유로 6개월 내에 치료 종결 시까지 휴직명령을 내린 사안에 대해 감염 예방이 가능하다는 이유로 무효로 판결한 사례 등이 있다.

？ Tip 업무 외 부상 및 병가는 회사 내 규정에 따라야 한다.

근로자가 업무와는 관계없이 개인적으로 다친 경우는 산재 요양 신청을 할 수가 없으므로 회사에서 어떻게 처리해줘야 하는지 궁금해하는 경우가 많다.

근로기준법에는 업무 외적으로 부상이나 질병이 발생한 경우 회사에서 특정한 처우를 하도록 정한 기준이 없다. 이러한, 경우 근로자의 처우를 어떻게 할지는 회사에서 자율적으로 정할 수 있다. 취업규칙으로 병가기간이나 병가기간의 급여에 대해 정하는 경우가 대부분이다.

법으로 정해진 기준이 없으므로 병가기간 동안 근로자에게 급여를 지급하지 않아도 무방하다. 다만, 근로자의 생활을 보장해 주기 위해 일정 기간은 유급으로 정하는 경우가 많다. 취업규칙에 유급으로 정해진 경우 정해진 동안은 유급으로 병가를 부여해야 한다. 그 이상의 기간에 대해 병가를 부여할 지 여부나, 급여를 지급할 지 여부는 회사의 결정에 따라야 한다.

? Tip   병가를 연차휴가로 대체할 수 있는지?

- 개인적 질병으로 병가를 신청하는 경우 남은 연차휴가 일수에서 우선 차감할 수 있으며, 병가기간은 무급이 원칙이므로 병가일 수에 해당하는 통상임금을 임금에서 공제한다. 다만, 업무상 사유에 의한 병가 시에는 최소 평균임금의 70% 이상을 지급해야 한다(산재보험에서 지급하는 경우는 이를 공제한 차액이 있는 경우 지급한다.). 단, 병가를 대신해서 연차휴가를 사용하는 것은 병가가 무급을 원칙으로 하고 있으므로 본인의 선택사항이지 회사의 강제 사항은 아니다.
- 업무상 재해로 통원 치료 일에 소정의 임금을 지급하고 있다면 별도의 휴업보상을 하지 않아도 무방하다(근기 1451-2072, 1984.10.12).
- 업무상 요양 중인 근로자에 대해서 휴업수당과 별도로 상여금을 지급할 것인지는 취업규칙 등이 정하는 바에 따른다(근기 01254-8647, 1987.06.29). 여기서 휴업수당은 임금에 해당한다(근기 01254-11057, 1986.07.07.).

4 범죄 기소 등으로 인한 휴직

형사사건으로 구속기소 된 경우는 상당 기간 근로 제공이 불가능하므로 휴직 처분의 정당성이 있다. 다만, 근로 제공 여부와 관련해서 명확한 기준이 필요하다. 즉, 범죄행위로 구금된 자가 휴직 처분이 될 경우 일정 기간 경과나 형의 선고 등이 있을 경우를 당연퇴직 사유로 정한 경우에는 장기 결근과 노무제공의무 불이행이 직장에 미치는 영향과 사건의 성질 등을 종합적으로 고려해야 한다.

5 휴직 시 임금 지급

휴직 시 임금 지급은 단체협약, 취업규칙, 근로계약에 따른다. 따라서 사용자의 귀책 사유로 휴업수당을 지불해야 하는 경우가 아니라면 노무 제공이 없는 휴직 기간은 임금을 지급하지 않더라도 법 위반이 아니다. 다만, 사용자 측 귀책 사유로 휴직하는 경우는 평균임금의 70% 이상의 수당을 지급해야 한다.

휴직이 사용자의 고의나 과실 등 민법상 불법행위를 구성하는 등의 경우는 임금 전액을 지급할 책임이 있다.

휴직 기간도 계속근로연수에 산입한다. 다만, 군 복무휴직은 계속근로기간에는 제외하되 승진 소요 기간에는 산입한다.

휴직 중에도 기밀누설금지, 명예훼손 금지 등 성실의무는 그대로 적용되므로 징계규정에 의거 징계처분을 받을 수도 있다.

6 복직

개인 사유에 의한 휴직이든 업무상 재해로 인한 휴직이든 구분 없이 휴직자는 휴직 사유가 소멸하거나, 휴직 기간이 만료되면 회사에 복직을 신청해야 한다.

회사는 휴직자의 복직 시 당 초의 원직에 복직시키는 것을 원칙으로 하며, 다만, 불가피한 사유가 있는 때에는 다른 업무나 부서에 인사발령을 할 수 있다.

회사에 복직을 명시적으로 신청하였음에도 회사가 정당한 사유 없이 복직을 거부 또는 지연하는 경우는 이른바 부당정직에 해당한다. 따라서 지금까지 단지 구두상의 복직신청이었다면 서면으로 복직신청을 하고, 복직신청에 따른 회사 측의 요구사항(의료기관의 진단서 등)을 충족하였음에도 계속 복직을 거부하는 경우 내용증명으로 재차 복직 의사를 충분히 밝힌다. 이렇게 조치하였음에도 회사가 계속 복직을 거부한다면 관할 지방노동위원회에 부당정직 구제신청을 제기해서 문제를 해결할 수 있다. 반면, 근로자가 원직 복직을 원하지 않으면 원직 복직을 명하는 대신 근로자가 해고 기간에 근로를 제공하였더라면 받을 수 있었던 임금 상당액 이상의 금품을 근로자에게 지급하고 근로관계를 종료할 수 있다.

❓ Tip   휴직 및 복직과 관련해서 유의할 사항

- 휴직 기간이라고 해도 사용종속관계가 유지되고 있다면 동 기간은 근속연수에 포함되어야 한다(근기 1451-3610, 1984.02.09).
- 휴직 기간이 3개월을 초과해서 평균임금 산정 기준기간이 없게 되는 경우는 휴직한 첫날을 평균임금 산정 사유 발생일로 보아 이전 3개월간을 대상으로 평균임금을 산정해야 한다(임금 68207-132, 2003.02.27).
- 근로 제공이 어려운 업무 외 상병 근로자에 대해서 사용자가 회사의 인사규정에 따라 휴직 발령한 것은 사용자의 정당한 인사권의 행사이다(중노위 2000부해649, 2001.05.04).
- 회사가 취업규칙의 규정에 따라 근로자가 질병으로 상당기간 가료 또는 휴양이 필요한 때에 해당한다고 보아 휴직을 명하면서 따로 휴직기간을 정해준 바가 없다면 그 휴직 기간은 취업규칙 소정의 최장기간이고, 그 휴직기간의 기산은 휴직을 명한 날로부터 계산해야 한다(대판 90다8763, 1992.03.31).
- 정직이나 강제 휴직 기간은 소정근로일로 보기 어려워 연차휴가일수 산정에 있어 결근으로 처리할 수 없다(근로기준팀-4, 2005.09.09).
- 휴직 기간이 근로자 귀책 사유에 해당하는 경우 평균임금산정 기준기간에 포함해서 평균임금을 산정해야 한다(임금 68207-132, 2003.02.27.).

- 휴직 전에 근무했던 직책에 복귀되지 않았다고 하더라도 근로기준법 위반으로 볼 수 없다(근기 68207-3089, 2000.10.26).
- 노동위원회의 원직 복직 명령 또는 법원의 해고무효 확인 판결에 따라 근로자를 복직시키면서 사용주의 경영상 필요와 작업환경의 변화 등을 고려해서 복직근로자에게 그에 합당한 일을 시킨다면 그 일이 비록 종전의 업무와 다소 다르더라도 원직에 복직시킨 것이다(근로기준과-6438, 2004.09.09).

포괄임금제

포괄임금계약(포괄 산정 근로계약, 포괄 임금 근로계약)이란 월급여나 연봉 안에 연장근로수당·야간근로수당·휴일근로수당·연차휴가수당 등이 포함된 것으로 체결한 근로계약이나 연봉계약을 말한다.

이 수당들 모두를 포함할 수도 있고, 일부만 포함할 수도 있다. 법률대로 하자면 연장근로수당·야간근로수당·휴일근로수당 등에 대해서는 가산임금을 그달 추가로 지급해야 한다.

그러나 그달 계산하는 것이 사정상 번거롭거나 포괄 임금으로 해서 통으로 지급하더라도 근로자에게 특별히 불리하지 않다면 당사자 합의에 의한 포괄임금계약도 유효하다는 것이 대법원과 고용노동부의 입장이다.

구두 근로계약도 가능하나 분쟁이 발생했을 때는 급여에 어떤 수당이 얼마가 포함됐는지 회사는 증명할 길이 없으므로 구두로 하는 포괄 임금 계약은 하나 마나이다.

서면으로 할 때도 어떤 수당이 얼마만큼 포함되어 있는지를 명시하는 것이 중요하니 경영자와 실무자들은 유념해야 하겠다.

1 계산의 편의

계산의 편의 등을 위해 연장근로수당 등을 일정액으로 미리 정해 지급하기로 한 계약이 유효하더라도 실제 연장근로 등에 따라 산정된 금액이 미리 지급된 금액보다 많을 때는 그 차액은 지급해야 한다.

2 근로자의 승낙

포괄 임금계약은 근로기준법상의 가산임금 지급체계에 대한 예외를 인정하는 계약이라는 점에서 명시적으로 근로계약서를 작성했거나 취업규칙 등에 구체적으로 명시했거나 적어도 구두라도 포괄산정내역에 관해 구체적이고 명시적인 합의가 있어야 하는 것이 원칙이다.

3 불이익이 없고 제반사정에 비추어 정당해야 한다.

포괄임금계약은 실제 시간 외 근로가 발생할 경우 지급해야 하는 법정수당을 당사자 계약으로 사전에 임금에 포함시켜 지급하기로 한 약정이라는 점에서 당사자가 계약으로 정한 범위 내에서 근로자에게 불이익이 없고 제반 사정에 비추어 정당해야 그 효력이 인정될 수 있다.

Tip 포괄 산정 임금과 관련해서 유의해야 할 사항

● 포괄연봉제라 하더라도 약정한 법정 제 수당을 법정 기준 미만으로 지급하는 것은 위법이다. 따라서 약정된 연장·야간·휴일근로시간을 초과하는 실제 근로자가 있는 경우에는 그 초과분을 별도로 지급해야 한다.

● 근로자와의 합의에 의해서 법정 제 수당을 포함하는 포괄임금제를 시행했다면 별도의 연장·야간·휴일 및 휴가수당을 지급할 의무는 없다(임금 68207-586, 1993.09.16).

● 미리 정해진 근로시간에 따라 지급되는 임금이 실제 근로시간에 따른 임금을 상회하고, 단체협약이나 취업규칙에 비추어 근로자에게 불이익이 없다면 이러한 방법의 임금지급도 무방하다(임금 68207-388, 1993.06.18).

● 미사용 연차유급휴가 보상금을 월급여액에 포함해서 미리 지급하는 근로계약을 체결하고, 휴가사용을 허가하지 않는 것은 인정될 수 없다.(근로기준과-7485, 2004.10.19.)

Tip 포괄 임금계약 후 추가 근로를 할 경우 추가 근로수당을 받을 수 없는 건가요?

이는 포괄임금의 산정이라고 말한다. 기업에서 관행적으로 이루어져 온 급여 책정 방식이다. 이처럼 포괄임금 산정의 방식으로 근로계약을 체결하면 근로자의 추가 근로에 대한 보상이 명확히 이뤄지지 않을 수 있어 원칙적으로 금지되는 임금 책정 형태다.

하지만 근로의 내용에 따라 추가 근로시간을 산정하기가 곤란한 경우가 있는데, 대법원은 이러한 경우 정확한 추가 근로수당을 책정하기 어려운 기업의 사정을 고려해 예외적으로 포괄 임금의 산정방식으로 급여를 책정하는 것을 허용하고 있다.

대법원은 포괄 임금 산정방식으로 책정된 임금계약의 유효요건으로

하나, 경비직 종사자처럼 휴식시간이나 대기시간이 많아 실근로시간을 정확하게 산정하는 것이 곤란할 것

둘, 모든 수당을 포함한 일정 급여를 지급하는 것에 대한 근로자의 동의가 있을 것

셋, 근로자에게 불이익이 없을 것

넷, 제반 사정에 비춰 정당하다고 인정될 것을 제시하고 있다.

이 같은 요건이 충족되지 않고 근로시간의 측정이 가능한 경우에 포괄 임금산정의 방식으로 급여가 책정됐다면, 책정된 급여를 넘는 추가 근로 수당이 발생할 경우 이를 지급해야 한다. 모든 사업주·근로자들은 계약체결 시 유념해야 한다.

휴업수당과 출산후휴가수당

1 휴업수당

사용자의 귀책 사유로 인해서 휴업하는 경우는 사용자는 휴업 기간 중 당해 근로자에 대해서 평균임금의 70% 이상의 수당을 지급해야 한다.

평균임금의 70%에 상당하는 금액이 통상임금을 초과하는 경우는 통상임금을 휴업수당으로 지급할 수 있다. 다만, 부득이한 사유로 사업 계속이 불가능해서 노동위원회의 승인을 얻은 경우는 위의 기준에 미달하는 휴업수당을 지급할 수 있다.

휴업수당의 지급요건인 사용자의 귀책 사유란 사용자가 기업의 경영자로서 불가항력이라고 주장할 수 없는 모든 사유를 말하는 것으로 해석하는 것이 일반적이다.

상시 5인 미만의 근로자를 사용하는 사업장에 대해서는 의무 적용대상이 되지 않는다. 따라서 상시 5인 미만의 근로자를 사용하는 사업장은 휴업을 이유로 회사에 휴업수당을 청구해 볼 수는 있겠지만, 사업주가 이를 지급하지 않는다고 해서 위법한 것이 아니므로 실효성은 떨어진다.

휴업수당 = 적은 금액 [평균임금 × 70%, 통상임금]

❶ 상시 5인 이상의 근로자를 사용하는 사업장이어야 한다.

❷ 사용자의 귀책 사유가 있어야 한다.

사용자의 귀책 사유란 민법에 규정된 귀책 사유와 달리 고의·과실을 요건으로 하지 않으며, 사용자의 세력범위 안에서 생긴 경영 장애면 충분하다.

그러나 휴업이 불가항력에 의한 경우이고 사용자가 이를 입증한다면 휴업수당의 지급이 면제될 수 있다.

휴업수당의 면제가 인정되는 사례로는 판매부진, 자금난, 원자재 부족, 공장화재 또는 파괴, 주문량 감소, 시장불황과 생산량 감축, 갱내 붕괴사고 등의 사례가 있다.

❸ 휴업을 할 것

사례

평균임금 400만 원, 월 통상임금 300만 원을 받는 근로자가 임금의 일부로 200만 원을 지급받고 1개월 휴업한 경우

해설

1. 휴업기간 중에 근로자가 임금의 일부를 받는 경우는 휴직기간 중에 해당하는 평균

임금에서 이미 지급한 임금을 뺀 나머지 금액의 70%를 곱한 금액을 휴업수당으로 지급한다.

2. 통상임금을 휴업수당으로 지급하는 경우는 통상임금과 지급받는 임금과의 차액을 지급한다.

- 적은 금액 [평균임금 400만 원 × 70% = 280만 원, 통상임금 300만 원]
- 평균임금 400만 원 – 지급받은 임금 200만 원 = 200만 원
- 200만 원 × 70% = 140만 원(휴업수당)

2 출산휴가수당(출산휴가)

사용자는 근로기준법에 따라 임신 중인 여성 근로자에게 출산 전·후를 통해서 90일(다태아일 경우 120일)의 유급휴가(통상임금 기준)를 주어야 한다.

90일은 역월 상의 기간이므로 주휴일 등 각종 휴일이 포함된 일수이다. 90일의 휴가 기간 중 45일(다태아일 경우 60일) 이상을 반드시 출산 후에 배치해야 한다.

우선지원 대상기업의 경우 90일(다태아 120일)의 급여가 고용보험에서 지급되고, 대규모 기업의 경우 최초 60일(다태아 75일)은 사업주가 그 이후 30일(다태아 45일)은 고용보험에서 지급된다.

구 분	지급기간	지원액
우선지원대상기업	90일	최대 630만 원(다태아 120일 840만 원)
대규모 기업	30일	최대 210만 원(다태아 45일 280만 원)

고용보험법에 따라서 근로자가 출산휴가기간 중에 회사로부터 지급받은 급여와 고용보험 출산휴가급여액을 합한 금액이 당해 근로자의 통상임금을 초과하는 경우 그 초과하는 금액을 고용보험 출산휴가급여에서 감액하고 있으니 유의해야 한다.

출산휴가급여를 받으려면 사업주로부터 출산휴가 확인서를 교부받아 출산휴가급여 신청서를 작성해서 사업장 또는 거주지를 관할 하는 고용센터에 제출하면 된다.

- 출산(유산·사산)휴가 급여 신청서(별지 제105호 서식) 1부
- 고용보험법 시행규칙 제123조에 따른 출산 전·후(유산·사산) 휴가 확인서 1부
- 통상임금을 확인할 수 있는 자료(임금대장 등) 사본 1부
- 휴가기간 동안 사업주로부터 금품을 지급받은 경우 이를 확인할 수 있는 자료
- 유산이나 사산을 하였음을 증명할 수 있는 「의료법」에 따른 의료기관의 진단서(임신기간이 적혀있어야 함) 1부(유산·사산 휴가만 해당)

출산휴가급여 신청서·확인서 등은 www.ei.go.kr(고용보험) ➜ 자료실 ➜ 서식 자료실 ➜ 출산휴가급여/육아휴직 급여에서 내려받는다.

⟨https://www.work24.go.kr/cm/c/f/1200/selecSimulateCalc.do?currentPageNo=1&recordCountPerPage=10⟩

임금관리와 관련해서 작성해야 하는 장부

1 임금대장 및 임금명세서

사용자는 각 사업 장별로 임금대장을 작성하고, 임금과 가족수당 계산의 기초가 되는 사항, 임금액, 성명, 주민등록번호, 고용연월일, 종사하는 업무, 임금 및 가족수당의 계산기초가 되는 사항, 근로일수, 근로시간 수, 연장 및 야간 또는 휴일근로를 시킨 경우 그 시간수, 기본급과 제 수당, 임금의 내역별 금액 등의 사항을 매 임금지급 때마다 기입해야 한다. 또한 직원을 고용한 사업자는 근로자에게 임금의 구성항목과 계산방법, 공제내역 등 근로기준법 시행령에 따른 급여명세서를 서면으로 교부해야 한다(근로기준법 제48조).

❓ Tip 급여명세서 발급 의무

급여명세서는 크게 급여내역과 공제내역으로 구성된다. 단순히 지급하는 총액만 기재하는 것이 아니라, 근로자의 인적 사항 및 수당, 공제 항목까지 모두 들어가야 한다(2021년 11월 19일부터 시행).

① 인적사항 : 근로자의 이름, 사원번호, 부서, 직위 등의 항목

② 급여내역 : 기본급, 상여금, 성과급, 연장수당/야간수당/휴일수당 등 각종 수당 항목

③ 공제내역 : 근로소득세, 지방소득세, 국민연금, 건강보험, 고용보험 등 4대 보험

④ 종사하는 업무

⑤ 임금 및 가족수당의 계산기초가 되는 사항

⑥ 근로일수

⑦ 근로시간수

⑧ 연장근로, 야간근로 또는 휴일근로를 시킨 경우에는 그 시간수

⑨ 기본급, 수당, 그 밖의 임금의 내역별 금액(통화 외의 것으로 지급된 임금이 있는 경우에는 그 품명 및 수량과 평가총액)

2 근로자명부의 작성

사용자는 사업장별로 근로자명부를 작성하고 근로자의 성명, 성별, 생년월일, 주소, 이력, 종사하는 업무의 종류, 고용 또는 고용갱신 연월일, 계약기간을 정한 경우에는 그 기간, 기타 고용에 관한 사항, 해고·퇴직 또는 사망의 경우에는 그 연월일과 사유, 기타 필요한 사항을 기입해야 한다(근로기준법 제41조). 그 후 기입 할 사항에 변경이 있는 경우에는 바로 정정해야 한다. 다만, 사용기간 30일 미만인 일용근로자는 근로자명부를 작성하지 않을 수 있다.

Tip 배우자 또는 가족의 계좌로 임금을 입금한 경우 문제점

근로자가 신용불량자여서 배우자 또는 가족의 계좌로 임금을 입금해주는 경우 이는 임금의 직접 지급 원칙에 위배 된다. 따라서 이 같은 경우는 본인에게 직접 현금으로 지급하고 수령 확인을 받아두는 것이 바람직하다. 다만, 최저생계비로 월 150만 원까지는 압류할 수 없으므로 월 임금수준이 높지 않은 근로자의 경우 근로자 명의의 계좌로 입금해도 문제는 없을 것으로 보인다.

제5장

퇴직 및 해고관리

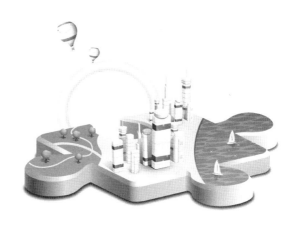

정당한 해고와 해고예고수당

사용자는 근로자를 정당한 이유 없이 해고, 휴직, 정직, 전직, 감봉, 그 밖의 징벌을 하지 못한다.

1 근로자 측 원인에 의한 해고가 정당한 이유

근로자에게 근로계약을 지속시키기 어려울 정도로 중대한 일신상의 사정이 있거나 경영의 질서를 문란케 하는 등 노사 간의 신뢰 관계를 중대하게 위반하는 경우는 정당한 해고로 본다.

예를 들어 다음의 경우를 말한다.

- 회사의 중요기밀을 누설한 경우
- 고의로 사업에 막대한 지장을 초래하거나 재산상 손해를 끼친 경우
- 회사의 명예를 크게 손상시킨 경우

2 | 사용자 측 원인에 의한 해고가 정당한 이유

경영상 이유에 의한 해고의 경우 정당한 해고로 본다. 즉, 다음의 요건을 갖추어 근로자를 해고한 경우는 정당한 이유가 있어 해고한 것으로 본다.

- 사용자가 경영상 이유에 의해서 근로자를 해고하려면 긴박한 경영 상의 필요가 있어야 하며,
- 해고를 피하기 위한 노력을 다해야 하며,
- 합리적이고 공정한 해고의 기준을 정하고 이에 따라 그 대상자를 선정해야 하며,
- 해고 대상자 선정 시 남녀의 성을 이유로 차별해서는 안 되며,
- 해고를 피하기 위한 방법과 해고의 기준 등에 대해서 그 사업 또는 사업장 근로자의 과반수로 조직된 노동조합이 있는 경우에는 그 노동조합(근로자의 과반수로 조직된 노동조합이 없는 경우에는 근로자의 과반수를 대표하는 자)에 해고하려는 날의 50일 전까지 통보하고 성실하게 협의해야 한다.

3 | 근로기준법의 해고금지 기간

다음의 기간에는 ❶ 업무상 부상 또는 질병에 걸린 근로자가 요양 개시 2년을 경과 해도 부상 또는 질병이 완치되지 않아 평균임금 1,340일분의 일시보상을 한 경우 또는 ❷ 사업을 계속할 수 없게 된 경우를 제외하고는 해고를 하면 안 된다.

- 근로자의 업무상 부상 또는 질병의 요양을 위한 휴업 기간과 그 후 30일간

- 출산휴가기간, 유·사산 휴가기간과 그 후 30일간
- 육아휴직기간

4 해고의 예고와 해고예고수당

- 30일 전 해고예고를 해야 하며, 즉시 해고할 경우 30일분 이상의 통상임금을 지급해야 한다.

해고예고수당은 사용자가 해고예고를 하는 대신 즉시 해고를 할 때 30일분 이상의 통상임금에 해당하는 금액을 지급하는 것을 말한다. 이는 사업주가 30일분 이상의 통상임금은 지급해야 해고된 근로자가 새로운 일자리를 알아보는 기간 동안 최소한도의 생계를 유지할 수 있다는 의미에서 예고기간 없는 즉시 해고를 허용하는 것이다.

해고예고는 문서로 해야 하며, 반드시 해고일시를 명시해야 한다.

그러나 다음의 경우에는 해고예고를 하지 않고 즉시 해고가 가능하다.

- 천재사변, 그 밖의 부득이한 사유로 사업을 계속하는 것이 불가능한 경우
- 근로자가 고의로 사업에 막대한 지장을 초래하거나 재산상 손해를 끼친 경우
- 계속 근로한 기간이 3개월 미만인 근로자의 경우

5 해고의 서면 통지 및 절차

서면 통지

사용자는 근로자를 해고하려면 해고 사유와 시기를 서면으로 통지해야 하며, 서면으로 통지하지 않은 해고는 무효가 된다.

🔒 해고 절차

- 단체협약이나 취업규칙에서 정한 해고 절차를 반드시 따를 것
- 징계(인사)위원회를 공정하게 구성
- 본인의 해고 사유를 회의 개최 전에 통지
- 징계(인사)위원회에 본인의 출석과 충분한 소명기회 부여

사직서의 제출과 업무처리

1 합의에 의한 근로계약의 해약

합의에 의한 근로계약의 해약이란 근로자 본인의 요구에 대해서 회사가 승낙함으로써 근로계약을 종료시키는 것으로, 쌍방의 합의에 의해서 종료된다는 점에서 해고 및 사직과 구별된다.

2 사직서의 제출

사직이란 임의퇴직을 의미한다. 이는 근로자 일방의 의사표시로 근로계약을 종료시키는 것으로 사직에 관해서는 관계 법령이 없으므로 특별한 사정이 없으면 근로계약을 종료시키는 취지의 해약 고지로 볼 수 있다.

사직서는 회사와의 근로계약 관계를 해지하는 의사표시를 담고 있는 것이므로 당사자 사이의 근로계약 관계는 회사가 사직서를 수락하는 합의 해지 또는 의원면직이 성립하게 되는 것이다.

퇴직 의사는 근로자가 구두 또는 서면으로 제약 없이 행할 수 있다. 다만, 퇴직이 성립되었다는 것을 입증하기 위해서 서면으로 제출하는 것이 필요하다.

3 사직서의 효력

민법 제660조에 의거 근로자의 해약 자유를 보장받게 된다. 이때 근로계약 기간의 정함이 없는 경우에는 근로자가 자유로이 근로계약을 해지할 수 있으나 그 해지의 효력은 원칙적으로 근로자가 정하는 것은 아니다. 즉, 근로자가 제출한 사직서에 기재된 일자가 퇴사일이 되는 것이 아니다.

일반적인 경우는 근로자가 정한 퇴사일로 결제하는 것이 대부분이지만 중요업무 진행 등을 위해서 결제를 하지 않고 보류할 수도 있다.

회사가 사직을 보류하는 경우 사직의 효력은 근로자의 사직의사를 통보받은 날부터 1개월이 경과하거나 당기 후 1 임금 지급기를 경과하게 되면 효력이 발생하게 된다. 이와 같은 이유에서 사직을 1개월 이전에 통보하는 것으로 정하는 경우가 많다. 이는 법률적으로 상호 간에 위반되는 사실이 없으며, 이 기간동안 중요한 업무를 해결하거나 인원을 충원하여 업무 공백으로 인한 회사손실을 막을 수 있기 때문이다.

1개월 이전에 사직 의사를 알아야 급여담당자가 퇴직 금품청산을 준비하기에 수월하다.

만일 퇴사일 이후 발생하는 임금이 없는 경우에 건강보험 퇴직 정산 및 징수해야 할 세액이 발생한다면 근로자에게 직접 받아 내야 하는 절차가 생길 수 있으므로 유의해야 한다.

간단하게 정리하자면 사직서를 제출한다고 해서 그 사직서에 기재된 일자가 반드시 사직 일이 되는 것은 아니며, 사직서의 효력은 제출 후 1개월이 된다.

4 │ 사직에 따른 업무

❶ 사직서 결재

❷ 근로자 사직 후 사직(퇴직) 일로부터 14일 이내 4대 보험 상실신고

❸ 건강보험 퇴직정산 금액 확인(환급 또는 징수분 발생) 후 급여반영. 이때 징수분이 발생하고, 퇴사일 이후 지급해야 하는 급여가 없다면 퇴직금에서 징수. 1년 미만 근로자의 경우 퇴직금이 발생되지 않으므로 퇴직 전 지급되는 급여에서 퇴직에 따라 징수해야 하는 예상 금액을 예수한다.

❹ 구내식당 미지원 부분 이용내역 징수

❺ 잔여 연차수당 지급 및 초과 사용분 정리

❻ 당해 연도 세액 결정(원천징수영수증 작업)

❼ 사직(퇴직) 일로부터 14일 이내 퇴직금 지급 등 퇴직 금품 지급 완료

❽ 원천세 신고 시 반영

사표를 제출해도
사표를 수리해주지 않는 경우

사직서 제출 시 회사에서 사표수리를 해주지 않았을 경우, 원칙적으로 회사에서 사규나 취업규칙, 근로계약 등에 의해서 근로의 기간을 정한 경우에는 그 계약기간이 끝났을 때, 그 기간의 정함이 없는 근로계약의 경우에는 일반적으로 해당 직원이 퇴직의사를 밝힌 후 1개월 또는 그다음 월급 지급 기간이 끝난 후 자동으로 퇴사처리 된다.

구 분	퇴사 처리 시점
기간으로 보수 (월급제근로자)를 정한 때	상대방이 해지의 통고를 받은 당기 후의 1임금 지급기가 경과함으로서 해지의 효력이 생긴다. 즉, 월급제 근로자의 경우, 사표를 제출한 당기(월급제의 경우 그달) 후의 1 임금 지급기(그다음 달)가 경과하면 효력이 발생한다. 예를 들어, 전월 1일부터 30일까지의 근무에 대한 급여를 그 달의 말일인 30일에 지급받는 경우 10월 10일에 사직서를 제

구 분	퇴사처리 시점
	출했다면, 근로계약의 해지 의사표시(사직서 제출)를 통보한 날(10월 10일)로부터 10월 30일까지의 당기 이후 1임금 지급기(11월 1일~11월 30일)가 경과 한 12월 1일에 근로관계는 자동 해지되는 것이다.
계약기간을 정한 경우	그 기간이 만료되면 연장의 합의가 없을 때는 자동으로 퇴사 처리
계약기간을 정하지 않은 경우	해당 직원이 퇴직 의사를 밝힌 후 1개월이 지난 후

근로계약 기간을 정했을 때는 그 기간이 만료되면 연장의 합의가 없을 때는 자동으로 퇴사 처리가 되는 것이다. 그러나 언제까지 일하고 사직한다는 합의가 사직 당사자와 회사 간에 없었다면 해당 직원은 원칙적으로 자유로이 사표를 제출하고 회사를 그만둘 수 있는 것이다. 즉, 근로자는 일방적으로 퇴사할 경우 사용자(회사)가 이를 받아들이면 그 즉시 퇴사한 것으로 인정된다.

그러나 회사가 해당 근로자의 퇴사로 말미암아 회사의 업무상 차질이 생길 경우를 대비해서 사용자(회사)가 계속하여 사직 처리를 하지 않을 때는 이는 근로자 의사와 무관하게 일을 강요하는 것에 해당하므로 "강제근로"에 해당된다. 이를 대비해 "근로기준법"에서는 근로자의 퇴사시기를 법적으로 보호하고 아울러 근로자의 갑작스러운 퇴사로 인한 회사의 업무상 차질을 막기 위해서 사용자가 퇴사 처리를 하지 않을 때는 근로자가 사직서를 제출한 날로부터 일정기간이 지나면 자동으로 사직 처리를 하도록 규정하고 있다.

이와 관련한 노동부 예규(퇴직의 효력 발생 시기)와 민법 제660조에 의하면 근로기간의 정함이 없는 경우 퇴사의 시기는 다음과 같다.

❶ 사표 제출 후 사용자가 이를 수락 시 또는 단체협약 및 취업규칙에 따라 처리

❷ 사표를 수리하지 않거나 특약이 없을 때는 퇴직의 의사표시 후 1달이 경과 후

❸ 근로자의 임금이 일정한 기간급으로 정기 지급 시 의사표시를 통고받은 당기 후 1지급기가 경과 한 후(다음 임금 지급기일까지 근무)

그러므로 일반적으로 일급으로 계산해서 한 달을 단위로 지급되는 근로자(월급제 근로자)의 경우에는 사용자의 퇴사 처리가 되지 않으면 1달 후에 자동으로 퇴사 처리가 되므로 사직서 제출 후 결근으로 인한 "평균임금" 저하로 "퇴직금"을 손해 보는 일이 없도록 주의해야 한다. 그러나 매일매일 근로계약을 체결하고 임금을 지급받는 일용직은 퇴사 의사표시 후 사용자의 의사와 관계없이 그다음 날로부터 퇴사한 것으로 처리된다.

사직서와 관련하여 근로자가 반드시 알아야 하는 사항을 반드시 숙지하고 근로자가 사직서와는 별도로 해당 회사의 "업무인수인계 규정"에 의해서 업무를 인수인계해야만 나중에 퇴사 후 번거로움을 방지할 수 있으니 인수인계 내용을 나름대로 정리하여 "업무인수인계서"를 작성하는 것이 좋다.

퇴직금의 계산방법과 지급

1 퇴직금 지급기준

퇴직금은 1년 이상 계속 근로한 근로자가 퇴직하는 경우 지급한다. 사업주의 승인하에 이루어진 휴직기간도 계속근로기간에 포함되나, 개인적인 사유(유학 등)에 의한 휴직기간은 단체협약, 취업규칙 등으로 퇴직금 산정을 위한 계속근로기간에 합산하지 않을 수 있다.

계속근로기간에 포함되는 기간

1. 사용자의 귀책사유에 의한 휴업기간
2. 업무상 부상 또는 질병으로 요양을 위해 휴업한 기간
3. 개인의 질병으로 인한 휴직, 휴무기간
4. 노동조합 전임자로 근무한 기간
5. 일용근로자로 근무하다가 정규사원이 된 경우 일용근로자로 근무한 기간
6. 형사사건으로 인한 구금기간(해고 조치가 없는 경우)
7. 직업능력개발 훈련기간, 수습 및 시용기간
8. 쟁의행위기간, 부당해고기간, 결근기간, 정직기간, 무단결근기간, 해외파견기간

9. 본연의 직무와 연관된 해외 유학기간

단, 계속 근로기간이 1년 미만인 근로자, 4주간 평균하여 1주의 소정근로시간이 15시간 미만인 근로자의 경우에는 퇴직금제도가 적용되지 않는다.

2 퇴직금 자동 계산 방법

퇴직금 = 평균임금 × 30일 × 계속근로기간 ÷ 365

평균임금 = 퇴직 직전 3개월 임금 ÷ 3개월 총일수

평균임금이 근로자의 통상임금보다 작으면 통상임금을 평균임금으로 한다.

[퇴직금 자동 계산]

퇴직금 계산 하기

입사일자: 2025 년 1 월 1 일
퇴직일자: 2025 년 1 월 1 일
재직일수: 일

[평균임금계산 기간보기]

※ 퇴직일자는 마지막으로 근무한 날의 다음날짜를 기재후 [평균임금계산기간보기] 클릭
※ 재직일수 총 재직기간이 있는 경우 아래와 같이 처리하시기바랍니다.
　①입사일자/퇴직일자 지정 후 [평균임금계산기간보기] 클릭 → ②재직일수 칸에 입력한 후 → ③해당 기본급, 수당 등 입력
　*재직일수를 입력후 [평균임금계산기간보기] 클릭하시면 재직일수가 초기화됩니다.

퇴직전 3개월 임금 총액 계산(세전금액)　　　　　　　　　　　　　　　　　　　　[임금초기화]

기간	기간별일수	기본급	기타수당
	일	0 원	0 원
	일	0 원	0 원
	일	0 원	0 원
	일	0 원	0 원
합계	일	원	원

※ 기간별일수는 제외하여야 할 날이 있을 경우 수정 가능

연간상여금 총액: 0 원
연차수당: 0 원

1일 평균임금: 　원　[평균임금계산]
1일 통상임금: 　원
퇴직금: 　원　[퇴직금계산] [엑셀로 결과보기]

* 1일 통상임금이 1일 평균임금보다 클 경우 1일 통상임금을 기준으로 퇴직금이 계산됩니다.
* 회사내규등에따라 실제 지급액과가 차이가 있을 수 있습니다.

⟨http://www.moel.go.kr/retirementpayCal.do⟩

🔒 (명절)상여금이나 연차수당의 평균임금 포함 여부

급여 계약 시에는 대부분 상여를 고려하지 않고 계약을 한 후 명절이나 기타 상여를 지급하다가, 나중에 퇴직금 지급 시 그동안 지급한 상여가 퇴직금에 영향을 미친다는 사실을 알고 놀라는 경우가 많다.

그러나 모든 상여가 평균임금에 영향을 미치는 것은 아니다.

평균임금에 해당하기 위한 기준을 살펴보면 다음과 같다.

● 근로계약서, 취업규칙, 노사 관행 등으로 지급의무가 정해져 있어야 한다.

● 상여금 지급이 담당하는 업무와 상당한 연관성이 있어야 한다.

● 지급 시기는 반드시 일정한 기간을 두어야 하는 것은 아니나, 우발적이지 않아야 한다.

● 사용자가 상당한 재량권을 가지고 은혜적으로 지급되는 금품이 아니어야 한다.

● 현금으로 지급되어야 한다(상품권이나 주식, 기타 동산들은 안 됨).

따라서 근로계약서에 명시되어 있지 않고 우발적으로 지급되는 상품권 등에 대해서는 평균임금에 해당하지 않을 수 있다.

하지만, 위 평균임금에 해당하는 "정기적으로 받는 상여금"의 경우 연 상여금의 3개월 ÷ 12개월 치가 퇴직금 산정을 위한 평균임금(퇴직 직전 3개월 임금)에 포함이 된다. 또한, 연차수당도 3개월 ÷ 12개월 치가 퇴직금 산정을 위한 평균임금에 포함된다.

즉, 상여금이나 연차수당의 경우 직전 3개월 금액만 반영한다면 퇴사 일에 따라 퇴직금이 변동될 수 있으므로, 형평성을 위하여 연간 총금액에 3개월 ÷ 12개월을 곱하여 산정된 금액을 퇴직 이전 3개월 동안 받은 임금에 포함을 시킨다.

대부분 퇴직금 산정 시 세무대리인을 통해서 퇴직금으로 얼마를 주어야 하는지 물어보고 그냥 해당 금액을 지급한다.

세무대리인들도 본연의 고유업무는 아니다 보니, 기계적으로 프로그램으로 금액을 계산하여 주기 때문에 오류가 발생하는 경우를 종종 볼 수 있다.

따라서 담당자는 미리미리 어떤 항목들이 퇴직금에 영향을 미치는지 파악한 후 정확한 금액을 계산해서 지급함으로써 고용주와 근로자 간의 분쟁이 일어나지 않게 해야 할 것이다.

상여금이 있는 경우 평균임금의 계산 방법

상여금이 단체협약, 취업규칙 기타 근로계약에 미리 지급조건 등이 명시되어 있거나 관례로서 계속 지급해 온 사실이 인정되는 경우는 평균임금 산정 시 평균임금에 포함해야 한다.

계산방식은 상여금 지급이 평균임금을 산정해야 할 사유가 발생한 때로부터 이전 12개월 중에 지급받은 상여금 전액을 그 기간동안의 근로 월수로 분할 계산해서 평균임금 산정 시 포함한다.

예를 들어 9월 30일에 퇴직한 근로자의 경우에는 퇴직일을 기점으로 1년간 지급받은 상여금을 퇴직금 산정을 위한 평균임금에 포함해야 한다. 즉, 1년간 300만 원을 상여금으로 받았다면,

300만원 × 3개월 ÷ 12개월 = 75만 원

75만 원이 평균임금 계산 시 평균임금에 포함되는 금액이다.

성과상여금(성과급)의 경우 고정적으로 일정 지급률에 의해 계속 지급되었다면 평균임금에 포함된다. 평균임금에 포함되지 않는 성과상

여금은 기업경영실적에 따라 매년 지급률 및 지급유무가 변동되는 것을 의미한다.

또한, 정기적·일률적으로 지급하는 경우라면 평균임금에 포함하고, 출근일 수에 따라 변동적으로 지급하거나 일부 근로자에게 지급하는 경우는 평균임금에 포함하지 않는다.

연차수당이 있는 경우 평균임금의 계산방법

연차수당도 상여금과 같이 3개월분을 포함시켜야 한다.

연차수당은 전전 연도에 발생한 연차수당 보상 분을 퇴직금의 평균임금에 산입하고, 퇴사와 동시에 발생하는 연차수당은 퇴직금 산정에서 제외한다.

퇴직하기 전 이미 발생한 연차유급휴가 미사용 수당

퇴직 전전 연도 출근율에 의해서 퇴직 전년도에 발생한 연차유급휴가 중 미사용하고 근로한 일수에 대한 연차유급휴가 미사용 수당의 3 ÷ 12를 퇴직금 산정을 위한 평균임금 산정 기준임금에 포함한다.

퇴직으로 인해 비로소 지급 사유가 발생한 연차유급휴가 미사용 수당

퇴직 전연도 출근율에 의해서 퇴직 연도에 발생한 연차유급휴가를 미사용하고 퇴직함으로써 비로소 지급사유가 발생한 연차유급휴가 미사용 수당은 평균임금의 정의상 산정사유 발생일 이전에 그 근로자에 대해서 지급된 임금이 아니므로 퇴직금 산정을 위한 평균임금 산정 기준임금에 포함되지 않는다.

구 분		처리방법
1년 미만 월차 개념의 연차(1년~2년 사이의 퇴직)		3 ÷ 12를 퇴직금 산정을 위한 평균임금 산정 기준임금에 포함한다.
1년이 되는 시점에 발생하는 연차수당	퇴직 전전연도 출근율에 의해서 퇴직 전년도에 발생한 연차유급휴가 중 미사용 수당	3 ÷ 12를 퇴직금 산정을 위한 평균임금 산정 기준임금에 포함한다.
	퇴직전연도 출근율에 의해서 퇴직연도에 발생한 연차유급휴가를 미사용하고 퇴직함으로써 비로소 지급사유가 발생한 연차유급휴가 미사용 수당	퇴직금 산정을 위한 평균임금 산정 기준임금에 포함되지 않는다.

다만, 사업장에서 근로기준법 제61조에 따라 연차휴가 사용촉진을 하였음에도 근로자가 연차휴가를 사용하지 않은 경우라면 사용자는 그 사용하지 않은 휴가에 대해서 보상할 의무가 없는바, 이 경우 보상할 연차휴가 미사용 수당이 없다면 평균임금 산정에 포함되지 않는다.

🔒 무단결근 시 평균임금 산정방법

업무 외 부상이나 질병, 그 밖의 사유로 사용자의 승인을 받아 휴업한 기간은 평균임금 산정에서 제외하도록 규정하고 있다(근로기준법 시행령 제2조 제1항 제8호). 즉, 개인적인 사유라 하더라도 사용자의 승인을 받아 휴업한 기간에 대해서는 평균임금 산정기간에서 제외하고 평균임금을 산정해야 한다. 단, 개인적인 사유로서 사용자의 승인을 받지 않은 기간과 무단결근기간은 평균임금 산정기간에 포함한다. 이같이 평균임금 산정에서 제외되는 기간을 설정한 법적 취지는 근로자의 평균임금이 과도하게 줄어들어 퇴직금 등 산정에 불이익을 받는 일이 없도록 하는 취지이다.

구 분	처리방법
업무 외 부상이나 질병, 그 밖의 사유로 사용자의 승인을 받아 결근한 기간	평균임금 산정 기간에서 제외
개인적인 사유로서 사용자의 승인을 받지 않은 기간과 무단결근기간	평균임금 산정 기간에 포함

🔐 평균임금의 최저한도

평균임금이 그 근로자의 통상임금보다 적으면 그 통상임금을 평균임금으로 한다(근로기준법 제2조 제2항).

❓ Tip 기준임금으로 평균임금을 사용하는 경우와 통상임금을 사용하는 경우

평균임금을 사용하는 경우	통상임금을 사용하는 경우
• 퇴직급여(근로기준법 제34조) • 휴업수당(근로기준법 제46조) • 연차유급휴가수당(근로기준법 제60조) • 재해보상 및 산업재해보상보험급여(근로기준법 제79조, 제80조, 제82조, 제84조 및 산업재해보상보험법 제36조) • 감급제재의 제한(근로기준법 제95조) • 구직급여(고용보험법 제45조)	• 평균임금 최저한도(근로기준법 제2조제2항) • 해고예고수당(근로기준법 제26조) • 연장근로수당(근로기준법 제56조) • 야간근로수당(근로기준법 제56조) • 휴일근로수당(근로기준법 제56조) • 연차유급휴가수당(근로기준법 제60조) • 출산전후휴가급여(고용보험법 제76조) • 그 밖에 유급으로 표시된 보상 또는 수당

통상임금은 해고예고수당, 연장수당, 휴일수당, 야간수당, 연차유급휴가수당 등 산정의 기초가 된다. 따라서 통상임금이 높으면 위 수당 산정 시 금액이 올라가는 효과를 얻을 수 있기 때문에 근로자에게는 유리한 측면으로 작용한다.

3 퇴직금 계산 사례

퇴직금 계산서

입 사 일	2014년 01월 01일				
퇴 사 일	2025년 10월 15일				
근 속 기 간	11 년	9 월	13 일	근속일수 : 4,305 일	
급 여 지 급 기 간	2025년 7월 15일 2025년 7월 31일 17일	2025년 8월 1일 2025년 8월 31일 31일	2025년 9월 1일 2025년 9월 30일 30일	2025년 10월 1일 2025년 10월 14일 14일	계 92일
기 본 급	500,000	3,000,000	3,000,000	2,500,000	9,000,000
제 수 당	100,000	100,000	100,000		300,000
식 대 수 당		200,000	200,000	200,000	600,000
자 격 수 당					
직 책 수 당					
계	600,000	3,300,000	3,300,000	2,700,000	9,900,000
상 여	3월			2,000,000	2,000,000
	6월				
	9월				
	12월				
	합계			2,000,000	2,000,000
1년간 받은 연차수당				1,500,000	1,500,000
3개월 평균 연차수당 및 상여금 = (2,000,000원 + 1,500,000원) ÷ 12 × 3					875,000
평균임금액	3개월간 임금총액	임금 계 + 3개월간 상여금			10,775,000
	일 평균임금	3개월간 임금 총액 ÷ 일수(10,775,000원 ÷ 92일)			117,119.57
퇴 직 금	117,119.57 × 30 × 근속일 수 ÷ 365				41,441,080
공 제 액	사우회비	퇴직전환금	소득세	지방소득세	계
			322,580	32,250	354,830
실제 수령액					41,086,250

4 5인 미만 사업장의 퇴직금 계산

2010년 12월 1일 이전에는 5인 미만(4인까지) 사업장에 대해서는 퇴직금의 지급의무가 없었다. 즉, 5인 이상 사업장에 대해서만 퇴직금의 지급의무가 있었다.

그러나 법률의 개정으로 현재는 모든 사업장이 퇴직금을 지급받을 수 있게 되었다. 따라서 2010년 12월 1일 이전부터 5인 미만 사업장에 근무한 근로자의 퇴직금 계산방법은 그 후 입사한 근로자와 퇴직금 계산방법이 약간 차이가 난다.

[상시근로자 5인 미만 사업장의 근속기간별 퇴직급여 지급]

계속근로기간	퇴직급여 지급
2010.12.1. 이전	퇴직금의 지급 의무가 없다.
2010.12.1.~2012.12.31.	평균임금 × 30일 × 계속근로기간 ÷ 365 × 50% 이상
2013.1.1.~	평균임금 × 30일 × 계속근로기간 ÷ 365

예를 들어 상시 5명 미만인 사업장에서 2009년 7월 1일에 입사하여 2025년 6월 30일까지 근무 후 퇴직하는 경우

해설

1. 퇴직급여 산정을 위한 계속근로기간 : 2010년 12월 1일~2020년 6월 30일(10년 7개월)
2. 50% 적용기간 : 2010년 12월 1일 ~ 2012년 12월 31일(761일)
3. 100% 적용기간 : 2013년 1월 1일 ~ 2025년 6월 30일(4,563일)
4. 퇴직급여 산정 : (30일분의 평균임금 × 761 ÷ 365 × 1/2) + (30일분의 평균임금 × 4,563 ÷ 365)

임직원의
퇴직소득세 계산 방법

1 퇴직소득세 계산구조

과세체계	내 용
퇴직급여액 = 퇴직소득금액	비과세 퇴직소득 제외
퇴직소득 과세표준 = 퇴직소득금액 − 퇴직소득공제	(퇴직소득공제) 근속연수별 공제. 기본공제(퇴직소득금액의 40%)는 2016년부터 폐지
퇴직소득 산출세액 ➔ 퇴직소득 과세표준에 12배수를 하여 원천징수 세율(기본세율)을 적용	연분연승법 적용 [(퇴직소득 과세표준 × 1/근속연수 × 12(= 환산급여)) − 환산급여공제] × 기본세율 ÷ 12 × 근속연수(2012년 12월 31일 이전 근속연수 분에 대해서는 (퇴직소득 과세표준 × 1/근속연수) × 기본세율 × 근속연수)

2 │ 퇴직소득금액

퇴직소득 금액은 당해 연도 퇴직소득의 합계액(비과세 금액은 제외)으로 한다.

3 │ 퇴직소득 산출세액

$$(\text{퇴직소득금액} - \text{근속연수공제}) \times \frac{1}{\text{전체근속연수}} \times 12 = \text{환산급여}$$

$$\text{환산급여} - \text{환산급여공제} = \text{과세표준}$$

$$\text{과세표준} \times \text{기본세율} \times \frac{1}{12} \times \text{근속연수} = \text{산출세액}$$

🔒 퇴직소득공제

근속연수공제

근속연수	공제액
5년 이하	100만 원 × 근속연수
5년 초과 10년 이하	500만 원 + 200만 원 × (근속연수 − 5년)
10년 초과 20년 이하	1,500만 원 + 250만 원 × (근속연수 − 10년)
20년 초과	4,000만 원 + 300만 원 × (근속연수 − 20년)

🔁 근속연수는 퇴직금 산정기준이 되는 기간을 말하며, 근속연수 계산 시 1년 미만은 1년으로 한다. 예를 들어 근속연수가 1년 1개월인 경우 2년으로 한다.

🔁 당해 연도에 2회 이상 퇴직한 경우도 퇴직소득공제는 1회만 적용한다.

⬛ 환산급여공제

환산급여	공제액
800만 원 이하	환산급여 × 100%
800만 원 ~ 7,000만 원	800만 원 + (환산급여 − 800만 원)× 60%
7,000만 원 ~ 1억 원	4,520만 원 + (환산급여 − 7,000만 원)× 55%
1억 원 ~ 3억 원	6,170만 원 + (환산급여 − 1억 원)× 45%
3억 원 ~	1억 5,170만 원 + (환산급여 − 3억 원)× 35%

4 퇴직소득세 계산사례

- 입사일 : 2014년 1월 11일
- 퇴사일 : 2025년 10월 15일
- 퇴직금 : 41,441,080원인 경우

계산내역

$$(41,441,080원 − 20,000,000원) \times \frac{1}{12} \times 12 = 21,441,080원$$

$$21,441,080원 − 16,064,648원 = 5,376,432원$$

- 환산급여공제 = 8,000,000원 + (21,441,080원 − 8,000,000원) × 60%

$$5,376,432원 \times 기본세율 \times \frac{1}{12} \times 12 = 322,585원$$

구 분		세무상 처리	손금산입
임원	❶ 퇴직 전 3년간 평균급여(퇴직한 날부터 소급해서 3년 동안 지급받은 총급여의 연평균환산액) × 1/10 × 근속연수(2012.1.1. 이후의 근무기간/12) × 3배 + 퇴직 전 3년간 평균급여(퇴직한 날부터 소급해서 3년 동안 지급받은 총급여의 연평균환산액) × 1/10 × 근속연수(2020.1.1. 이후의 근무기간/12) × 2배	퇴직소득	손금산입
	❶을 초과하는 금액	근로소득	손금산입
평균급여 : 퇴직한 날부터 소급하여 3년(근무기간이 3년 미만의 경우는 개월 수로 계산한 해당 근무기간을 말하며, 1개월 미만의 기간이 있는 경우에는 이를 1개월로 본다)동안 지급받은 총급여의 연평균환산액 근속연수 : 1년 미만의 기간은 개월 수로 계산하며, 1개월 미만의 기간이 있는 경우에는 이를 1개월로 본다.			
일반직원은 자체 퇴직급여규정과 근로기준법 중 큰 금액		퇴직소득	손금산입

퇴직소득세 산출근거

담당	대리	과장	부장	이사	사장

사 번 :	소 속 :
성 명 :	직 위 :
주민등록번호 :	연 락 처 :
주 소 :	

입 사 일 : 2014년 1월 1일

퇴 사 일 : 2025년 10월 15일

정산근속연수   141   월   12   년

항 목		내 역	결 과
	근속년수	세액공제용 근속연수(1년 미만은 무조건 1년으로 본다.	12
퇴직소득과세표준계산	퇴직소득금액		41,441,080
	1. 근속년수 공제	근속연수에 따른 공제액	20,000,000
	2. 환산급여	((퇴직소득금액-1)/정산근속연수 × 12배)	21,441,080
	3. 환산급여별공제		16,064,648
	4. 과세표준		5,376,432
퇴직소득세액계산	1. 환산산출세액(과세표준×		322,585
	2. 산출세액	(1./12배 × 정산근속연수)	322,585
퇴직소득원천징수세액			322,580
지방소득세			32,250
	납부할 세액		354,830

위의 사실을 확인함   2025 년   10 월   15 일

근로자 :   손원준   인   사용자 :   홍길동   인

관리번호		퇴직소득원천징수영수증/지급명세서		거주구분	거주자1 / 비거주자2
		([ ] 소득자 보관용 [ ] 발행자 보관용 [ ] 발행자 보고용)		내외국인	내국인1 / 외국인9
				종교관련종사자 여부	여 1 / 부 2
				거주지국	거주지국코드
				징수의무자구분	사업장

징수 의무자	①사업자등록번호		②법인명(상호)		③대표자(성명)	
	④법인(주민)등록번호		⑤소재지(주소)			
소득자	⑥성　명		⑦주민등록번호			
	⑧주　소				(9) 임원여부	부
	(10) 확정급여형 퇴직연금 제도 가입일				(11) 2011.12.31.퇴직금	

| 귀 속 연 도 | 2025-01-01 부터
2025-10-15 까지 | | (12) 퇴직사유 | [ ]정년퇴직 [ ]정리해고 [●]자발적 퇴직
[ ]임원퇴직 [ ]중간정산 [ ]기 타 | | |

	근 무 처 구 분	중간지급 등	최종	정산
퇴직 급여 현황	(13) 근무처명			
	(14) 사업자등록번호			
	(15) 퇴직급여	-	41,441,080	41,441,080
	(16) 비과세 퇴직급여	-	-	-
	(17) 과세대상 퇴직급여(15-16)	-	41,441,080	41,441,080

	구 분	(18)입사일	(19)기산일	(20)퇴사일	(21)지급일	(22)근속월수	(23)제외월수	(24)가산월수	(25)중복월수	(26)근속연수
근속 연수	중간지급 근속연수					-	-	-	-	-
	최종 근속연수	2014-01-01	2014-01-01	2025-10-15	2024-10-15	142	-	-		12
	정산 근속연수	2014-01-01	2014-01-01	2025-10-15		142	-			12

	계 산 내 용	금 액
과세 표준 계산	(27)퇴직소득(17)	41,441,080
	(28)근속연수공제	20,000,000
	(29)환산급여 [(27-28) × 12배 /정산근속연수]	21,441,080
	(30) 환산급여별공제	16,064,648
	(31) 퇴직소득과세표준(29-30)	5,376,432

	계 산 내 용	금 액
퇴직 소득 세액 계산	(32) 환산산출세액(31 × 세율)	322,585
	(33) 퇴직소득 산출세액(32 × 정산근속연수 / 12배)	322,585
	(34) 세액공제	-
	(35) 기납부(또는 기과세이연) 세액	-
	(36) 신고대상세액(33 - 34 - 35)	322,585

	(37) 신고대상세액(36)	연금계좌 입금명세				(39) 퇴직급여(17)	(40) 이연 퇴직소득세 (37 × 38 / 39)
이연 퇴직 소득 세액 계산		연금계좌취급자	사업자등록번호	계좌번호	입금일	(38)계좌입금금액	
						-	
						-	
	-	(41) 합　계				-	

납 부 명 세	구 분	소득세	지방소득세	농어촌특별세	계
	(42) 신고대상세액(36)	322,585	32,258		354,843
	(43) 이연퇴직소득세(40)	-	-		-
	(44) 차감원천징수세액(42-43)	322,580	32,250		354,830

위의 원천징수세액(퇴직소득)을 정히 영수(지급)합니다.

　　　　　　　　　　　　　　　　　　　　　　　　　　　　년　　　월　　　일

징수(보고)의무자　　　　　　　　　　　　　　　　(서명 또는 인)

세무서장　　귀하

퇴사할 경우 인수인계

근로기준법에는 근로자가 퇴사 시 퇴사일 30일 전에는 반드시 사업장에 통보해야 한다고 명시되어 있다.

따라서 30일, 즉 1개월은 근로자나 회사 처지에서 근로기준법에서 인정하는 꼭 필요한 유예기간인 셈이다.

채용공고를 내고, 지원자 입사서류를 검토하고, 면접자 면접 보고, 합격자 통보하고, 인수인계를 해줘야 하는 기간을 1개월로 본다.

근로기준법에는 인수인계를 안 해주면 근로자에게 법적으로 피해가 온다는 내용은 솔직히 없다.

그렇지만 민사로까지 갈 수는 있다.

다시 말해서 근로자가 인수인계를 안 해서 발생할 수 있는 정신적, 물질적인 손해배상을 사업장에서 민사소송으로 갈 수 있는 자격이 생긴다는 것이다. 중요한 것은 민사소송을 걸 수 있는 자격을 사업장에게 준다는 것이 중요하다. 따라서 사업장에서 소송 걸 수 있는 빌미를 주지 말아야 한다는 것이다.

이렇게 소송까지 가는 경우 회사가 승소하는 경우가 대부분이다. 그렇게 되면 근로자는 회사에 피해보상으로 인한 금전을 보상해줘야 한다. 이는 근로기준법과 무관한 민사로 진행된다.

그리고 요즘에는 회사 이직 시에 지원자들의 전 회사에 전화를 걸어 그 직원의 평판을 물어보는 사례가 많다. 따라서 인수인계를 제대로 안 해서 사업장과 문제가 발생하면 그 사실 그대로 전달되기 때문에 다른 회사에 입사할 때도 치명타가 될 수 있다.

학생 시절과는 달리 사회생활은 내 기분대로 내 감정대로 하면 안 된다. 반드시 내가 행동한 것만큼 나에게 돌아오는 것이 사회이므로 반드시 약속한 것을 지켜야겠다.

특히 재무나 경리업무와 같이 금전을 다루는 업무는 업무의 단절이 있을 때 금전 손해와 연결되기 때문에 주의를 해야 하며, 전문직이나 특수직종, 거래처와 원만한 관계의 유지가 필요한 영업직은 업무 인수인계를 안 하는 경우 손해가 발생할 가능성이 크다.

또한, 업무상 필요한 자료나 데이터 파일 등을 무단으로 가져가거나 회사에 반납하지 않았을 때는 손해배상 책임을 질 가능성이 크다.

직원 퇴직 후에도
보관해두어야 할 서류

1 계약서류 보존 의무

근로기준법 제42조에서 회사는 근로자명부와 근로계약에 관한 중요한 서류(근로계약서, 임금대장, 임금의 결정·지급방법과 임금계산의 기초에 관한 서류, 고용·해고·퇴직에 관한 서류, 승급·감급에 관한 서류, 휴가에 관한 서류 등)를 3년간 보존하도록 하고 있다.

퇴사의 절차
사직서를 제출받는다.
4대 보험 상실신고를 한다.
퇴직금과 급여정산을 한다.
출입카드를 회수한다.
원천징수영수증과 각종 증명서(재직증명서, 경력증명서, 급여명세서 등)를 발급한다.

이는 근로기준법상 임금채권의 소멸시효가 3년이라는 점에서 임금과 관련한 분쟁이 발생한 경우 관련 서류에 대한 입증 책임이 사용자(회사)에 있으므로 이를 법정 보존 서류로 정하고 있는 것이며, 만일 이를 위반해 관련 서류를 보존하

고 있지 않았을 때는 500만 원 이하의 과태료 처분을 받는 것 이외에 관련 분쟁에 있어서 불리한 입장에 처할 수 있으므로 반드시 근로계약과 관련한 중요한 서류를 보존해야 한다. 특히, 근로자명부와 근로계약서, 임금대장, 퇴직 관련 서류 등은 해당 근로자가 회사를 퇴직한 날부터 기산해서 3년간 보존해야 하므로, 해당 서류를 반드시 보존해야 하고, 고용노동부 근로감독이 실시되는 경우에도 마찬가지로 3년간 서류까지 점검하게 된다는 점도 유의해야 한다.

- 근로계약서
- 임금대장
- 임금의 결정·지급 방법과 임금 계산의 기초에 관한 서류
- 고용·해고·퇴직에 관한 서류
- 승급·감급에 관한 서류
- 휴가에 관한 서류
- 승인·인가에 관한 서류
- 서면 합의 서류
- 연소자의 증명에 관한 서류

2 사용증명서

근로기준법 제39조에서는 "사용자는 근로자가 퇴직한 후라도 사용기간, 업무 종류, 지위와 임금, 그 밖에 필요한 사항에 관한 증명서를 청구하면 사실대로 적은 증명서를 즉시 내주어야 한다." 고 규정하고 있다. 퇴직 이유나 경영진의 판단과 관계없이 근로자가 일했던 경력을 인정받을 수 있다.

퇴직에는 임의퇴직(사직)뿐 아니라 해고, 계약기간의 만료 등 모든 근로관계의 종료가 포함된다. 그렇다고 사용증명서를 꼭 퇴직 이후에 신청할 수 있는 것은 아니다. 재직 중에도 이직을 위해 사용증명서 발급을 요청할 수 있다. 회사는 이에 응해야 한다.

사용증명서에는 근로자의 퇴사 이유가 들어갈 수 있다. 그런데 퇴사 이유가 이직하는데, 악영향을 끼칠 수 있는 내용이라면 어떨까. 근로자를 채용하려는 회사에서 판단할 문제지만, '사내 직원과의 불화로 인한 권고사직'과 같은 내용이라면 근로자에게 불리하게 작용할 수 있다. 이때 근로자는 이런 부분을 빼고 사용증명서를 발급해달라고 요청할 수 있다. 근로기준법은 사용증명서에 '근로자가 요구한 사항만 적어야 한다.'고 규정하기 때문이다.

회사가 사용증명서를 내어주지 않는다면 500만 원 이하의 과태료를 부과받을 수 있다. 또한 '근로자가 요구한 사항'만 기입하지 않고 다른 내용까지 넣는다면 과태료 대상이다.

사용증명서를 청구할 수 있는 근로자는 해당 회사에서 30일 이상 근무한 근로자에 한정되므로 1개월 미만 근무한 근로자가 사용증명서를 청구하더라도 회사는 반드시 발급할 의무가 있는 것은 아니다. 또한, 퇴직근로자가 회사에 사용증명서를 청구할 수 있는 기한은 퇴직 후 3년 이내로 한정되는데, 이는 근로기준법상 사업주가 퇴직근로자에 대한 서류를 보존하는 기간이 3년으로 정해져 있기 때문이다. 그러나 실무적으로는 대부분 회사가 그 이전의 경력에 대해서도 사용증명서를 발급하는 것이 일반적이다.

퇴직연금제도

퇴직급여 제도는 크게 퇴직금제도와 퇴직연금제도로 나누어지는데, 퇴직금제도는 회사와 근로자의 근로계약에 의해 회사가 근로자에게 퇴직금을 직접 지급하는 것을 말한다. 반면 퇴직연금제도는 회사와 금융기관이 퇴직연금 계약에 의해서 금융기관이 근로자에 대한 퇴직급여 지급의무를 지게 되는 것으로 퇴직금 제도에서 나타나는 체불 등 문제점을 보완하여 새로 도입된 제도이다.

결국 퇴직금제도는 퇴직금을 사내에서 책임을 지는 것이고, 퇴직연금제도는 퇴직금을 사외에 적립하게 함으로써 관리 주체를 금융기관으로 두어 체불을 예방하고 적립한 금액으로 퇴직금을 안정적으로 지급하게 하는 것이라고 보면 된다.

퇴직연금제도는 크게 확정급여형 퇴직연금제도(DB형 제도)와 확정기여형 퇴직연금제도(DC형 제도)로 분류된다.

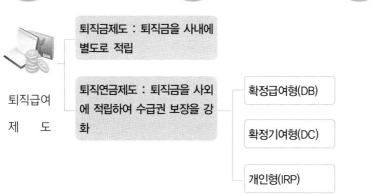

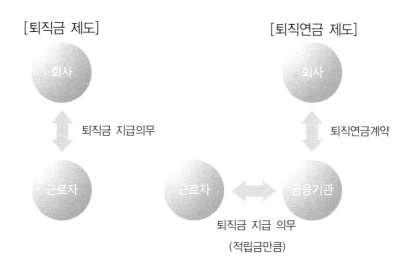

구 분	퇴직금	퇴직연금
적립·운용 및 지급형태	기업이 근로자의 퇴직금을 사내에 보관해두었다가 퇴직 시 일시금 형태로 수령	퇴직금을 사외(퇴직연금사업자)에 적립·운용하므로 기업이 도산하더라도 근로자는 적립된 퇴직금을 안정적으로(연금 혹은 일시금 형태) 수령
제도운영 주체	기업(사용자)중심 의사결정	기업(DB) 혹은 근로자(DC, IRP)
부담금 납입주체	해당 없음	기업(DC/IRP의 경우 근로자 추가적립가능)
운영위험 주체	해당 없음	DB : 사용자 DC/IRP : 근로자
퇴직급여 수준	계속근로기간 1년당 30일 평균임금 x 근속연수	DB : 계속근로기간 1년당 30일 평균임금 x 근속연수 DC/IRP : 부담금 ± 수익률
퇴직금 중간정산 또는 중도인출	법정 사유 충족 시 가능	DB : 불가 법정 사유 충족 시 가능
세제 혜택	퇴직금 수령 시 과세	연금 수령 시까지 과세이연 일시금

1 확정급여형 퇴직연금제도(DB형 제도)

확정급여형 퇴직연금제도는 근로자가 받을 퇴직급여액이 사전에 결정되어있는 퇴직연금제도를 말한다. 급여액은 계속근로기간 1년에 대하여 30일분의 평균임금에 상당하는 금액 이상이 되어야 한다.

DB형 제도는 사용자가 매년 부담금을 적립하여 직접 책임지고 운용하는 형태로, 사용자는 급여 지급능력을 확보하기 위해서 매 사업연도 말 기준 책임준비금의 일정 비율을 곱하여 산출한 금액 이상을 적립해야 한다. 근로자 입장에서 DB형 제도는 지급받을 퇴직급여가 확정되어있지만, 기업의 경영 상황에 따라 수급권이 불안정해진다는 단점이 있다.

- 퇴직금 수준이 미리 확정되어있으므로 안정적으로 퇴직금 수령이 가능하다.
- 운용의 책임은 회사에 있으므로 근로자는 퇴직금의 투자나 관리에 직접적으로 관여하지 않아도 된다.

2 확정기여형 퇴직연금제도(DC형 제도)

확정기여형 퇴직연금제도는 급여의 지급을 위해 사용자가 부담해야 할 부담금의 수준이 사전에 결정된 퇴직연금제도를 말한다. 사용자가 근로자의 매년 연간 임금총액의 1/12 이상을 부담금으로 납입하고, 이를 근로자가 직접 운용하는 방식이다. 근로자의 운용능력에 따라 퇴직급여액이 증가 또는 감소할 수 있다. 따라서 적립금 운용이 매우 중요하며, 퇴직연금사업자(금융기관)는 근로자들이 합리적으로 자금을 운용할 수 있도록 적립금 운용방법을 근로자에게 주기적으로 제시한다. 근로자는 적립금 운용 방법을 스스로 결정하고 필요할 경우 변경할 수 있다.

아울러 DC형 제도는 DB형 제도와는 달리 주택 구입 등 일정 사유가 발생하면 적립금을 중도인출할 수 있다. 사용자가 퇴직연금제도를 설정하거나 변경하려는 경우에는 근로자의 동의를 받아야 한다.

이때 근로자의 과반수가 가입한 노동조합이 있는 경우에는 노동조합, 없는 경우에는 근로자 과반수의 동의를 받아야 하며, 일방적으로 결정할 수는 없다. 다만, 2011년 7월 25일 이후 새로 성립된 사업의 경우에는 근로자대표의 의견 협의만으로도 퇴직연금제도를 설정할 수 있다. 퇴직연금제도의 급여를 받을 권리는 원칙적으로 양도하거나 담보로 제공할 수 없지만, 예외적으로 주택 구입 등의 사유가 있는 경우 담보로 제공할 수 있다.

퇴직연금에 가입한 근로자는 퇴직 시 급여를 연금으로 받을지 또는 일시금으로 받을지에 대해 결정할 수 있다. 단, 연금은 55세 이상으로 가입기간이 10년 이상인 근로자에게만 지급할 수 있으며, 이 경우 연금의 지급기간은 반드시 5년 이상이어야 한다. 어떤 퇴직연금제도가 더 유리하다고 일률적으로 판단할 수는 없다. 이는 각 회사의 경영환경, 근로자의 성향 등에 따라 노사 간 합의를 통해 결정할 사항이다. 다만, 중요한 것은 퇴직연금을 잘 활용한다면 앞으로 다가올 초고령화 시대에 노후 자금 마련에 적잖은 도움이 될 수 있다는 것이다. 또한, 1년 미만 재직근로자와 자영업자 등도 개인형 퇴직연금제도(IRP)에 가입할 수 있으니, 이런 점을 적극 활용해서 미래를 준비해야겠다.

- 근로자의 투자성향을 고려하여 다양하게 운용할 수 있다.
- 운용의 책임은 근로자에 있으므로 적립금 운용 결과에 따라 발생한 수익 또는 손실이 반영되어 퇴직급여가 변동될 수 있다.
- 회사가 적립하는 부담금 외에 가입자의 추가부담금 납입이 가능하다(근로자 추가부담금의 일부 세액공제 혜택).

3 | 개인형 퇴직연금(IRP)

개인형 퇴직연금(IRP : Individual Retirement Pension)은 가입자가 선택에 따라 가입자가 납입 한 일시금이나 사용자 또는 가입자가 납입 한 부담금을 적립·운용하기 위하여 설정한 퇴직연금제도로서 급여의 수준이나 부담금의 수준이 확정되지 않은 퇴직연금제도를 말한다.

- IRP 해지 시까지 소득세 납부가 연기되는 과세이연 혜택을 받을 수 있다.
- 퇴직연금(DB/DC) 도입 기업체 근로자는 개인형 퇴직연금 계좌를 개설하여 추가 납입도 가능하다.
- 특례로 상시 10명 미만의 근로자를 사용하는 사업장의 경우 근로자의 동의나 요구에 따라 개인형 퇴직연금을 설정할 수 있다.

4 | 퇴직연금제도 도입 시 과거 근로기간의 처리

퇴직금 제도를 운용하다가 퇴직연금제도를 도입하는 경우 기존 퇴직금을 처리하는 방안은

- 과거 근로기간을 가입기간에 소급하지 않는 방법
- 과거 근로기간 전부 또는 일부를 소급하여 적립하는 방법
- 단계적으로 과거 근로기간을 소급하여 적립하는 방법 등

여러 가지 방법이 있으며, 이에 대해서는 노사 간 합의로 자유롭게 결정할 수 있다.

⬚ 과거 근로기간을 소급하지 않는 방법

과거 근로기간을 퇴직연금제도에 소급하지 않으면 퇴직연금제도 도입 이전 퇴직금 제도와 도입 이후 퇴직연금제도가 각각 병존한다.

한편, 퇴직금제도의 평균임금 산정 시점은 퇴직연금제도 도입 시점이 아니라 실제 퇴직 시점을 평균임금 산정 시점으로 본다는 것에 유의해야 한다.

⬚ 과거 근로기간에 대한 확정기여(DC)형 퇴직연금제도의 적립

확정기여(DC)형 퇴직연금제도로 소급하는 경우 소급적용 시점의 연간 임금총액의 1/12을 부담금으로 납입해야 한다.

⬚ 과거 근로기간에 대한 확정급여(DB)형 퇴직연금제도의 최소 적립 비율

과거 근로기간 연수 가입 후 연차	1년 미만	1년 이상 3년 미만	3년 이상 6년 미만	6년 이상 10년 미만	10년 이상
1차연도	60%	30%	20%	15%	12%
2차연도	70%	60%	40%	30%	24%
3차연도	80%	70%	60%	45%	36%
4차연도	90%	80%	70%	60%	48%
5차연도	–	90%	80%	70%	60%
6차연도	–	–	90%	80%	70%

과거 근로기간 연수 가입 후 연차	1년 미만	1년 이상 3년 미만	3년 이상 6년 미만	6년 이상 10년 미만	10년 이상
7차연도	–	–	–	90%	80%
8차연도	–				90%
참고	9차 연도 : 2021년 1월 1일 이후				100%

과거근로기간과 퇴직연금 설정 이후의 가입기간을 합산한 가입기간 전체에 대한 최소적립비율은 다음의 산식에 의하여 산정한다.

$$\frac{[(\text{평균 과거 근로기간} \times \text{해당 기간의 최소 적립 비율}) + (\text{평균 퇴직연금 설정 이후의 가입기간} \times 80)]}{\text{가입기간 전체}}$$

과거 근로기간에 대한 최소적립비율이 90%인 연도의 다음 연도부터의 최소적립비율은 가입기간 전체에 대하여 90%를 유지해야 한다.

Tip 모든 기업이 반드시 퇴직연금제도를 도입해야 하나요?

퇴직연금제도 도입은 의무사항이 아니며, 기업은 퇴직급여제도(퇴직금제도, 퇴직연금제도) 중 하나 이상의 제도를 설정하면 된다. 다만, 세제 혜택과 다양한 급여제도의 설정, 근로자의 수급권 보장 등 여러 측면에서 장점이 많으므로 퇴직연금제도를 설정하는 것이 유리하다.

'사적연금 활성화 대책'의 퇴직연금 도입 의무화 일정

기한	2016.1.1.	2017.1.1.	2018.1.1.	2019.1.1.	2022.1.1.
대상 사업장 (상시근로자수 기준)	300인 이상	300~100인	100~30인	30~10인	10인 미만

Tip 퇴직금 제도에서 퇴직연금제도로 전환할 경우 기존의 퇴직금 적립분은 어떻게 처리되나요?

퇴직연금제도는 제도 도입 이후 근로를 제공한 기간에 대해 적용하는 것이 원칙이나, 제도 도입 이전의 근무기간도 가입기간에 포함시킬 수 있다. 과거 근무기간을 포함하는 경우는 도입하는 제도 유형, 퇴직금 제도에서의 사외적립 여부 등에 따라 기업의 재무 부담이 달라진다. 과거 근무기간을 퇴직연금 가입기간에 포함하지 않는 경우는 그 기간에 대해서 퇴직금 제도를 계속 유지해야 하며, 퇴직금 제도에서의 중간정산은 법정 사유(주택구입, 전세금·보증금 부담, 개인파산 등)에 한해서만 가능하다.

제**6**장

4대 보험 관리

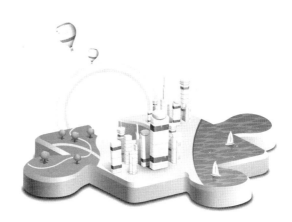

4대 보험은
반드시 들어줘야 하나?

일반적으로 주 15시간 이상을 근무하고 월 8일이나 월 60시간 이상 근무한 근로자는 법에서 정한 예외를 제외하고는 4대 보험에 가입하게 된다. 4대 보험 적용 제외 대상을 알아보면 다음과 같다.

1 국민연금

- 만 60세 이상인 사람
- 타공적연금가입자
- 노령연금수급권을 취득한 자 중 60세 미만의 특수직종 근로자
- 조기노령연금 수급권을 취득하고 그 지급이 정지되지 아니한 자
- 퇴직연금 등 수급권자
- 국민기초생활보장법에 의한 수급자
- 일용근로자 또는 1개월 이내의 신고기한부로 사용되는 근로자(1개월 이상 계속 사용되는 경우는 제외)

일용근로자, 시간제 근로자인 경우, 근로계약 여부 또는 근로계약 내용과 관계없이 고용기간이 1개월 이상이고, 근로시간이 월 60시간 또는 월 8일 이상, 월 소득 220만 원 이상인 근로자는 가입대상이다.

- 법인의 이사 중 근로소득이 없는 자

2 건강보험

- 의료급여법에 따라 의료급여를 받는 자
- 독립유공자예우에 관한 법률 및 국가유공자등 예우 및 지원에 관한 법률에 의하여 의료보호를 받는 자
- 1월 미만의 기간 동안 고용되는 일용근로자
- 하사(단기복무자에 한함)·병 및 무관후보생
- 선거에 의하여 취임하는 공무원으로서 매월 보수 또는 이에 준하는 급료를 받지 아니하는 자
- 비상근 근로자 또는 1월간의 소정근로시간이 60시간 미만인 단시간근로자(교직원·공무원 포함)
- 소재지가 일정하지 아니한 사업장의 근로자 및 사용자
- 근로자가 없거나 비상근 근로자 또는 1월간의 소정근로시간이 60시간 미만인 단시간근로자만을 고용하는 사업장의 사업주

3 고용보험

- 65세 이상인 자(단, 고용안정·직업능력 개발 사업은 적용)

- 1월간 소정근로시간이 60시간 미만인 근로자(1주가 15시간 미만인 자포함). 다만, 3개월 이상 계속하여 근로를 제공하는 자는 적용대상이다.
- 공무원(별정직, 계약직 공무원은 2008년 9월 22일부터 임의가입 가능). 다만, 임용된 날부터 3개월 이내에 고용센터로 신청(3개월 이내 신청하지 않을 시 가입 불가)
- 사립학교교직원연금법 적용자
- 별정우체국 직원
- 외국인 근로자. 다만, 아래의 경우는 당연적용

  거주(F-2), 영주(F-5) 자격의 경우는 당연 적용하며, 주재(D-7)·기업투자 (D-8) 및 무역 경영(D-9)의 경우는 상호주위에 따라 적용

4 │ 산재보험

「공무원연금법」, 「군인연금법」, 「선원법」·「어선원 및 어선재해보상보험법」 또는 「사립학교교직원연금법」 에 의하여 재해보상이 행해지는 자

4대 보험 가입 제외 대상

1 국민연금

국민연금은 1일이 지나서 입사한 경우 해당 월 납부예외 여부를 선택할 수 있다. 즉, 입사 일에 국민연금을 납부할지 안 할지를 근로자가 선택 가능하다는 것이다. 보통은 '부'로 많이 해서 그달은 공제하지 않는다.

- 만 60세 이상이라면 국민연금 가입 제외
- 1개월 60시간 미만 또는 8일 미만 근로자 적용 제외
- 정산하지 않기 때문에 고지되는 금액만큼을 공제

2 건강보험

건강보험도 국민연금과 같이 1일 입사자 외에는 해당 월 보험료는 납부하지 않아도 된다. 이는 1일이 포함된 소속(지역 또는 전 직장)에서 보험료를 납부하는 것이 원칙이다.

- 1개월 동안 60시간 미만 단시간근로자 및 1개월 동안 8일 미만 일용근로자 적용 제외
- 매년 2월에 전년도 분에 대해서 정산 방법에 따라 보험료를 정산한다.

3 고용보험

고용보험은 만 65세 이상, 월 60시간 미만 근로자는 적용 제외된다. 단, 월 60시간 미만 근로자라도 3개월 이상 근로제공시에는 적용할 수 있다.

고용보험료는 정산 방법이 연간 총급여액에 요율만큼을 부과하는 것이므로 차후에 정산할 필요가 없도록 보통 매월 급여에서 요율만큼을 공제한다.

4 산재보험

전액 사업자가 보험료를 부담하는 보험으로써 근로자 가입 신고는 별도로 필요하지 않다.

일용근로자, 단시간근로자의 4대 보험

세법에서 규정하는 일용근로자는 근로를 제공한 날 또는 시간에 따라서 근로 대가를 계산하거나 근로를 제공한 날, 시간의 근로 성과에 따라 급여를 계산해서 받는 사람으로서 동일한 고용주에게 3월 이상(건설공사 종사자는 1년 이상) 계속해서 고용되어 있지 않은 사람을 뜻한다. 즉, 통상 3개월 미만의 기간동안에 근로를 제공하는 사람을 일용근로자로 규정하고 있다.

그러나 4대 보험의 경우에는 각 법령에 그 가입을 제외하는 일용근로자의 범위를 각각 규정하고 있는데 그 규정에 따라 4대 보험 가입 여부를 판단해야 한다. 따라서 세법상 일용근로자에 해당한다고 하더라도 4대 보험 각 법령에 의해서 가입해야 하는 경우는 4대 보험에 가입해야 한다.

일용근로자의 4대 보험 가입 의무

법률상 일용근로자란 1개월 미만 동안 고용되는 자를 말한다.

그러나 현실적으로 1월 미만 고용된 경우를 의미하는 것이 아니고, 근로계약 기간이 1일 단위 또는 1월 미만의 경우를 의미한다.

간략하게 살펴보면 고용, 산재보험은 가입이 필수이며, 건강보험과 국민연금은 근로일수, 시간에 따라 가입 대상 여부가 정해진다. 일반적으로 월 근무일수 8일 이상이면 가입해야 한다.

일용근로자의 고용보험은 근로내용확인신고서를 제출하면 고용신고 및 고용종료 신고를 한 것으로 본다.

일용근로자를 고용한 달의 다음 달 15일까지 근로복지공단이나 고용센터에 신고해야 하는데, 여기서 유의할 점은 그달에 고용된 일용근로자의 고용정보를 다음 달 15일까지 매월별로 각각 신고해야 한다는 것이다.

? Tip   세법과 4대 보험에서 말하는 일용근로자의 차이

세법에서는 동일한 고용주에게 3월 이상(건설공사 종사자는 1년 이상) 계속해서 고용되어 있는 경우 일용근로자로 보지 않는다. 반면, 4대 보험 적용 시에는 일반적으로 월 8일 이상 계속 사용되는 경우는 일용근로자로 보지 않는다. 즉, 4대 보험 적용 시 그 기간이 더 짧다고 보면 된다.

건설근로자의 경우에는 현장별로 국민연금, 건강보험에 가입해야 하고, 고용 · 산재도 건설현장 번호로 일용근로내용확인신고를 해야 한다.

2 일용근로자의 4대 보험 적용 제외 대상

구 분		국민연금	건강보험	고용보험	산재보험
일 용 근로자	가입대상	18세 이상 60세 미만	모든 근로자 및 사용자	모든 근로자	근로자를 사용하 는 모든 사업장
	근로일수	한 달 근로일수 8일 이상		모두 가입 대상	
	의무가입	가입 대상에 해당하는 근로자가 발생한 근로자 1인 이상의 사 업장			
	가입제외	한 달 미만 고용된 근로자/한 달 8일 미만 근로 가입 제외. 다만, 1개월 8일 이상 계속 사 용되는 경우는 자격취득 신고 대상		한 달 60시 간 미만 근 로/65세 이 상	임의 적용 사업 장(병원×)
단시간근로자		한 달 동안 60시간 미만 근로 가입 제외			모두 가입 대상

🔲 국민연금 가입대상 근로자에서 제외되는 자

* 1개월 미만의 기한으로 사용되는 근로자, 다만, 1개월 이상이고 8
  일 이상 계속 사용되는 근로자의 경우는 자격취득 신고 대상
* 비상임 이사, 1개월간 근로시간이 60시간 미만인 시간제 근로자 등
  사업장에서 상시 근로에 종사할 목적으로 사용되는 자가 아닌 자

일용근로자의 국민연금

사업장에 고용된 날로부터 1개월간 8일 이상이거나 근로시간이 월 60시간 또는
주당 평균 근무시간이 15시간 이상인 일용근로자는 사업장에 고용된 날로부터 사
업장가입자로 적용된다. 즉, 일용근로자의 사업장 적용기준은

---

1. 명시적 근로(고용)계약서가 있는 경우

실제 근로를 제공한 기간·일수를 불문하고 계약기간이 1년 이상(기간의 정함이 없는 경우 포함)이고, 1개월간 8일 이상이면 사업장가입자로 적용한다.

2. 명시적 근로(고용)계약서가 없는 경우(계약기간이 1개월 미만 포함)

사업장에 고용된 날 또는 기산일부터 1개월간 8일 이상 근로한 경우 사업장에 고용된 날 또는 기산일로부터 사업장가입자로 적용한다.

3. 신고기한 : 사유발생일이 속하는 달의 다음달 15일까지

🗄 건강보험 가입대상 근로자에서 제외되는 자

- 1개월 미만의 기한부로 사용되는 근로자. 다만, 1개월간 8일 이상 계속 사용되는 경우는 자격취득 신고 대상
- 비상임 이사, 1개월간 근로시간이 60시간 미만인 시간제 근로자 등 사업장에서 상시 근로에 종사할 목적으로 사용되는 자가 아닌 자

일용근로자의 건강보험

1. 근로계약 내용이 1개월 이상인 자는 실제 근로시간, 고용 시간과 관계없이 사업장가입자로 적용
2. 그 외 실제 근로시간이 1개월간 8일 이상이거나 근로시간이 60시간(주 15시간) 이상이면 사업장가입자로 적용
3. 신고기한 : 자격취득(변동)일로부터 14일 이내

명시적인 근로계약서가 있는 경우	명시적인 근로계약서가 없는 경우
계약 내용이 1월 이상(기간의 정함이 없는 경우 포함)이면 : 실제 근로를 제공한 기간·일수·시간을 불문하고 최초 고용 일부터 사업장가입자로 적용	동일 사업장에서 최초 고용일부터 1월간 8일 이상 근로를 제공한 경우 : 최초 고용일에 사업장가입자로 적용
계약 내용이 1월 미만이나, 실제 1월 이상 계속 근로한 경우 : 최초 고용 일부터 사업장가입자로 적용	동일 사업장에서 전월의 근로일수가 8일 미만이던 근로자가 당월 1일부터 말일까지 8일 이상 근로한 경우 : 해당 월의 1일부터 사업장가입자로 적용

🔒 고용보험 · 산재보험 가입대상 근로자에서 제외되는 자

고용보험	산재보험
1개월의 근로시간이 60시간 미만인 시간제 근로자	근무일수와 관계없이 전 근로자가 가입해야 한다.

고용보험법상 일용근로자의 판단

고용기간을 사전에 정한 경우	고용기간을 사전에 정하지 않은 경우
1월 이상의 고용기간을 사전에 정하고 고용된 경우 : 실제 근로를 제공한 기간·일수·시간을 불문하고 상용근로자로 판단	입·이직률이 높아 고용기간을 사전에 정하지 아니한 경우로서 근로를 제공한 기간이 결과적으로 1월 이상의 경우 : 일용근로자로 판단(단, 사용 전환 여부 판단)

고용기간을 사전에 정한 경우	고용기간을 사전에 정하지 않은 경우
입·이직률이 높아 고용기간을 사전에 정하지 아니한 경우로서 근로를 제공한 기간이 결과적으로 1월 이상의 경우 : 일용근로자로 판단(단, 사용 전환 여부 판단)	입·이직률이 높아 고용기간을 사전에 정하지 아니하고 근로를 제공한 기간이 결과적으로 1월 미만의 경우 : 일용근로자로 판단

 Tip 일용근로자 업무처리와 관련해서 꼭 알아야할 사항

1. 일용직 근로자의 "근로내용확인신고서" 제출
일용직 근로자의 경우에는 고용 및 산재보험 신고 시 근로내용확인서를 작성해서 채용일의 다음 달 15일까지 고용노동부에 제출해야 한다. 만약 제출하지 않는 경우 고용노동부로부터 3백만 원 이하의 과태료가 부과될 수 있으니 주의해야 한다.

2. 일용근로자에 대한 임금 지급과 증빙서류
일용근로자 급여지급대장에 급여를 지급받는 자의 서명 및 날인을 받아두고 일용근로자의 신원을 확인할 수 있는 주민등록등본이나 주민등록증 앞·뒤 사본을 첨부해 둬야 하며, 지급 사실을 확인할 수 있는 서류(무통장 입금표 등 금융기관을 통한 지급 증빙서류)를 보관한다.

3. 일용근로자 지급명세서 제출
일용근로자는 매월 다음 달 말일까지 일용근로자 지급명세서를 제출해야 한다.
예를 들어 7월분은 8월 말일까지 제출해야 한다.
다만, 매달 근로내용확인신고서를 제출하는 경우 일용근로자 지급명세서 제출을 생략할 수 있다.

Tip 　아르바이트하는데 4대 보험료를 안 낼 수 없나요?

흔히 아르바이트라 통칭되는 임시근로자, 일용근로자, 시간제근로자의 경우 국민연
금이나 건강보험은 주 15시간 이상, 한 달 60시간 이상 근무하는 노동자들은 의무가
입해야 한다. 따라서 주 15시간, 월 60시간 미만으로 일하는 아르바이트생은 의무가
입대상이 아니다.

한편, 고용보험은 조금 다르다. 1월 이내의 아르바이트라도 고용했으면 고용보험에
가입해야 한다. 산재보험은 1인 이상의 근로자가 있는 모든 사업장이 적용대상이다.

시간제(월 60시간) 근로자의 4대 보험

시간제 근무자의 직장가입자 적용은 '1월간 60시간(연장근무시간 제외) 이상 근무'와 '상시근로'의 2가지 조건을 동시에 충족하는 경우로 한다.

여기서 1월은 당월의 사유 발생일부터 익월의 사유발생일 전일까지의 기간을 말한다. 즉, 근로 개시일이 7월 2일인 근로자의 1월간 근무기간은 7월 2일~8월 1일 사이의 기간을 말하는 것이다.

그리고 시간제 근무자의 상시근로란 당해 사업장의 동종업무에 종사하는 통상근로자와 근무형태는 동일하나, 1월간 또는 1주간의 소정근무시간이 상대적으로 짧은 경우를 말한다. 즉, 월중 또는 주중의 특정 기간을 정해서 근무(부정기적인 근무, 예를 들면 스페어 운전기사 등)하고, 월 60시간 이상을 근무한다고 하더라도 이는 '상시근로'로 보지 않는다.

보수가 시간급으로 지급된다고 해서 모두가 시간제 근무자는 아니다. 즉, 상용근로자와 같은 근무조건으로 근무하면서 단지, 보수 지급형태만 시간급일 경우는 시간제 근무자가 아니라 상용근로자로 적용되는 것이다.

1 근로(고용)계약서가 있는 경우

1월 이상 근무하고 근무시간이 월 60시간 이상으로 근로(고용)계약이 된 자는 그 근로(고용)개시일로부터 직장가입자로 자격을 취득한다.

위 요건에 의해서 직장가입자로 자격을 취득하였으나, 실제 근무기간이 1월 미만인 중도 퇴사자 또는 1월 이상 근무하더라도 근무시간이 월 60시간 미만인 자는 근로(고용) 개시일로 소급해서 직장가입자 자격취득을 취소한다.

월 60시간 이상 계속해서 근무하고 있으나, 한시적으로 특정 월의 근무시간이 60시간 미만인 자는 계속해서 직장가입자로 적용한다.

월 근무시간이 60시간 미만이지만 계속해서 근무하는 자 또는 1월 미만의 기간 동안만 근무하는 자는 적용 대상에서 제외된다. 다만, 실제 근무기간이 1월 이상이고 근무시간도 월 60시간 이상인 자는 근로(고용) 개시일로 소급해서 직장가입자 자격취득을 한다.

2 근로(고용)계약서가 없는 경우

실제 1월 이상 계속해서 근무하고, 근무시간도 월 60시간 이상인 자는 근로(고용) 개시일로 소급해서 직장가입자 자격을 취득한다.

월 근무시간이 60시간 미만이지만 계속해서 근무하는 자 또는 1월 미만의 기간 동안만 근무하는 자는 적용대상에서 제외된다.

❶ 1월 이상 근무하고 있으나, 근로(고용)계약을 월 단위로 체결하지 않아서 근무시간을 월로 환산하기 어려운 경우

1주간 평균 근무시간이 15시간 이상인 자는 월 60시간 이상 근무자로 간주해서 직장가입자 자격을 취득한다. 근로(고용)계약이 체결되지 않는 경우에도 동일하게 적용된다.

❷ 학교에 재학 중인 자가 방학기간 등에 단속적·일시적으로 근무한 경우 적용대상에서 제외한다.

가. 주(야)간수업을 받는 학생 또는 휴학 중인 학생이 위 적용기준을 충족하는 경우는 직장가입자 적용 대상(주간 학생의 경우 야간의 정상 근무를 말함)

나. 한국방송통신대학교설치령 및 방송통신고등학교설치기준령에 의해서 설립된 학교에 재학 중인 학생 등으로서 위 적용기준을 충족하는 경우는 직장가입자 적용 대상

❸ 두 곳 이상의 사업장(기관)에 근무하면서 각각의 사업장(기관)에서 위 적용기준을 충족하는 경우 각각의 사업장(기관)별로 직장가입자 자격을 취득한다.

해외파견근로자의 4대 보험

건설회사의 해외 수주나 기업의 글로벌화로 해외에 현지법인을 설립하고 본사 직원을 해외로 파견하는 경우가 많아지고 있다. 이 경우 해외 현지법인이 '독립채산제'로 운영되고 파견근로자를 현지법인에 직접 고용하는 경우 4대 보험이 상실되고 해외 현지 법에 따라 처리되나, 파견근로자가 국내 법인의 근로자지위를 유지하고 파견되는 경우에는 4대 보험별로 그 처리 방법을 달리 정하고 있다.

만약 해외 파견근로자가 있다면 근무내역변경신고를 하면 된다. 만약 모르고 신청하지 않은 근로자가 있다면 해외에 근로한 시점이 현재 시점으로 역산해서 3년 이내이고 그 기간에 모르고 근무내역변동신고를 하지 않았을 경우 환급받을 수 있다. 만약 총 7개월 해외 근무를 했고 현재 시점부터 3년을 역산해서 4개월은 3년 전이고, 3개월은 3년 이내라면 3개월 치 보험료를 납부한 것은 환급받을 수 있다.

구 분	적용여부
국민연금	국민연금은 해외파견자라 하더라도 국내의 국민연금 적용대상이 되는 것이 원칙이다. 다만, 파견될 국가가 우리나라와 '사회보장협정'을 체결한 나리이고 국민연금과 유사한 제도를 시행하고 있는 경우 이중 적용을 막기 위해 파견근로자가 국민연금공단에서 사회보장협정에 의한 가입증명서를 발급받아 파견국에 제출해 해당 파견국에서 보험료 납부의무를 면제받을 수 있다.
건강보험	건강보험의 경우 해외 파견근로자는 국내 병원에서 진료받을 수 없다. 따라서 건강보험 정지신청을 해야 한다. 이 경우 국내에 피부양자가 남아 있는 경우 50%, 피부양자가 없는 경우 100%의 보험료를 감면 받게 된다.
고용보험	해외 파견근로자라 하더라도 국내회사 소속 근로자라는 사실에는 변함이 없으므로 고용보험 가입은 그대로 유지된다.
산재보험	산재보험은 국내 영역 안의 사업에 적용되는 것으로 해외 사업에 파견된 근로자는 보험 적용에서 제외되는 것이 원칙이다. 다만, 사업주가 근로복지공단에 사전 신청을 해서 공단의 승인을 받으면 국내 사업으로 간주되 산재보험의 적용을 받을 수 있다. 이 경우 보험료율은 건설, 벌목업 등 사업 종류 및 파견 국가의 구분 없이 단일 요율을 적용받는다.

외국인 근로자의 4대 보험

구 분	내 용
국민연금	외국인 근로자도 국민연금에 의무적으로 가입해야 한다. 그러나 아래의 국적 또는 체류 자격에 해당하는 경우는 가입하지 않아도 된다. ① 국민연금 가입 제외국가 그루지야, 남아프리가공화국, 네팔, 동티모르, 몰디브, 미얀마, 방글라데시, 베트남, 벨로루시, 사우디아라비아, 싱가포르, 스와질랜드, 아르메니아, 이디오피아, 이란, 이집트, 캄보디아, 통가, 파키스탄, 피지 ② 체류자격 문화예술(D-1), 유학(D-2), 산업연수(D-3), 일반연수(D-4), 종교(D-6), 방문동거(F-1), 동반(F-3), 기타(G-1) 가입 제외국 등은 정부협정에 따라 변경될 수 있으므로, 자세한 사항은 국민연금공단(국번 없이 1335)으로 문의하는 것이 가장 좋다.
건강보험	외국인과 재외국민은 관련법에 의해 체류 자격이 인정되는 경우 건강보험 의무가입 대상이다. 하지만 외국인 근로자의 법령 및 보험 또는 사용자와의 계약에 따라 의료보장을 받는 경우는 가입에서 제외된다.

구 분	내 용
건강보험	건강보험 중 장기요양보험에 대해서 단기체류 외국인 근로자(D-3 기술연수, E-9 비전문취업, H-2 방문취업)가 가입을 원하지 않을 때는 적용제외 신청을 해 장기요양 보험료는 납부를 면제 받을 수 있다.
고용보험	고용보험은 외국인 근로자의 국가와 관계없이 체류 자격에 따라 가입 여부가 달라진다. 영구체류자(F-2 거주, F-5 영주, F-6 결혼이민)는 당연가입대상이고, 출입국관리법에 의해 취업자격(E-1 교수~E-10 선원취업, C-4 단기취업, H-2 방문취업, F-4 재외동포)은 고용보험 가입신청을 별도로 해야지 가입 가능하다. 단, D-1~D-6 비자 및 D-10 비자는 가입이 불가능하다.
산재보험	산재보험은 체류자격, 국적에 모두 관계없이 근로자라면 모두 가입해야 한다. 불법체류자도 산재보험에 적용된다.

[고용보험 외국인 사업장가입자 가입대상 판단]

≫ 외국인근로자는 체류 자격에 따라 고용보험 적용여부를 달리한다.

체류자격	적용여부	체류자격	적용여부
단기취업(C-4)	O(임의)	전문직업(E-5)	O(임의)
주재(D-7)	O(상호주의)	비전문취업(E-9)	O(임의)
연구(E-3)	O(임의)	거주(F-2)	O(강제)
기술지도(E-4)	O(임의)	영주(F-5)	O(강제)

≫ 다만, 임의가입의 경우 근로자가 가입을 사업주에게 요청하는 경우에 가입하며, 사업주는 이를 승인해줘야 할 의무가 있다.

체류자격	고용보험 적용여부	체류자격	고용보험 적용여부
1. 외 교(A-1)	×	19. 교 수(E-1)	○ (임의)
2. 공 무(A-2)	×	20. 회화지도(E-2)	○ (임의)
3. 협 정(A-3)	×	21. 연 구(E-3)	○ (임의)
4. 사증면제(B-1)	×	22. 기술지도(E-4)	○ (임의)
5. 관광통과(B-2)	×	23. 전문직업(E-5)	○ (임의)
6. 일시취재(C-1)	×	24. 예술흥행(E-6)	○ (임의)
7. 단기상용(C-2)	×	25. 특정활동(E-7)	○ (임의)
8. 단기종합(C-3)	×	25의3. 비전문취업(E-9)	○ (임의)
9. 단기취업(C-4)	○ (임의)	25의4. 선원취업(E-10)	○ (임의)
10. 문화예술(D-1)	×	26. 방문동거(F-1)	×
11. 유 학(D-2)	×	27. 거 주(F-2)	○ (강제)
12. 산업연수(D-3)	×	28. 동 반(F-3)	×
13. 일반연수(D-4)	×	28의2. 재외동포(F-4)	○ (임의)
14. 취 재(D-5)	×	28의3. 영주(F-5)	○ (강제)
15. 종 교(D-6)	×	28의4. 결혼(F-6)	○ (강제)
16. 주 재(D-7)	○ (상호주의)	29. 기 타(G-1)	×
17. 기업투자(D-8)	○ (상호주의)	30. 관광취업(H-1)	×
18. 무역경영(D-9)	○ (상호주의)	31. 방문취업(H-2)	○ (임의)

"×"로 표시된 경우에는 임의가입도 불가함

수습근로자의 4대 보험

4대 보험 신고를 수습기간이 끝나고 정직원이 될 경우 정직원이 되는 시점부터 신고해도 되는지 궁금해하는 실무자가 의외로 많다.

그러나 근로기준법상 근로자이고 1인 이상 근로자를 사용하는 모든 사업장은 4대 보험이 의무적으로 적용된다. 다만, 1개월 미만 고용되는 일용근로자는 고용, 산재보험만 적용되고, 월 소정근로시간이 60시간 미만인 단시간근로자는 산재보험만 적용된다.

따라서 수습기간에 근로자가 월 60시간 이상 근로를 한다면 국민연금 및 건강보험, 고용보험 및 산재보험 가입은 필수이다.

상용직이든 계약직이든, 인턴이든, 아르바이트이든 그 법적 지위를 다르게 보지 않는다. 상용직이든 계약직이든 다 같이 '근로기준법상 근로자'에 해당하기 때문이다. 아르바이트, 일용직, 계약직… 여러 가지 이름으로 불려도 다 같은 '근로자'로 근로기준법을 똑같이 적용받는다는 이야기이다. 따라서 아르바이트나 일용직은 4대 보험에 가입 안 해도 된다는 이야기는 틀린 말이다.

이처럼 4대 보험은 근로자를 고용해서 사업을 하는 기업에서는 의무 사항이다. 물론 적용 예외라는 것도 항상 있다. 그 기준은 노동시간에 달려 있다. 국민연금이나 건강보험은 의무가입 기준을 주 15시간 이상, 한 달 60시간 이상 근무하는 노동자들은 의무가입을 하도록 하고 있다. 따라서 수습, 상용직, 계약직, 인턴, 아르바이트 등 그 명칭과 관계없이 동일하게 가입을 해야 한다.

그러나 한 달 이내의 기간, 주 15시간, 월 60시간 미만으로 일하는 사람은 수습, 상용직, 계약직, 인턴, 아르바이트 등 그 명칭과 관계없이 의무가입 대상은 아니다.

고령자의 4대 보험

구 분	내 용
국민연금	국민연금은 건강보험, 고용보험, 산재보험 등 다른 사회보험과 달리 가입연령에 제한이 있다. 국민연금법은 만 18세 이상 만 60세 미만의 국민 중에서 소득이 있으면 누구나 의무적으로 국민연금에 가입하도록 하고 있다. 물론 강제가입이기에 가입과 탈퇴의 자유는 없다. 만 60세까지만 의무가입 하게 돼 있기에 사업장에 다니는 근로자라 하더라도 만 60세가 되면 자동으로 직장가입자의 자격을 잃게 된다. 쉽게 말해 만 60세가 넘은 근로자는 더는 보험료를 낼 의무가 없다는 말이다. 다만, 만 60세가 넘은 근로자가 60세 이후에도 국민연금에 계속 가입하고 싶으면 '임의계속가입자'로 가입할 수 있다. 이때는 보험료를 근로자 자신이 전액 부담해야 한다. 일반적으로 직장가입자는 지역가입자와는 달리 기준소득월액(월급)의 9%(보험료율)를 국민연금 보험료로 내는데, 이 중에서 절반은 자신이, 나머지 절반은 회사가 부담한다.

구 분	내 용
건강보험	건강보험은 직장가입자 연령제한이 없다. 때문에 직장에서 근로소득이 발생하는 한 연령에 상관없이 소득을 기준으로 보험료가 부과되기 때문에 급여에서 공제해야 한다.
고용보험	만 65세 이상의 근로자라도 고용보험 가입은 의무이다. 단, 조건이 다를 뿐이다. 만 65세 이후 신규 채용자는 고용보험 가입은 가능하나 보험료 납부는 안 해도 된다. 왜냐하면, 실업급여 수급 조건이 안되기 때문이다. 대신 사업주는 보험료 납부를 해야 한다. 그러면 나중에 고용안정, 직업능력개발교육을 받을 수 있다. 그러나 만 65세 이전에 가입해서 계속 고용보험을 납부한 근로자라면 만 65세 이상이 되더라도 계속적으로 고용보험료를 납부할 수 있으며, 실업급여 역시 수급이 가능하다.

대표이사 및 등기임원의 4대 보험

법인 대표자 및 등기임원의 4대 보험 가입은 다음과 같다. 여기서, 등기임원은 직책상 임원이 아닌 등기부등본상 기재된 임원에 해당한다.

1 국민연금과 건강보험

일반 근로자와 같이 원칙적으로 가입대상이다. 단, 대표자 및 등기임원에 한해 회사 사정으로 급여지급이 어려울 때는 무보수 신청하여 국민연금과 건강보험에 가입하지 않을 수 있다.

구 분	처리방법
무보수 신청방법	무보수 신청서, 법인정관 파일 또는 이사회 회의록 신청서와 제출 자료를 관할 국민연금, 건강보험 공단으로 팩스접수
무보수 신청에 따른 변화	• 건강보험 : 지역가입자로 전환 • 국민연금 : 납부예외 처리

1회성 지급이라도 급여가 발생한다면 4대 보험은 가입해야 하며, 이후 무보수를 원한다면 다시 무보수 처리 신청을 한다.

직원이 없는 대표자의 무보수 신청 시에는 사업장 성립신고와 취득신고를 진행하지 않고 무보수 신청만 진행하면 된다.

직원이 없는 사업장으로서 4대 보험 취득 신고가 진행되지 않아 사업장관리번호가 없는 경우, 무보수 신청서에 사업장관리번호를 기재하지 않아도 된다.

2 고용보험과 산재보험

고용보험과 산재보험은 원칙적으로 가입대상이 아니다. 단, 등기임원이라 하더라도 매일 출근해야 하는 의무가 있고, 대표자로부터 업무지시를 받는 등 사실상 근로자와 동일하게 근무하였다면 근로복지공단 관할 지사의 판단하에 고용, 산재보험 가입이 가능할 수 있다. 다만, 고용, 산재보험에 가입되더라도 실제 혜택(실업급여 수급, 산재보험 적용)을 신청할 때는 피보험자로 자격이 인정되지 않아 승인이 거부될 수도 있는 점에 유의한다.

[사용자(대표이사)와 근로자의 4대 보험 적용]

구 분	국민연금	건강보험	고용보험	산재보험
근로자	O	O	O	O
사용자	O (무보수 대표이사 제외)	O (무보수 대표이사 제외)	X	X

4대 보험의 납부예외(유예)

1 국민연금 납부예외

🔒 납부예외

다음의 경우에는 연금보험료를 내지 않을 수 있다. 다만, 납부예외 신청에 따라 연금보험료를 내지 않은 기간은 가입기간에 산입하지 않는다.

- 사업 중단, 실직 또는 휴직 중인 경우
- 병역법에 따른 병역의무를 수행하는 경우
- 초·중고등법, 고등교육법에 따른 학교에 재학 중인 경우
- 형의 집행 및 수용자의 처우에 관한 법률에 따라 교정시설에 수용 중인 경우
- 사회보호법에 따라 보호감호 시설이나 치료감호법에 따른 치료감호시설에 수용 중인 경우
- 1년 미만 행방불명 된 경우

● 질병이나 부상으로 3개월 이상 입원한 경우

소득이 없으면 납부예외 기간의 연장도 가능하다.

공단에서는 납부예외 신청을 통해 연금보험료를 면제받고 있는 경우 납부예외 기간이 끝나면 소득이 있는지? 여부를 확인하기 위해서 납부 재개 안내를 하고 있다. 이때, 계속해서 소득이 없는 경우에는 납부예외 상태를 유지할 수 있다. 참고로 소득자료가 없을 경우 최장 3년까지 납부예외 신청을 할 수 있다.

? Tip 납부예외 중 소득이 있게 되면 국민연금은 어떻게 해야 하나?

납부예외는 소득이 없는 기간 동안 연금보험료 납부를 연기하는 것으로, 소득이 발생하게 되면 소득(납부재개)신고를 통해 연금보험료를 납부해야 한다. 이때 국민연금 적용사업장에 취업하게 되면 해당 사업장의 국민연금 업무담당자가 사업장가입자 취득신고를 하겠지만, 개인 사업장을 운영하거나 사업장에서 국민연금이 적용되지 않을 경우는 본인이 직접 공단에 전화나 우편으로 납부 재개 신고를 해야 한다.

? Tip 해외에 나가 있는 경우 보험료 납부를 일시 정지할 수 있나?

단지 해외 체류를 이유로 보험료 납부를 일시 정지할 수는 없다.

소득이 있는 경우에는 해외 체류를 이유로 연금보험료 납부가 면제될 수는 없다. 왜냐하면, 자동이체 · 인터넷 납부 등 고지서 없이도 편리하게 납부할 수 있는 방법이 마련되어 있기 때문이다. 다만, 국내에 소득원이 없는 경우에는 해외 체류기간 동안 납부예외 신청이 가능하다. 납부예외 신청은 가까운 지사를 방문하거나 우편, 팩스 등으로 가능하며, 배우자 또는 가족의 대리 신청도 가능하다.

일반적으로, 유학 및 어학연수를 이유로 해외에 나갔을 경우는 연금보험료 납부예외 신청이 가능하고, 국적상실이나 국외 이주 시에는 국민연금 가입자 자격이 상실되며, 납부한 연금보험료를 일시금으로 받을 수 있다.

폐업(휴업)해서 소득이 없으면 납부예외 신청을 해서 연금보험료 납부를 일정 기간동안 연기할 수 있다.

18세 이상 60세 미만의 국민은 특별한 경우를 제외하고 국민연금에 가입해야 하고 소득 활동에 종사하면 소득에 따른 연금보험료를 납부해야 한다. 사업자등록을 내서 개인사업을 하다가 폐업 또는 휴업신고를 해서 소득이 없게 될 경우는 납부예외 신청해서 일정기간 동안 보험료 납부를 연기할 수 있다. 하지만 납부예외 기간은 가입기간에 포함되지 않기 때문에 향후 연금을 받을 때 납부했을 경우보다 연금액이 줄어들 수 있다. 물론, 계속 연금 보험료를 납부하면 연금 가입기간에 합산되고, 받는 연금액은 늘어나게 된다.

납부예외 신청은 가까운 공단지사로 방문하거나, 우편, 팩스, 전화(공단에서 휴·폐업 사실 확인 가능 시)로도 가능하다. 납부예외 중이라도 다시 소득 활동에 종사하면 다음 달 15일까지 납부 재개 신고를 해주어야 한다.

그리고 납부예외는 본인이 폐업했다고 자동으로 처리되는 것이 아니고 반드시 본인의 신청에 의해 처리되니 이 점 유의하기를 바란다.

추후납부(추납)

추납(추후납부)은 휴·폐업 또는 실직 등으로 납부예외를 신청한 가입자가 납부예외 기간동안의 연금보험료 납부를 원할 때는 이를 납부할 수 있도록 하여, 가입기간을 인정해주는 제도이다. 가입기간이 인정된 만큼 연금액도 늘어나게 된다.

추납을 신청하려면 추납 신청일 현재 가입자 자격을 취득해서 보험료를 납부 중이어야 하며, 납부예외 기간이 있어야 한다. 공적연금 가입자의 무소득배우자나 납부 이력이 없고 소득이 없는 만27세 미만의 학생 또는 군인은 가입대상에서 제외되므로 납부예외기간이 없어 추납신청이 불가능할 수도 있으니, 납부예외 기간 유무 확인을 위해 반드시 가까운 지사에 연락하기를 권한다.

추납을 신청하면 "추납신청 월의 보험료·추납신청월수" 만큼의 보험료가 부과된다. 전액을 일시에 납부하거나 금액이 클 경우는 분할해서 납부할 수 있다.

2 건강보험 고지유예

국민연금과 달리 건강보험은 예외가 아닌 유예이다. 즉, 안내는 것이 아니라 일정기간 납부를 뒤로 미루어주는 것이다. 따라서 복직 시에는 밀린 건강보험료를 일시납 또는 분납해야 한다. 물론 경감을 해주기는 한다.

건강보험의 납부유예 사유를 살펴보면 다음과 같다.

- 육아휴직(출산전후휴가 X)
- 산재를 포함한 질병 휴직
- 무급노조 전임자 휴직
- 병역, 학업 등과 같은 기타 휴직

휴직사유	경감률
무보수 휴직	휴직 전월 보수월액을 기준으로 산정한 보험료의 50% 경감
육아휴직	직장가입자의 보수월액보험료 하한 금액을 납부
휴직기간 중 보수가 있는 경우	(휴직 전월 기준 산정 보험료 − 휴직기간 중 사업장에서 받는 기준 산정 보험료) × 50%
휴직기간 중 보수가 없는 경우	휴직 전월 보수월액 기준으로 산정한 보험료의 50% 경감

[4대 보험 납부예외/납부재개 신청방법]

4대 사회보험 정보연계센터(http://www.4insure.or.kr)를 이용한다.

1. 4대 보험 납부예외신청

구 분	납부예외신청
국민연금	• 납부예외신청서, 진단서 또는 휴직발령서 사본 등 납부예외신청 사유를 입증할 수 있는 서류 제출 • 양식 : [자료실 – 서식자료실 – 납부예외신청서]
건강보험	[민원신고] – [휴직등] – 직장가입자 보험료 납입 고지유예 신청]
고용보험	관할 고용보험센터에 문의
산재보험	근로자 휴직 등 신고서 • 양식 : [자료실 – 서식자료실 – 근로자 휴직 등 신고서]

2. 4대 보험 납부재개신청

구 분	납부재개신청
국민연금	[민원신고 – 사업장 – 휴직등 신고 – 연금보험료 납부재개신고]
건강보험	[전자민원 – 사업장 – 휴직등 신고 – 직장가입자 보험료 납입해지 (복직) 신청]
고용보험	관할 고용보험센터에 문의
산재보험	별도 신고 없음(휴직신고 시 휴직종료일을 참조해서 복직시킴)

보수(급여)가 변경된 경우 4대 보험 신고

근로자의 월평균 보수가 산정된 후에 근로자의 보수가 인상 또는 인하됐으면 월평균보수변경신고서를 공단에 제출해야 한다. 공단에 제출되는 경우 신고서를 제출한 날이 속하는 달의 다음 달부터 변경된 월평균 보수에 의해 월별보험료 산정 및 부과가 이루어진다.

변경시기가 소급되어 제출됐을 때도 변경 적용 시점은 제출일 다음 달임에 유의해야 한다. 다만, 착오 신고할 때는 적용기간 시작 월부터 월별보험료를 소급하여 재산정하게 된다. 공단 월별보험료의 산정·부과는 매월 15일까지 마감되므로 사업주는 16일 이후 신고한 각종 신고서에 의한 사항은 당월의 월별보험료에 산정하여 부과할 수 없다. 따라서 매월 15일 이전에 신고한 각종 신고서에 따른 보험료는 당월의 보험료에 반영돼 산정·부과되나 16일 이후에 신고된 각종 신고서에 따른 보험료는 다음 달의 월별보험료에 산정·부과됨에 유의해야 한다.

보수총액이 변경된 경우 국민연금은 보수총액을 신고하지 않아도 되고, 고용과 산재는 보수총액이 신고되어도 바로 보험료 정산을 하지 않고 연 1회(연말정산) 정산하기 때문에 금액이 조금 틀려도 별문제가 되지 않는다.

반면, 건강보험은 상시 100명 이상 근로자를 고용한 사업장의 사용자는 호봉승급, 임금인상, 승진, 성과급 지급, 강등, 감봉 등으로 가입자의 보수가 변동된 경우 해당 월의 보수가 14일 이전에 변경된 경우 해당 월의 15일까지, 해당 월의 보수가 15일 이후에 변경된 경우 해당 월의 다음 달 15일까지 반드시 변경신고를 해야 한다.

건강보험 보수총액을 수정하려면 국민건강 EDI에서 신고하면 되고, 증빙자료로 근로소득원천징수영수증을 첨부해야 한다.

1 국민연금

국세청 자료를 토대로 정산이 되어 매년 7월부터 다음 해 6월까지의 국민연금 기준금액이 결정된다. 그러므로 기준소득월액은 변경할 수가 없다. 급여가 변동되어도 변동이 없으며, 다음 해 정산되어 7월 이후에 적용된다. 다만, 명백한 착오로 인하여 기준소득월액을 정정할 수는 있다. 착오로 인한 정정은 사업장가입자내용변경신고서를 통해 가능하며, 자격취득 후 6개월 이내에만 가능하다.

2 건강보험

직장가입자의 건강보험료는 전년도 보수를 기준으로 보험료를 산정하여 연말정산을 한다.

급여가 인상되거나 인하된 경우 연말정산 시 보험료를 추가납부 하거나 반환해야 하는 문제가 있다.

그러므로 나중에 연말정산 시 건강보험료 폭탄을 맞지 않으려면 급여 변동 시 해당 월에 신청하여 적용하는 것이 좋다.

직장가입자의 보수가 인상 또는 인하된 경우는 직장가입자 보수월액 변경신고서를 작성해서 제출하면 보수변경 월부터 보험료가 인상 또는 인하해서 부과된다. 즉, 급여 변동이 있는 월에 건강보험공단 또는 건강보험 EDI에 접속(사업자 로그인)하여 직장가입자 보수월액 변경신고서를 작성하여 제출하면 된다.

건강보험은 상시 100명 이상 근로자를 고용한 사업장의 사용자는 호봉승급, 임금인상, 승진, 성과급 지급, 강등, 감봉 등으로 가입자의 보수가 변동된 경우 해당 월의 보수가 14일 이전에 변경된 경우 해당 월의 15일까지, 해당 월의 보수가 15일 이후에 변경된 경우 해당 월의 다음 달 15일까지 반드시 변경 신고를 해야 한다. 다만, 안 해도 특별한 제재가 없어 실무상 안 하는 경우가 많다.

휴직 기간동안의 4대 보험

1 국민연금

국민연금은 휴직기간동안은 일시납부유예가 되며, 복직 후에도 휴직 기간동안은 내지 않았던 연금은 안 내도 된다.

해당 사유발생일의 다음 달 15일까지 아래에 해당하는 서류를 제출하여 신청 또는 신고해야 한다.

구 분	처리방법
신청대상	• 휴직 중인 경우 : 출산전후휴가, 육아휴직, 산재요양 등 • 병역법 제3조의 규정에 의한 병역의무를 수행하는 경우 • 무보수 대표이사인 경우 • 무급 근로자인 경우
납부예외신청 시	• 「연금보험료 납부예외신청서」와 납부예외신청 사유를 입증하는 서류(휴직발령서, 진단서 사본 등)

구 분	처리방법
납부예외신청 시	• 「연금보험료 납부예외신청서」 는 국민연금공단에 접속하여 문서명을 입력 후 검색하면 다운받을 수 있다.
납부재개신고 시	「연금보험료 납부재개신고서」

📑 납부예외기간과 연금보험료의 납부면제

휴직일 등이 속하는 달부터 납부예외 사유가 없어진 날(복직 일)이 속하는 달까지 면제된다. 다만, 납부예외 사유가 없어진 날이 그 달의 초일인 경우와 가입자의 납부예외 사유가 없어진 날이 속하는 달의 연금보험료의 납부를 희망하는 경우는 납부예외 사유가 없어진 날이 속하는 달의 전달까지 면제된다.

구 분	납부면제
출산전후휴가	• 우선지원대상 사업장 : 90일 • 우선지원대상 아닌 사업장 : 최종 30일
휴직	휴직기간
병역의무 수행	병역의무 수행 기간
무보수 대표이사	납부예외기간이 확정된 경우 그 기간, 확정되지 않은 경우 1년 이내
무급 근로자	4개월 이내에서 인정

🔒 납부재개

납부예외 기간이 종료되거나 납부예외기간 중이라도 납부예외 사유가 종료된 경우는 납부재개신고를 해야 한다.

휴직자가 복직으로 납부재개 신고 시에는 복직일이 속하는 달의 다음 달부터 연금보험료가 부과된다. 다만, 복직일이 초일이거나 복직월의 보험료 납부를 희망하는 경우는 복직 월부터 보험료가 부과된다.

2 건강보험

휴직(병역을 위한 휴직, 학업을 위한 휴직, 육아휴직, 산재휴직, 질병휴직, 무급 노조 전임자 휴직 등) 등의 기간에도 직장가입자로서의 보험혜택이 유지되기 때문에 건강보험료는 납부가 면제되지 않는다. 다만, 휴직기간 동안 보수가 지급되지 않기 때문에 보험료 경감제도가 있다.

휴직 등의 사유로 보수의 전부 또는 일부가 지급되지 않는 경우 보험료 납입고지 유예신청을 할 수 있다. 이 경우 휴직기간동안은 보험료가 부과되지 않고, 복직하여 보수가 지급되는 최초의 달에 휴직 전월의 보수월액에 보험료율을 곱한 금액으로 보험료를 산정하여 휴직기간동안의 보험료를 일괄 부과한다.

📑 납입고지 유예신청 방법

구 분	처리방법
신청대상	육아휴직(출산전후휴가는 대상이 아님), 질병휴직, 무급 노조 전임자 휴직
신청방법	직장가입자의 휴직 등의 사유 발생시 「휴직자 등 직장가입자 보험료납입 고지유예 신청서」를 제출. 국민건강보험에 접속하여 문서명을 입력 후 검색하면 다운받을 수 있다.

📑 유예기간 경과 후 보험료 산정·납부

구 분	보험료 산정·납부
유예기간 분 보험료	유예 사유 발생 전월 보수월액에 보험료율을 곱하여 산정한 금액을 휴직 등 기간 동안의 보험료로 한다.
복직 후 보험료	복직 등 유예 사유가 종료되어 「휴직자 등 직장가입자 보험료 납입고지 유예 해지 신청서」 제출 시 복직 후 최초로 지급하는 보수에서 공제하여 납부한다.

📑 휴직기간의 보험료 경감

경감 적용 기간은 휴직일이 속하는 달의 다음 달부터 복직일이 속하는 달까지 적용한다. 단, 휴직일이 매월 1일의 경우 휴직 월부터 적용하며, 복직일이 매월 1일인 경우는 복직 월의 전달까지 적용한다.

구 분	경감 내용
경감대상	휴직기간이 1개월 이상인 직장가입자

경 감 률	휴직사유	경감률
	무보수 휴직	휴직전월 보수월액을 기준으로 산정한 보험료의 50% 경감
	육아휴직	직장가입자의 보수월액보험료 하한 금액을 적용
	휴직기간 중 보수가 있는 경우	(휴직 전월 기준 산정 보험료 − 휴직기간 중 사업장에서 받는 기준 산정 보험료) × 50%
	휴직기간 중 보수가 없는 경우	휴직 전월 보수월액 기준으로 산정한 보험료의 50% 경감

경감 적용기간	휴직일이 속하는 달의 다음 달부터 복직일이 속하는 달까지 적용한다. 다만, 휴직일이 매월 1일인 경우 : 휴직일이 속하는 달부터 적용 복직일이 매월 1일인 경우 : 복직일이 속하는 전달까지 적용 ☎ 무보수 휴직 중 다른 사업장에 근무하며, 보험료를 납부하였을 경우, 복직 시 납부해야 할 보험료와 다른 사업장에서 납부한 보험료를 비교해서 많은 쪽의 보험료를 납부함(보정 65710−90, 2001.1.20) ☎ 무급노조전임자 : 이중자격 가입자와 동일하게 원소속 사업장의 휴직전월 정산 전 보수월액에 따른 보험료에 경감률을 적용한 보험료와 노동조합의 보수월액에 따른 보험료를 비교해서 보험료가 많은 쪽으로 부과

육아휴직

임신 중인 여성 근로자가 모성을 보호하거나 만 12세 이하 또는 초등학교 6학년 이하의 자녀가 있는 직장가입자의 영유아 양육을 위한 휴직을 말한다. 기한은 1년 6개월 이내로 한다(남녀고용평등과 일·가정 양립 지원에 관한 법률 제19조). 다만, 1년 6개월을 초과하는 육아휴직을 부여하는 내부규정(사규·단체협약 등)이 있는 사업장은 그 규정상의 육아휴직 기간을 인정하되, 해당 내부규정 징구. 공무원 등 다른 법률에서 육아휴직을 규정하는 경우 해당 법률에 따른 육아휴직 대상 및 기간을 인정한다.

무급 노조 전임자 휴직

원소속 사업장에서 휴직·파견으로 인사 발령한 급여를 받지 않는 무보수 노동조합 전임자를 말한다. 원소속 사업장에서 급여를 지급받는 경우 대상이 아니다.

3 고용보험

고용보험의 경우 무급휴직기간에는 보험료를 납부하지 않아도 된다. 이 경우 처리방법은 다음의 두 가지 방법을 생각해 볼 수 있다.

- 무급휴직의 경우 근로자 휴직일로부터 14일 이내에 근로복지공단에 근로자 휴직 등 신고서를 제출하면 보험료도 고지되지 않고 납부도 안 한다.
- 휴직 전과 동일하게 보험료를 납부하고, 이후 보수총액신고를 통해 해당 기간에 납부한 보험료를 정산 환급받는 방법

그리고 유급휴직인 경우는 해당 급여에 요율을 곱한 금액을 납부해야 한다.

4 산재보험

산재보험의 경우 휴직기간 동안은 산재보험료를 부과하지 않기 때문에 근로자가 휴직하게 되면 휴직 신고를 해야 한다.

구 분	처리방법
신청대상	• 사업장의 휴업 • 근로자의 휴직(육아휴직, 병가 등) • 근로기준법에 의한 보호휴가(출산전후휴가, 유산·사산 휴가)
신청방법	• 「근로자휴직등신고서」를 작성하여 근로복지공단에 제출해야 한다. • 「근로자휴직등신고서」는 근로복지공단에 접속하여 문서명을 입력 후 검색하면 다운받을 수 있다.

급여에서 공제하는 4대 보험료 계산 방법

실무상 4대 보험료는 급여에서 실제 요율에 따라 공제하는 방법과 공단의 고지금액으로 공제하는 방법 둘 중 하나를 적용하면 되는데, 많은 실무자는 편의를 위해 고지금액으로 공제하는 방법을 사용한 후 나중에 정산한다.

1 국민연금

국민연금은 기준소득월액의 4.5%가 근로자부담이 된다.

전년도 소득을 기준으로 산정이 되기 때문에 현재 받는 급여 기준이 아니라는 점에 유의해야 한다. 단, 신규 입사의 경우에는 입사한 해에 신고한 기준소득월액을 기준으로 부과가 된다.

전년도 기본급 외에 상여나 추가수당이 있는 경우 해당 소득들이 반영되어 매년 7월에 전년도 총소득을 기반으로 한 기준소득월액이 재산정이 되어, 당해 7월부터 다음 해 6월까지 재산정된 기준소득월액으로 국민연금이 부과된다.

기준소득월액에는 최저 39만 원에서 최고 617만원을 범위로 정하고 있다. 따라서 신고한 소득금액이 39만 원보다 적은 경우는 39만 원으로, 신고한 소득금액이 617만 원보다 높은 경우에는 617만 원으로 보험료가 부과된다.

- 월 국민연금(10원 미만 단수 버림) =
  기준소득월액[월급여(총급여 − 비과세소득)] × 국민연금료율
- 기준소득월액 = 연간 총보수액(총급여 − 비과세소득) ÷ 근무월수
- 보험료율 : 9%(사용자 4.5%, 종업원 4.5%)(10원 미만 단수 버림)

기준소득월액 범위	국민연금료율	월국민연금 산정
39만원 미만	4.5%	= 39만원 × 4.5%
39만원 ~ 617만원	4.5%	= 기준소득월액 × 4.5%
617만원 초과	4.5%	= 617만원 × 4.5%

사례 기준소득월액은 최저 39만 원에서 최고금액은 617만 원까지의 범위로 결정하게 된다. 따라서 신고한 소득월액이 39만 원보다 적으면 39만 원을 기준소득월액으로 하고, 617만 원보다 많으면 617만 원을 기준소득월액으로 한다.

2 건강보험

건강보험료의 경우 기준소득월액의 3.545%가 부과되고, 장기요양보험료는 건강보험료에 장기요양보험료율을 곱해서 계산한다.
건강보험료의 경우 당해 연도의 보수를 기준으로 보험료를 부과하는 것이 원칙이나, 당해 연도의 소득이 확정되지 않았으므로 전년도 소득을 기준으로 보험료를 우선 부과된다.

당해 연도가 종료되어 당해 연도 소득이 확정된 후에 매년 4월에 정산이 되는 구조이다.

2월 연말정산 때 한해 총소득(1월 1일~12월 31일분)이 확정되면, 확정된 소득을 기준으로 보험료를 다시 산정하여 이미 부과된 보험료와의 차액을 4월에 추가납부 및 반환하게 된다.

- 보수월액(월평균보수 = 월급여) = 연간 총보수액(총급여 − 비과세소득) ÷ 근무월수
- 보험료율(2024년) : 7.09%(사용자 3.545%, 종업원 3.545%)
- 보험료율(2025년) : 7.09%(사용자 3.545%, 종업원 3.545%)
- 건강보험료 근로자 부담액 = 건강보험료(❶) + 노인장기요양보험료(❷)
- ❶ 건강보험료 = (총급여 − 비과세급여) × 3.545%(10원 미만 단수 버림)
- ❷ 노인장기요양보험료 = 건강보험료 × 장기요양보험료율(10원 미만 단수 버림)

사례 보수월액이 1,000,000원일 때, 계산 방법

건강보험료 : 1,000,000원(보수월액) x 7.09%(건강보험료율) = 가입자 부담금 35,450원, 사업주 부담금 35,450원

장기요양보험료 : 70,900원(건강보험료) x 12.95%(장기요양보험료율) = 가입자 부담금 4,590원, 사업자 부담금 4,590원

⚱ 섬·벽지(개성공업지구 포함)에 근무하거나 거주하는 가입자는 보험료의 50% 경감

⚱ 국외(개성공업지구를 제외한 북한지역 포함)에 1월 이상 체류할 경우 보험료 면제

직장가입자가 2 이상 적용사업장에서 보수를 받는 경우는 각 사업장에서 받는 보수를 기준으로 각각 보수월액을 결정한다.

보수월액에 따라 산정한 직장가입자의 보험료액을 직장가입자 및 사업주 등이 각각 1/2씩 부담하는 경우 그 금액에 10원 미만의 단수가 있을 때는 이를 절사한다.

3 고용보험

고용보험료의 경우 기준소득월액의 0.9%가 근로자부담이 된다.

고용보험료 역시 당해 연도의 보수를 기준으로 보험료를 부과하는 것이 원칙이지만, 당해 연도의 소득이 확정되지 않았으므로 전년도 소득을 기준으로 보험료를 우선 부과한다.

당해 연도가 종료되어 당해 연도 소득이 확정되면, 매년 4월에 정산이 되어 4월분 보험료에 반영되어 고지된다.

고용보험료 = 월급여(총급여 − 비과세소득) × 보험료율

구분		근로자	사업주
실업급여		0.9%	0.9%
고용안정, 직업능력개발사업	150인 미만 기업		0.25%
	150인 이상(우선지원대상기업)		0.45%
	150인 이상~1,000인 미만 기업		0.65%
	1,000인 이상 기업, 국가 · 지방자치단체		0.85%

▨ 우선지원대상기업

1. 광업, 건설업, 운수업, 출판, 영상, 방송통신 및 정보서비스업, 사업시설관리 및 사업지원 서비스업, 전문, 과학 및 기술서비스업, 보건업 및 사회복지 서비스업 : 300명 이하

2. 제조업 : 500명 이하

3. 도매 및 소매업, 숙박 및 음식점, 금융 및 보험업, 예술, 스포츠 및 여가관련 서비스업 : 200명 이하

4. 제1호 내지 제4호 외의 산업 : 100명 이하

- 업종분류 및 분류기호는 「통계법」 제22조에 따라 통계청장이 고시한 한국표준 산업분류에 따름
- 그 밖의 업종 100명 이하 : 농업, 임업 및 어업(A), 전기, 가스, 증기 및 수도사업 (D), 하수폐기물 처리, 원료재생 및 환경복원업(E), 부동산업 및 임대업(L), 공공행정, 국방 및 사회보장행정(O), 교육 서비스업(P), 협회 및 단체, 수리 및 기타 개인 서비스업(S), 가구 내 고용활동 및 달리 분류되지 않은 자가소비 생산 활동(T), 국제 및 외국기관(U)

4 │ 4대 보험 자동계산

⟨https://www.4insure.or.kr/pbiz/ntcn/inscSmlCalcView.do⟩

5 | 4대 보험료 지원 두루누리 사회보험

일반 고용보험·국민연금 계산 금액

1. 사업주

(고용보험) 200만 원 × (0.9 + 0.25)% = 23,000원 **가**

(국민연금) 200만 원 × 4.5% = 90,000원 **나**

2. 근로자

(고용보험) 200만 원 × 0.9% = 18,000원 **다**

(국민연금) 200만 원 × 4.5% = 90,000원 **라**

사업기준	근로자 기준
근로자인 피보험자 수가 10명 미만인 사업	월 평균 보수가 270만원 미만인 근로자

육아휴직, 육아기 근로시간 단축, 출산휴가를 실시 중인 근로자는 근로자 수 산정에서 제외

전년도 월평균 근로자인 피보험자 수가 10명 이상이라 하더라도, 직전 3개월 동안 근로자인 피보험자수가 연속 10명 미만인 사업

구 분	내 용
지원대상	• 근로자 수가 10명 미만인 사업에 고용된 근로자 중 월평균보수가 270만원 미만인 신규 가입 근로자와 그 사업주 • 신규가입자에 대해서만 지원

구 분	내 용
	• 신규가입자 : 지원신청일 직전 6개월간 고용보험과 국민연금 자격 취득 이력이 없는 근로자 • 기가입자 : 신규가입자에 해당하지 않는 근로자(2021년부터 지원되지 않음)
지원기간	(지원수준) 신규가입 근로자 및 사업주가 부담하는 고용보험과 국민연금 보험료의 80% (지원기간) 신규가입자 및 기가입자 지원을 합산하여 36개월까지만 지원 기가입자는 '18.1.1. 이후 지원받은 개월 수가 36개월 미만이라도 '21.1.1.부터 지원되지 않음
지원 제외대상	지원 대상에 해당하는 근로자가 아래의 어느 하나라도 해당되는 경우에는 지원 제외된다. • 지원신청일이 속한 보험연도의 전년도 재산의 과세표준액 합계가 6억원 이상인 자 • 지원신청일이 속한 보험연도의 전년도(소득자료 입수 시기에 따라 보험연도의 전년도 또는 전전년도) 종합소득이 4,300만원 이상인 자
월 평균보수	보수란 「소득세법」 에 따른 근로소득에서 비과세 근로소득을 공제한 총급여액의 개념과 동일하며, 연말정산에 따른 근로소득세 원천징수 대상 근로소득과 동일하다. • "월평균보수"란 보험료 산정 기준연도의 보수총액을 월평균으로 산정한 것으로 월별보험료의 산정 기초자료로 활용된다. • "270만원 미만"이란 근로소득에서 비과세 근로소득을 제외하고 산정한 월평균보수가 270만원이 되지 않는 경우를 말한다.

대상자	고용보험	국민연금
사업주	200만원 × 1.15% × 80% = 18,400원 부담액 : 가 – 18,400원 = 4,600원	200만원 × 4.5% × 80% = 72,000원 부담액 : 나 – 72,000원 = 18,000원
근로자	200만원 × 0.9% × 80% = 14,400원 부담액 : 다 – 12,800원 = 3,600원	200만원 × 4.5% × 80% = 72,000원 부담액 : 라 – 72,000원 = 18,000원

6 두루누리 사회보험 계산기

아래의 사이트에 들어가면 두루누리 사회보험을 자동으로 계산해볼 수 있다.

⟨http://insurancesupport.or.kr/cal_normal/calc_step1.php⟩

상여금 지급 시
4대 보험 공제 방법

4대 보험료 중 실시간으로 정산이 가능한 것은 고용보험료와 건강보험료뿐이다. 국민연금은 임금이 20% 이상 변동된 경우가 아니면 매월 같은 금액을 납부한다. 즉, 전년도의 평균소득을 기준으로 매년 4월에 고지되는 등급이 바뀌어 다음 해 3월까지는 임금이 20% 이상 감소 또는 증가하는 경우가 아니면 동일한 금액으로 매월 납부를 하게 된다고 보면 된다. 단, 월보수가 20% 이상 차이가 나는 경우 월보수(소득)변경신고를 할 수 있다.

사업장에서 급여를 지급할 때 매월 급여가 바뀌는 사업장일 경우 대게 2가지의 방법으로 고용보험료와 건강보험료를 공제하게 되는데(국민연금은 고정), 첫째는 위에 설명한 바와 같이 급여가 바뀌는 달에 따라 같이 변동되어 고용보험료와 건강보험료를 공제하게 되거나, 아니면 처음 공제한 금액을 그대로 적용하고, 연말에 근로소득세 연말정산 하듯이 고용보험료와 건강보험료의 차액을 정산하는 방식을 적용한다.

매년 4월경 건강보험료를 많이 공제하였다는 내용을 보는 이유는 바로 후자에 속하는 사업장이라고 생각하면 될 것이다.

결론적으로 차액분이 있을 때 추가로 납부하거나 반환을 하게 되는 경우는 고용보험료와 건강보험료뿐이라는 것이다(산재보험은 전액 사업장에서 부담하는 것이므로, 근로자는 신경 쓰지 않아도 됨)

구 분	공제액
국민연금	상여금 지급 시에도 평 달과 동일하게 공제
건강보험	상여금 지급 시 변동된 급여에 따라 공제를 하거나 연말정산
고용보험	상여금 지급 시 변동된 급여에 따라 공제를 하거나 정산
산재보험	사업주만 부담하므로 신경 쓸 내용 없음

? Tip 설 상여금 등의 4대 보험

상여금도 임금으로 소득신고를 한다면 국민연금이나 건강보험의 경우 보험료의 부과 대상이 된다. 다만, 고용보험과 산재보험료의 경우 해당하는 상여가 전체 직원에게 정기적이고 일률적으로 지급해주는 것이 아닌, 즉 임금이 아니라면 고용보험료는 공제대상이 되지 않을 수 있다.

사업장에서 근로자에게 어떠한 성격의 상여금을 지급해주었을 경우 이를 경비로 인정받기 위해서는 당연히 인건비로 처리하게 될 것이고, 근로소득 원천징수영수증 상에 반영이 되는 사항이라면 부득이 국민연금과 건강보험료에는 반영이 된다.

입사자의 4대 보험 공제

1 국민연금

국민연금은 1일이 지나서 입사한 경우 해당 월 납부예외 여부를 선택할 수 있다. 즉, 입사 일에 국민연금을 납부할 지 안 할지를 근로자가 선택 가능하다는 것이다. 보통은 '부'로 많이 해서 그달은 공제하지 않는다.

- 만 60세 이상이라면 국민연금 가입 제외
- 1개월간 월 60시간 미만 단시간근로자 또는 일용근로자 적용 제외(월 220만 원 이상 소득이 있는 일용·단시간 근로자는 적용)
- 정산하지 않기 때문에 고지되는 금액만큼을 공제

2 건강보험

건강보험은 1일 입사자 외에는 해당 월 보험료는 납부하지 않아도 된다. 이는 1일이 포함된 소속(지역 또는 전 직장)에서 보험료를 납부하는 것이 원칙이다.

- 1개월간 월 60시간 미만 단시간근로자 또는 8일 미만 일용근로
  자 적용 제외
- 매년 전년도 분에 대해서 정산 방법에 따라 보험료를 정산한다.

3 고용보험

고용보험은 만 65세 이상, 월 60시간 미만 근로자는 적용 제외된다.
단, 월 60시간 미만 근로자라도 3개월 이상 근로제공시에는 적용할
수 있다.

고용보험료는 정산 방법이 연간 총급여액에 요율만큼을 부과하는 것
이므로 차후에 정산할 필요가 없도록 보통 매월 급여에서 요율만큼
을 공제한다.

4 산재보험

전액 사업자가 보험료를 부담하는 보험으로써 근로자 가입신고는 별
도로 필요하지 않다.

? Tip **입사 일에 따른 4대 보험료 납부기준**

4대 보험료는 입사 일에 따라 부과 기준이 다르다.

1. 입사일이 해당 월 1일일 경우
해당 월 4대 보험료 모두 부과

2. 입사일이 해당 월 1일이 아닐 경우(2일~31일 사이 입사)

● 국민연금과 건강보험 : 다음 달부터 부과. 단 국민연금의 경우 입사 월부터 납부를 원하는 경우 납부가 가능하다.

국민연금과 건강보험, 고용보험은 1일을 기준으로 4대 보험료가 부과된다. 따라서 2~31일 사이 입사할 경우 취득일은 동일하게 입사일이지만 보험료는 다음 달(다음 달 1일이 기준이므로)부터 부과된다.

● 고용보험과 산재보험 : 다음 달부터 부과. 단 당월입사 당월퇴사는 당월 부과

구분	입사자		퇴사자 퇴사일(최종 근무 일 다음 날)	
	국민연금 건강보험	고용	국민연금 · 건강보험	고용
1일	해당 월 4대 보험료 모두 부과		그달의 보험료 미부과 국민연금 : 퇴직 정산제도 없음 건강보험 : 퇴직 정산제도(퇴사한 달 보험료 없음)로 환급이나 환수	퇴직정산 으로 보험료 환급 또는 환수
2일~ 말일	다음 달부터 부과 단, 고용보험은 당월입사 당월퇴사는 당월 부과		한 달분 보험료 부과 국민연금 : 퇴직 정산제도 없음 건강보험 : 퇴사 한 달 보험료 + 정산보험료 부과로 인한 환급이나 환수 결국, 퇴직하는 달의 보험료까지 포함	

매월 15일까지 신고가 되면 그달에 정산금액이 고지되고 매월 15일 이후 신고를 하면 그다음 달에 정산금액으로 고지된다.

퇴사자의 4대 보험 공제

1 국민연금

퇴사하게 되면 상실일이 속하는 달의 다음 달 15일까지 자격상실신고를 해야 한다.

자격을 상실한 날의 전날이 속한 달까지 그달의 보험료를 전액 납부한다(하루라도 근무한 달은 그달치 전액 납부). 즉, 국민연금은 기존에 나오던 고지서대로 공제한다. 단, 해당 월의 초일에 입사를 했고, 당월 납부를 선택한 근로자가 해당 월에 퇴사할 경우는 상실신고 시 납부여부를 선택할 수 있다. 즉, 1일 입사자의 경우 취득 시에 보험료 납부를 선택하면 고지서에 포함되어 나오게 되는데 보험료가 나왔다 하더라도 상실신고 시에 초일 취득 당월상실자 납부여부를 부로 체크하면 다음 달에 환급처리가 되므로 보험료는 공제하지 않아도 된다.

퇴직 시 별도로 정산할 필요도 없으므로 별도 정산금액은 발생하지 않는다. 따라서 신고만 한다.

2 건강보험

건강보험은 퇴사일로부터 14일 이내 보험공단으로 자격상실신고를 해야 한다. 자격상실신고 시 상실일자는 마지막 근무한 날의 다음 날이 된다. 즉, 10일까지 근무했다면 상실일은 11일이 된다.

매월 15일까지 신고가 되면 그달에 정산금액이 고지되고, 매월 15일 이후 신고를 하면 그다음 달에 정산금액이 고지된다.

마지막 급여를 지급할 때는 그동안 지급한 급여와 납부한 보험료를 기준으로 퇴직정산을 해야 한다. 만일 퇴직정산을 하지 않고 해당 직원이 퇴사한 경우 나중에 퇴직자에게 연락해서 다시 정산한다. 즉, 건강보험은 연말정산, 퇴직정산 제도가 있어 매달 고지서대로 납부를 했다고 해도 퇴사 시에 해당연도에 대한 보수월액을 재책정해서 정산부과가 되므로 보험료 정산이 필요하다.

퇴사 월에 공제할 건강보험료 = {(해당연도 보수총액 ÷ 근무월수) × 해당연도 건강보험요율 ÷ 2 × 산정월수} − 해당연도 동안 근로자의 월급에서 공제한 건강보험료

퇴사 월에 공제할 장기요양보험료 = [{(해당연도 보수총액 ÷ 근무월수) × 건강보험요율 ÷ 2} − 면제·경감보험료 × 해당연도 장기요양보험요율 × 산정월수] − 해당연도동안 근로자의 월급에서 공제한 장기요양보험료

[건강보험료 퇴직(연말)정산 보험료 예상 조회 자동계산]

인터넷 주소창에
https://www.nhis.or.kr/nhis/minwon/retrieveWkplcHltCtrbCalcuView.do를 입력한 후 접속하면 자동으로 계산해 볼 수 있는 화면이 나온다.

위의 방법으로 계산하기 어려운 경우 해당연도 동안 근로자의 월급에서 공제한 보험료를 제외한 해당연도 분의 정산보험료를 쉽게 구하는 방법은 국민건강보험 사이트를 이용하면 된다.

- 국민건강보험공단을 검색해서 들어간 후 보험료 계산기 버튼을 클릭한다(사이트 중간).
- 그러면 새로운 창이 하나 열리는데 그곳에서 직장가입자 모의 계산 버튼을 클릭
- 아래에 ➜ 퇴직(연말)보험료 계산하기를 클릭한다.
- 퇴직(연말)정산 보험료 예상조회 내역을 모두 입력한 후 조회를 하면 된다.

- 상실일 : 퇴사일의 다음 날
- 보수총액 : 해당 기간동안 근로자가 지급받은 급여와 상여 중 비과세급여를 제외한 금액의 총액
- 근무월수 : 보수총액이 포함되는 월수

고용보험은 퇴사자가 발생하면 상실일이 속하는 달의 다음 달 15일까지 자격상실신고를 해야 한다. 이때 상실사유와 구분코드를 정확히 해야 한다.

월 중간에 퇴사할 경우 고용보험과 산재보험은 그달의 근무일수에 따라 일할계산을 하여 공단에서 보험료가 부과된다. 즉, 고용보험의 경우 보통 고지서대로 납부하기 보다는 매월 지급되는 급여에 보험요율을 곱하여 공제하는데, 퇴사 월에도 지급하는 급여에 공제율을 곱해 계산된 금액을 그대로 납부하면 된다.

예를 들어 10월 15일 퇴직하며, 기본급여가 210만 원의 경우 고용보험은

210만원 ÷ 30일(퇴직하는 달의 전체 일수) × 15(근무한 일수) × 0.9%를 납부한다(원 단위 절사).

전체 정산금액은 3월 보험료 연말정산 때 계산되지만 실제로는 직원의 마지막 급여에서 고용보험료를 공제할 때 그동안의 총보수액 × 0.9%(원 단위 절사)로 계산을 한 뒤 그동안 납부한 고용보험료와 비교한 후 그 차액을 미리 추가 공제하거나 환급처리 해둔다.

해당 기간동안 총 납부해야 할 보험료 = 해당연도 동안에 근로자에게 지급된 급여 총액 × 해당연도의 고용보험요율(원 단위 절사)

1. 국민연금

가입자(사용자)는 가입자 자격을 취득한 날이 속하는 달의 다음 달부터 가입자 자격을 상실한 날의 전날이 속하는 달까지 매월 연금보험료를 납부해야 한다. 다만, 가입자가 자격을 취득한 날이 그 속하는 달의 초일인 경우, 같은 달에 취득일과 상실일이 속한 경우 최초 상실일이 속한 사업장에서 납부해야 한다.

또한, 가입자가 자격을 취득한 날이 그 속하는 달의 초일인 경우, 임의계속가입자 자격을 취득한 경우, 가입자가 희망하는 경우는 취득한 날이 속하는 달부터 납부하게 된다.

그 달의 고지서에는 그달 15일까지 신고된 취득/상실자만 반영하므로 16일~말일 사이의 변동자는 다음 달 고지 시 반영된다.

2. 건강보험

1일 입사자 외에는 해당 월 보험료 납부를 안 하고, 다음 달부터 납부를 한다.

마지막 근무일이 1일이 포함된 소속(지역 또는 전 직장)에서 보험료 납부하는 것이 원칙이다.

3. 고용보험

입사와 퇴사에 구분 없이 급여로 받는 금액을 기준으로 공제 후 납부를 하면 된다.

4. 산재보험

산재보험은 회사가 전액 납부를 하므로 별도로 신경 쓰지 않아도 된다.

입·퇴사자의
4대 보험 공제 적용사례

1 보험료를 납부해야 하는 납부기간

취득한 날이 속하는 달의 다음 달부터 상실한 날의 전날이 속하는 달까지 납부하게 된다. 다만, 가입자가 자격을 취득한 날이 그 속하는 달의 초일인 경우, 임의계속 가입자 자격을 취득한 경우, 국민연금의 경우만 가입자가 희망하는 때에는 취득한 날이 속하는 달부터 납부하게 된다.

[예1] 가입자가 4월 14일 입사 후 6월 22일 퇴사한 경우

➜ 취득한 날이 속하는 달의 다음 달인 5월분 및 상실 월인 6월분 보험료 납부. 단, 국민연금의 경우 희망하면 4월분부터 사업장납부

[예2] 지역가입자로 납부 중인 자가 3월 1일 사업장에 입사한 경우

➜ 3월분부터 사업장에서 납부

[예3] 지역가입자로 납부 중인 자가 3월 2일~31일 사이에 사업장에 입사한 경우

→ 3월분은 지역가입자 개인이 납부, 사업장에서는 4월분부터 납부.
단, 국민연금의 경우 희망하면 3월분부터 사업장납부

[예4] 지역가입자로 납부예외 가입 중인 자가 3월 5일 사업장에 입사한 경우

→ 4월분부터 사업장에서 납부. 단, 국민연금의 경우 희망하면 3월분부터 사업장납부

2 │ 같은 달에 취득과 상실이 이루어진 경우

상실 후 같은 달에 취득하는 경우에 그달의 보험료는 상실한 사업장에서 납부한다.

A 사업장에서 상실한 뒤 같은 달 B 사업장에 입사한 경우 상실 월은 A 사업장에서 납부한다.

[예1] A 사업장에 3월 8일 퇴사 후 B 사업장에 3월 20일 입사한 경우

→ 3월분 보험료는 A 사업장에서 납부하고, B 사업장은 4월분 보험료부터 납부한다.

→ A 사업장에서 퇴사한 경우 : 상실월은 A 사업장에서 납부한다.

[예2] 7월 5일 A 사업장에 퇴사하여 지역가입자로 가입된 경우

→ 7월분 보험료는 A 사업장에서 납부하고, 8월분 보험료부터는 가입자가 지역가입자로서 납부한다.

3 │ 1일에 취득하고 당월에 상실하는 경우

1일에 취득하고 당월에 상실하게 되는 경우는 해당 월 보험료를 납

부한다.

[예1] A 사업장에 2월 1일 취득하고 취득한 달인 2월 20일 상실하게 되는 경우

→ 2월분 건강보험료 납부

국민연금 소득총액신고

국민연금 소득총액신고는 당연적용사업장 가입자 및 임의계속 사업장에 대해서 당해 연도 7월부터 다음 연도 6월까지 적용할 기준소득월액을 결정하기 위해 가입자별 전년도의 소득총액을 공단에 신고하는 일련의 과정을 말한다.

신고하게 되는 소득총액은 전년도 1개월 이상 근로한 사업장 가입자의 전년도 1월 1일부터 12월 31일까지 기간 중 해당 사업장에서 받은 소득총액이다(연도 중간에 입사한 경우는 현 사업장에서 근무기간 동안 받은 소득총액을 말한다.). 다만, 국세청에 근로소득 지급명세서를 제출한 경우는 국민연금 소득총액신고를 안 해도 된다.

그 외의 경우에는 매년 5월 말까지 전년도 소득총액을 우편, 팩스, EDI, 인터넷 등으로 신고하면 된다.

국민연금 소득총액 신고는 비과세소득을 제외한 금액을 기준소득월액으로 신고해야 한다.

서면신고는 전년도 중 당해 사업장에 종사한 기간에 받은 소득총액과 근무월수를 소득총액 신고에서 기재·날인 하여 방문, 우편, 팩스 등으로 제출하는 것이며, EDI 신고는 종합 민원서비스를 통하여 사업장에서 직접 신고하는 방법이다.

5인 미만 사업장은 4대 사회보험 포털사이트에서 더욱 편리하게 신고할 수 있다.

국민연금 소득총액신고서의 작성방법을 살펴보면 다음과 같다.

1 신고 대상

- 1유형 : 개인사업장 사용자
- 2유형 : 근로소득자료 미보유자 및 상이자(법인 사업자등록번호가 일치하지 않은 가입자)
- 3유형 : 종전소득 대비 30% 이상 상향자(단, 취득일과 과세 시작일이 다른 가입자에 한함)
- 4유형 : 종전소득 대비 30% 이상 하향자
- 5유형 : 휴직일수 상이자

2 신고 제외자

- 12월 2일 이후 사업장 자격 취득자 및 상실자
- 해당연도 정기결정일 이전 만 60세 도달 상실자
- 현재 납부예외 중인 자 및 12월 2일 이후 납부재개자
- 건설 일용사업장 가입자
- 당해 연도 1월 1일 이후 기준소득월액 특례 적용자

3 신고사항

- 근무기간 : 해당연도 중 해당 사업장의 실제 근무(사업)기간

개인사업장 사용자 중 해당연도 신규 사업개시 자는 사업시작 일부터 산정,

해당연도 중도 입사자는 1월 1일이 아닌 실제 근무시작 일부터 산정

- 휴직일수 : 해당연도 중 해당 사업장의 실제 휴직일수 기재
- 소득총액 : 위 근무기간동안 해당 사업장에서 지급한 총급여(소득)

개인사업장 사용자 : 사업소득명세서상의 11번 소득금액

근로자(외국인 포함) : 근로소득원천징수영수증 상의 16번 금액 + 소득세법상 비과세소득 이외의 비과세소득

4 신고 의무자, 기간 및 방법

- 신고 의무자 : 사용자
- 신고 기간 : 매년 5월 31일까지(개인사업자 사용자 중 성실신고 확인 대상자는 6월 30일까지 신고 가능)
- 신고 방법 : 서면신고, 전산 매체신고, EDI 신고, 4대 사회보험 포털사이트 신고

보수총액신고

사업주는 4대 보험에 가입한 직원을 고용하고 있을 때는 매월 보험료를 납부해야 한다. 매월 납부하는 4대 보험료는 근로자의 월평균 보수에 기초해서 산정된 보험료이므로 매년 실제 지급한 보수총액과 다르므로 보험료의 정산이 필요하다.

정산 후 보수총액 신고에 따른 금액으로 보험료가 고지되는 중요한 신고가 바로 보수총액 신고이다.

4대 보험에 가입한 직원을 고용하고 있는 사업주의 경우 보수총액신고를 해야 한다.

고용 및 산재보험 보수총액 신고의 경우 3월 15일까지, 국민건강보험의 경우 3월 10일(폐지)까지 보수총액 신고를 해야 하며, 국민연금의 경우 5월 31일까지 보수총액 신고(소득총액신고)를 해야 한다.

만약 이 기간 안에 신고하지 않았거나, 신고한 내용이 사실과 다를 경우는 공단에서 법규에 따라 보험료를 산정하거나, 최대 300만원의 과태료가 부과될 수 있으니 주의하는 것이 좋다.

건강보험 보수총액신고 제도가 폐지됨에 따라, 사업자와 세무사에게 중요한 변화가 발생하게 된다.

보수총액 신고제도는 매년 고용주가 종업원에게 지급한 보수를 보고하는 의무를 부과했으나, 이제부터는 간이 지급명세서만 제출하면 건강보험 직장가입자에 대한 보수총액신고를 제외할 수 있다.

건강보험 보수총액신고 폐지는 중소기업과 소상공인, 세무사들이 누적된 업무 부담을 줄이기 위한 조치다. 특히, 4대 보험 신고에 있어 발주받은 사업자들이 매년 3월 10일까지 보수총액신고를 해야 했던 부담이 크게 줄어들게 된다.

이 법령은 2024년 3월부터 시행될 예정이며, 국세청은 새로운 조치를 통해 간편하게 신고할 수 있도록 추진하고 있다.

2025년 1월 1일부터 시행되기 때문에 2024년 귀속분부터는 근로소득 간이지급명세서를 제출했다면 건강보험 보수총액 신고 없이도 건강보험료 정산이 진행되게 되었다.

하지만 아직 고용·산재보험 보수총액 신고는 여전히 남아있기 때문에 기존과 같이 진행해야 한다. 추후 고용·산재보험 보수총액 신고도 건강보험 보수총액 신고와 같이 간이지급명세서도 대체된다면 4대 보험 업무가 더욱 간소화될 수 있다.

사용자 및 실무자

국세청 소득자료로 정산이 가능하지만 거의 동일한 내용으로 신고하기 위해 불필요한 이중 업무 부담이 있었던 부분이 해소되었다.

세무사

각종 세무신고 업무로 바쁜 2~3월 시기에 보수총액 신고 업무 또한 맡아야 했던 세무사들의 업무부담이 해소되었다.

건강보험공단

보수총액 신고로 인한 업무 부담이 줄어드는 등 국가적인 차원에서도 인력과 예산 낭비를 막을 수 있게 되었다.

? Tip 건강보험 추가 정산금액 고지

퇴사자나 매년 3월에 재직자들을 대상으로 사업장은 작년도 보수총액을 공단에 신고하게 된다. 이때 '정산보험료'라는 것이 발생한다. 대부분은 신고된 보수월액보다 보너스나 연장수당 등을 받기 때문에 건강보험료를 더 내게 된다.

하지만 이때 신고한 보수총액이 국세청에 신고한 근로소득원천징수영수증의 총액과 다른 경우에 건강보험공단은 근로자와 사업장에 보험료를 더 부과하게 된다. 물론 근로소득원천징수영수증에서 처리된 소득이 보수총액보다 더 적은 경우는 그만큼 보험료를 돌려주게 된다.

한 마디로 사업장에서 신고한 보수총액과 국세청에 신고한 총액이 다른 경우에 공단에서 그 차액만큼 보험료를 더 부과하거나 보험료를 돌려주는 것이라고 이해하면 된다.

? Tip 사업장 지도점검 시 구비 해야 할 서류

- 소득자별 근로소득원천징수부
- 종합소득세 과세표준 확정신고서 및 납부계산서
- 원천징수이행상황신고서
- 일용근로자 지급명세서
- 재무제표증명원

2 | 고용 및 산재보험 보수총액 신고

고용 및 산재보험 보수총액 신고의 경우 3월 15일까지 해야 한다. 보수총액 신고는 말 그대로 전년도 사업장 소속 직원에 지급한 보수 총액을 신고하는 것이다. 일용직, 즉 단기 아르바이트생까지 모두 포함해 신고해야 한다.

보험가입자는 전년도 납부한 보험료를 정산하고, 금년도 납부할 월 보험료 산정을 위해 근로자가 없어도 보수총액신고서를 꼭 제출해야 한다.

해마다 보수총액 신고를 해야 하므로 사업장에 신고서가 우편으로 오기도 하고, 팩스로도 물론 처리할 수 있지만, 근로복지공단 고용·산재보험 토털서비스(http://total.kcomwel.or.kr)를 통해서도 가능하다.

보수총액 신고를 할 때는 임시 아이디가 아닌 사업주 또는 법인 공인인증서로 로그인을 해야 한다. 정산보험료는 납부 전에 미리 예상 금액을 확인할 수 있다. 고용산재보험 토털서비스 홈페이지 내 보험료정보조회 메뉴를 이용하면 된다.

4대 보험 연말정산

건강보험, 고용보험, 산재보험은 연말정산 제도를 두고 있으나 국민연금은 정산제도가 없다.

4대 보험을 정산하는 이유는 작년도 소득기준으로 책정되어 올해 근로자에게 부과된 보험료와 올해의 실제 소득을 바탕으로 결정된 보험료의 차이를 조정하기 위함이다.

이에 따라, 차이가 나는 보험료를 추가 징수하거나 환급하는 절차를 거치게 되고, 작년보다 소득이 증가한 경우 추가 징수된다고 보면 된다.

구 분	내 용
국민연금	정산제도 없음 : 소득총액신고 국민연금은 정산하지 않는다. 공단에서는 근로소득지급명세서를 신고로 간주한다. 이를 가입기간 중 기준소득월액의 결정이라고 한다.

구 분	내 용
국민연금	• 기간 : 당해 연도 7월~다음 연도 6월까지 1년간 적용할 보험료를 산정 • 소득총액 신고대상자 : ❶ 지급명세서 미제출자 ❷ 과세자료 제출자 중 30% 이상 상·하향자 ❸ 개인사업장 사용자 • 신고 대상 소득 : 당해 사업장 과세소득(전 근무지 소득 합산하지 않음) • 신고기한 : 5월 31일
건강보험	정산제도 있음 : 보수총액신고(폐지) 기보험료 - 정확한 보험료 = 차액을 정산 • 수시정산, 퇴직정산, 연말정산이 있다. • 정산시기 ❶ 근로자는 3월 10일 ❷ 개인사업자 사용자는 5월 정산 차액을 4월말 보험료에서 추가징수 또는 반환
고용보험 산재보험	기보험료 - 정확한 보험료 = 차액을 정산 • 퇴직정산, 연말정산이 있다. • 정산시기 ❶ 계속사업장은 3월 15일까지 ❷ 소멸사업장은 소멸일로부터 14일 이내 정산 차액을 4월 말 보험료에서 추가징수 또는 반환

1 국민연금

국민연금 가입사업장은 오는 5월 31일까지 국민연금 사업장 가입자의 연금보험료를 납부하는 기준이 되는 소득월액결정을 위한 소득총액신고를 해야 한다. 즉, 신고대상자는 개인사업장 사용자 및 국세청에 근로소득 지급명세서를 제출하지 않거나, 과세자료보유자 중 전년도와 비교하여 기준소득월액이 30% 이상 상·하향되는 가입자, 휴직일수 상이자 등은 신고기한 내 소득총액 신고를 해야 한다.

신고하게 되는 소득총액은 전년도 1개월 이상 근로한 사업장가입자의 전년도 1월 1일부터 12월 31일까지 기간 중 해당 사업장에서 받은 소득총액이다(연도 중간에 입사한 경우는 현 사업장에서 근무기간동안 받은 소득총액).

그러나 국세청에 근로소득 지급명세서를 제출한 경우 국민연금공단이 국세청 자료를 활용하여 소득결정을 하고 공단에의 소득신고를 생략할 수 있으며, 사업장에서는 6월에 국민연금공단으로부터 발송되는 기준소득월액 정기결정 통지서를 확인한 후에 이상이 있을 경우 정정신고를 하면 된다.

소득총액 신고를 하게 되면 2025년 7월부터 2026년 6월까지 결정된 기준소득월액에 따라 가입자별 기준소득월액의 9%가 부과되게 되며, 기준소득월액이 달라지면 가입자의 평균소득월액이 변경되므로 매년 7월을 기준으로 예상 연금액이 달라지게 된다.

소득총액 신고는 공단에서 송부한 소득총액 신고서에 신고대상자의 신고사항을 작성하여 관할지사에 직접 신고하거나, 우편 또는 FAX로 제출하면 된다. 또한, 국민연금 웹EDI(http://edi.nps.or.kr) 및 사회보험 EDI 서비스, 4대사회보험 포털사이트(www.4insure.or.kr)을 이용하여 신고할 수 있다(상담 및 문의 : 국번없이 1355).

올해 연봉은 12월 31일이 되어서야 정확히 파악할 수 있으므로, 건강보험료 또한 정확한 금액을 납부할 수가 없다. 따라서 공단에서는 개개인의 건강보험료를 임의로 계산하여 원천징수 했다가 나중에 1년 치를 한꺼번에 모아서 정확히 재정산(건강보험 보수총액 신고)한다. 그 정산시기가 바로 이듬해 4월이다. 정산할 때 연봉에 비해 보험료를 많이 냈던 사람들은 차액분을 돌려받게 되고, 적게 냈던 사람들은 추가징수를 하는 것이다.

그리고 연봉은 보통 매년 상승하기 때문에 돌려받는 경우보다는 추가로 내야 하는 경우가 더 많다.

[퇴직(연말)보험료 계산하기]

⟨https://www.nhis.or.kr/nhis/minwon/retrieveWkplcHltCtrbCalcuView.do⟩

[건강보험료 산정기준]

- 보험료 산정기간 : 1월 1일 ~ 12월 31일
- 연간보험료 : 보수총액 × 보험요율
- 월 보험료 : 보수월액(연간 보수총액 ÷ 연간 근무개월 수) × 보험요율

[건강보험료 부과기준]

- 1월~3월 : 전전 연도 보수월액 × 보험요율
- 4월~12월 : 전 연도 보수월액 × 보험요율

[건강보험료 연말정산]

- 정산보험료 = 전년도 확정 건강보험료(전년도 보수총액 × 보험요율) − 기납부 건강보험료
- 신고기한 : 매년 3월 10일(폐지)
- 납입시점 : 다음연도 4월분 보험료에 추가 부과

2025년 4월에 하는 건강보험료 정산은 2024년에 월급에서 떼 가던 건강보험료를 다시 정산하는 것이다. 따라서 2024년도 때 기납부 했던 건강보험료를 확인해야 한다.

여기서, 2024년 1월부터 3월까지는 사실 2023년도에 받았던 월급을 기준으로 건강보험료를 납입한다. 2024년 4월부터 실제 2024년도에 받는 월급을 기준으로 건강보험료가 계산된다.

그리고 2024년 12월 31일이 되어야 2024년도의 연봉이 최종 결정된다. 이 연봉을 가지고 건강보험료 연말정산을 2025년 4월에 하게 되는 것이다. 다만, 12월 30일 이전 퇴사자, 12월 2일 이후 입사자 등은 신고대상에서 제외된다.

2024년 납부 건강보험료가 1,732,150원이며, 총보수총액은 5,050만 원인 갑의 건강보험료를 정산해보면

① 갑의 2024년 정산보험료

❋ 건강보험료 = 5,050만원 × 3.545% = 1,790,220원

❋ 장기요양보험료 = 1,790,220원 × 12.95% = 231,830원

❋ 정산보험료 총액 = 1,790,220원 + 231,830원 = 2,022,050원

② 갑의 기납부 건강보험료

❋ 건강보험료 = 1,732,150원

❋ 장기요양보험료 = 199,540원

③ 건강보험료 정산결과

갑은 2025년 4월에 건강보험료 90,360원(① - ②) 추가납부

위의 금액은 추정치로 실제 금액과 요율로 인해 약간 차이가 날 수 있으므로 계산 흐름만 참고하기를 바란다.

참고로, 추가로 납부금액이 많을 경우, 1회~10회까지 분할납부가 가능하니, 한 번에 납부하기 부담스러우면 회사에 분할납부를 신청할 수 있다.

직장가입자 보수 총액 통보서

※ 작성방법은 뒤쪽을 참고하시기 바라며 바탕색이 어두운 난은 통보인이 작지 않습니다.

접수번호				접수일		처리기간	
사업장	단위사업장명				회계		
	사업장 관리 번호				명칭		
	전화번호				팩스번호	작성자 성명	
① 일련 번호	② 건강보험증 번호	③ 성명	④ 주민등록번호 (외국인등록번호)	⑤ 자격 취득일 (변동일) 년 월 일 YYYY.MM.DD	⑥ 전년도 보험료 부과 총액	⑦ 전년도 보수 총액	⑧ 근무 개월 수
1							
2							
3							
4							
5							
6							
7							
8							
9							
10							

❶ 전년도 보수총액

12월 31일 현재 속해 있는 사업장의 총급여를 적는다.

총급여에 해당되는 금액은 '소득세법상 비과세급여'를 제외한 금액이다.

보수총액 포함	보수총액 불포함
모든 형태의 급여 및 상여, 과세 수당이 보수총액에 포함된다.	식대(월 20만 원 이내), 자가운전보조금(월 20만 원 이내), 생산직 근로자의 초과수당 등이 있다.

❷ 근무 월수

연도 중에 '급여를 받은 기간 전체'를 의미한다. 한 달 중 단 하루라도 근무한 경우, 근무월수 산정에 포함된다.

예를 들면, 1월 20일에 입사해서 4월 11일까지 근무한 경우, 근무월수는 '4개월'이 된다.

 Tip 이중 가입자의 건강보험 정산 방법

1. 두 개의 사업장을 동시에 근로한 경우

각 사업장에서 건강보험 연말정산을 동시에 실시해야 한다.

보수총액과 근무월수는 각 사업장에서 근무한 부분만 입력한다.

2. 연도 중 사업장을 퇴사한 후, 다른 사업장으로 이직한 경우

12월 31일 현재 근무 중인 사업장에서만 실시하면 된다.

보수총액과 근무월수는 현재 사업장에서 근무한 부분만 입력한다.

퇴사 월에 공제할 건강보험료 = {(해당연도 보수총액 ÷ 근무월수) × 해당연도 건강보험요율 ÷ 2 × 산정월수} − 해당연도 동안 근로자의 월급에서 공제한 건강보험료

퇴사 월에 공제할 장기요양보험료 = [{(해당연도 보수총액 ÷ 근무월수) × 건강보험요율 ÷ 2} − 면제·경감보험료

해당연도 장기요양보험요율 × 산정월수] − 해당연도 동안 근로자의 월급에서 공제한 장기요양보험료

3 고용보험

고용 및 산재보험 보수(근로소득 − 비과세소득) 총액신고의 경우 3월 15일까지 해야 한다. 보수총액(1년간의 보수) 신고는 말 그대로 전년도 사업장 소속 직원에 지급한 보수총액을 신고하는 것이다. 대표이사, 일용직, 즉 단기 아르바이트생까지 모두 포함해 신고해야 한다.

보수총액신고는 근로자가 없어도, 전년도와 보수가 같아도 보수총액신고서는 반드시 제출해야 한다.

보험가입자는 전년도 납부한 보험료를 정산하고, 금년도 납부할 월보험료 산정을 위해 근로자가 없어도 보수총액신고서를 꼭 제출해야 한다.

해마다 보수총액 신고를 해야 하므로 사업장에 신고서가 우편으로 오기도 하고, 팩스로도 처리할 수 있지만, 근로복지공단 고용·산재보험 토털서비스(http://total.kcomwel.or.kr)를 통해서도 가능하다.

가족회사에 근무 시 배우자, 친족 4대 보험 적용

동일세대원 가족을 직원으로 채용할 경우는 최저임금 적용대상에서 제외가 되며, 고용보험이나 산재보험도 원칙은 가입하지 않아도 된다. 즉, 건강보험과 국민연금만 가입하면 된다.

결론적으로 사용자(법인의 대표이사, 개인사업체의 대표)의 친족은 근로자인지와 무관하게 국민연금과 건강보험만 사업장 가입 대상자이다.

반면, 고용보험에 가입하고자 하는 경우 근로자성 여부(해당 사업장에 근로하고 있는 사용자의 친족이 근로기준법상 근로자에 해당하는지)에 따라 고용보험, 산재보험 적용대상자 여부가 결정된다. 여기서 친족은 민법상 친족(8촌 이내의 혈족, 4촌 이내의 인척 및 배우자)를 말하며, 동거 여부 및 친족 여부는 주민등록표나 가족관계증명서 등의 증빙서류를 통해 판단한다.

공단에서는 가족을 직원으로 채용하고 종업원 인건비 신고가 제대로 되지 않을 경우는 그 가족 직원을 비채용한 것으로 간주하여 직장가입에서 지역가입자로 전환한 후 정산해서 고지를 하게 된다. 따라서 가족 직원을 고용하더라도 모든 세무 업무를 정확하게 이행하고 급여를 지급할 경우 현금이 아닌 계좌이체로 지급해야 한다.

친족의 경우도 근로자성을 인정받고, 고용·산재 가입이 가능하다면 두루누리와 일자리안정자금을 지원받을 수 있다.

구 분	동거 여부	적용 여부
배우자	무관	비적용
배우자 외 (형제·자매, 자녀 등)	동거	비적용
	비동거	적용

❓ Tip   근로관계 확인 자료(입증자료) 예시

해당 사업(장)에 근로하고 있는 사용자(법인의 대표이사, 개인사업체의 대표)의 친족은 근로기준법상 근로자에 해당할 수도 있고, 해당하지 않을 수도 있다. 근로기준법상 근로자에 해당하면 고용보험, 산재보험 적용대상이며, 근로자에 해당하지 않는다면 고용보험, 산재보험 적용제외대상이다. 근로자성의 입증은 다음을 참고한다.

① 근로관계 : 근로계약서, 인사기록카드 등

② 급여내역 : 급여대장, 근로소득원천징수영수증, 급여계좌이체내역

③ 근로실태 : 출근부, 휴가원, 출장부 등 복무·인사 규정 적용자료, 출퇴근 교통카드 이력 등 복무상황에 대한 자료, 업무분장표, 업무일지, 업무보고 내역 등 담당업무 관련 자료 등

④ 기타 : 타 사회보험 가입내역(보험료 납부 내역), 조직도, 근로자 명부 등

동거친족 본인이 근로자성 여부에 대해 이의가 있을 경우는 '피보험자격확인청구' 절차를 통해 근로자성을 판단한다.

무보수 대표이사의 4대 보험 적용

법인의 대표이사는 원칙적으로 국민연금, 건강보험 가입대상이지만 근로기준법상 근로자로 보지 않기 때문에 소득세법상 근로소득 지급 여하에 불문하고 고용보험, 산재보험 적용대상이 아니다.

무보수 대표이사는 무보수 대표이사 이외에 다른 근로자가 없는 경우에는 사업장 적용 대상에서 제외하고 지역가입자로 적용된다. 또한 무보수 대표이사 1인만 있는 법인은 국민연금 당연 적용사업장에 해당하지 않는다. 또한 보수를 받지 않는 경우는 건강보험 사업장 적용제외 대상이다.

1 국민연금

소득세법에 따라 근로소득이 없는 사람은 근로자에서 제외하기 때문에 무보수 대표이사는 사업장가입자 적용대상에서 제외(무보수 신고를 한 사업장의 국민연금은 납부예외 처리)되어, 지역가입자로 적용된다. 또한, 무보수 대표이사 1인만 있는 법인은 국민연금 당연적용 사업장에도 해당하지 않는다.

2 건강보험

법인의 대표이사가 노무를 제공하되, 보수를 지급받지 않는 경우는 건강보험 직장가입자 적용제외대상이다. 직장가입자로 등록되어 있으면 실제로 보수가 지급되지 아니한 날로 상실신고를 해야 한다. 보수를 지급받던 중 출산전후휴가, 육아휴직, 산재요양, 병가 등의 휴직사유로 납부예외를 신청하는 경우 해당기간 동안 납부예외신청을 인정한다.

3 고용 · 산재보험

법인의 대표이사는 근로기준법상 근로자로 보지 않기 때문에 고용보험, 산재보험 적용대상 근로자가 아니다.

4 무보수 대표자 증명 방법(증명서류 제출)

무보수 대표자임을 증명할 수 있는 정관 및 이사회 회의록을 제출해야 한다.

정관에 대표자의 보수 규정 사항이 없는 경우 해당 정관과 법인 대표자 무보수 확인서를 함께 제출하면 된다. 확인서에는 보수를 지급하지 않음과 추후 소득이 확인될 경우 직장가입자격을 소급 취득할 것이라는 문구가 반드시 기재되어 있어야 한다.

❶ 법인정관 파일 또는 이사회 회의록

❷ 기존에 취득신고를 진행했던 대표자 혹은 등기임원의 경우 : 상실신고서도 필요

직원이 없는 대표자의 무보수 신청 시에는 사업장 성립 신고와 취득 신고를 진행하지 않고 무보수 신청만 진행하면 된다.

사업장 성립 신고를 진행하지 않아 사업장관리번호가 없는 경우, 무보수 신청서에 사업장관리번호를 기재하지 않아도 된다.

등기임원, 비등기 임원, 비상근임원의 4대 보험 적용

구 분		적용 여부
임원	국민연금 과 건강보험	대표이사를 포함한 모든 임원은 근로자성을 불문하고 모두 가입대상이다. 다만, 무보수 대표이사 외 다른 근로자가 없는 경우 사업장가입자에서 상실처리 후 지역가입자가 된다.
	고용보험 과 산재보험	임원이라도 대표자의 지휘 및 감독을 받는 경우(근로자로 인정되는 경우)는 근로자에 해당하므로 고용보험과 산재보험의 가입대상이며, 지휘 및 감독을 받지 않는 경우는 가입대상이 아니다.
등기된 임원이 아닌 직책상의 임원		등기된 임원이 아닌 직책상의 임원인 경우는 근로기준법상 사용자의 지위와 근로자의 이중적 지위를 갖게 되므로, 산재 처리, 임금 및 퇴직금, 각종 휴가 청구권 등은 일반 근로자와 동일하다. 즉, 국민연금, 건강보험, 고용보험, 산재보험의 가입대상이다.
사외이사 등 비상근임원	국민연금	법인의 이사 중 소득이 없는 자는 적용대상이 아니다. 근로소득이 발생하고 1개월 동안의 소정근로시간이 60시간 이상인 경우에는 국민연금법상 근로자에 해당한다. 이 경우 가입대상이다.

구 분		적용 여부
	건강보험	근로의 대가로 보수를 받고, 대표이사의 지휘 및 감독을 받는 종속성이 있는 경우 가입대상이다. 단, 매월 정기적으로 보수를 받으나 이사회 참석 의결 이외에 다른 업무를 수행하지 않는 경우는 가입대상이 아니다.
	고용보험과 산재보험	근로자가 아니므로 가입대상이 아니다.

[주] 비상근임원은 법령 또는 조례의 따라 임명되는 위원 또는 임원이거나, 법인등기에 임원 또는 이사로 등기되어 있는 자 중 정관, 주주총회 또는 이사회 회의록에 비상근으로 명기되어있는 자를 말한다.

고용노동부 근로기준법 급여수당관리 휴일휴가근태 인사노무관리 실무설명서

지은이 : 손원준

펴낸이 : 김희경

펴낸곳 : 지식만들기

이론과 실무가 만나 새로운 지식을 창조하는 곳

인쇄 : 해외정판 (02)2267~0363

신고번호 : 제2510020030000015호

제1판 1쇄 인쇄 2020년 08월 10일
제1판 2쇄 발행 2020년 10월 20일
제2판 2쇄 발행 2021년 04월 26일
제3판 3쇄 발행 2022년 09월 19일
제4판 2쇄 발행 2023년 05월 02일
제5판 1쇄 발행 2024년 01월 15일
제6판 1쇄 발행 2025년 01월 13일

값 : 22,000원

ISBN 979-11-90819-42-8 13320

본도서 구입 독자분들께는 비즈니스 포털

경리쉼터(https://cafe.naver.com/aclove)

이지경리(https://cafe.naver.com/kyunglistudy)

구입 후 구입영수증을 팩스 02-6442-0760으로 넣어주세요.

K.G.B
지식만들기

이론과 실무가 만나 새로운 지식을 창조하는 곳

서울 성동구 금호동 3가 839 Tel : 02)2234~0760 (대표) Fax : 02)2234~0805